Studienbücher zur Kommunikations- und Medienwissenschaft

Reihe herausgegeben von
Günter Bentele, Leipzig, Deutschland
Hans-Bernd Brosius, München, Deutschland
Otfried Jarren, Zürich, Schweiz

Herausgeber und Verlag streben mit der Reihe „Studienbücher zur Kommunikations- und Medienwissenschaft" an, das Fachgebiet Kommunikationswissenschaft als Ganzes wie die relevanten Teil- und Forschungsgebiete darzustellen. Die vielfältigen Forschungsergebnisse der noch jungen Disziplin Kommunikationswissenschaft werden systematisch präsentiert, in Lehrbüchern von kompetenten Autorinnen und Autoren vorgestellt sowie kritisch reflektiert. Das vorhandene Basiswissen der Disziplin soll damit einer größeren fachinteressierten Öffentlichkeit zugänglich gemacht werden. Herausgeber und Verlag wollen mit der Reihe dreierlei erreichen:

- Zum ersten soll zur weiteren Entwicklung, Etablierung und Profilierung des Faches Kommunikationswissenschaft beigetragen werden. Kommunikationswissenschaft wird als sozialwissenschaftliche Disziplin verstanden, die sich – mit interdisziplinären Bezügen – vor allem mit Phänomenen der öffentlichen Kommunikation in der Gesellschaft befasst.
- Zum zweiten soll den Studierenden und allen am Fach Interessierten ein solider, zuverlässiger, kompakter und aktueller Überblick über die Teilgebiete des Faches geboten werden. Dies beinhaltet die Darstellung der zentralen Theorien, Ansätze, Methoden sowie der Kernbefunde aus der Forschung. Die Bände konzentrieren sich also auf das notwendige Kernwissen. Die Studienbücher sollen sowohl dem studienbegleitenden Lernen an Universitäten, Fachhochschulen und einschlägigen Akademien wie auch dem Selbststudium dienlich sein. Auf die didaktische Aufbereitung des Stoffes wird deshalb großer Wert gelegt.
- Zum dritten soll die Reihe zur nötigen Fachverständigung und zur Kanonisierung des Wissens innerhalb der Disziplin einen Beitrag leisten. Die vergleichsweise junge Disziplin Kommunikationswissenschaft soll mit der Reihe ein Forum zur innerfachlichen Debatte erhalten. Entsprechend offen für Themen und Autorinnen bzw. Autoren ist die Reihe konzipiert. Die Herausgeber erhoffen sich davon einen nachhaltigen Einfluss sowohl auf die Entwicklung der Kommunikationswissenschaft im deutschen Sprachraum als auch einen Beitrag zur Außendarstellung des Faches im deutschen Sprachraum.

Die Reihe „Studienbücher zur Kommunikationswissenschaft" wird ergänzt um ein „Handbuch der Öffentlichen Kommunikation" sowie ein „Lexikon der Kommunikationswissenschaft", das von den gleichen Herausgebern betreut wird. Das Handbuch bietet einen kompakten, systematischen Überblick über das Fach, die Fachgeschichte, Theorien und Ansätze sowie über die kommunikationswissenschaftlichen Teildisziplinen und deren wesentliche Erkenntnisse. Das Lexikon der Kommunikationswissenschaft ist als Nachschlagewerk für das gesamte Lehr- und Forschungsgebiet der Kommunikationswissenschaft konzipiert.

Weitere Bände in der Reihe http://www.springer.com/series/12331

Michael Jäckel · Gerrit Fröhlich · Daniel Röder

Medienwirkungen kompakt

Einführung in ein dynamisches
Forschungsfeld

2., überarbeitete und aktualisierte Auflage

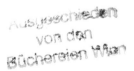

Springer VS

Michael Jäckel
Trier, Deutschland

Gerrit Fröhlich
Trier, Deutschland

Daniel Röder
Trier, Deutschland

ISSN 2524-3306 ISSN 2524-3314 (electronic)
Studienbücher zur Kommunikations- und Medienwissenschaft
ISBN 978-3-658-24816-1 ISBN 978-3-658-24817-8 (eBook)
https://doi.org/10.1007/978-3-658-24817-8

Die Deutsche Nationalbibliothek verzeichnet diese Publikation in der Deutschen Nationalbibliografie; detaillierte bibliografische Daten sind im Internet über http://dnb.d-nb.de abrufbar.

Springer VS
© Springer Fachmedien Wiesbaden GmbH, ein Teil von Springer Nature 2012, 2019
Das Werk einschließlich aller seiner Teile ist urheberrechtlich geschützt. Jede Verwertung, die nicht ausdrücklich vom Urheberrechtsgesetz zugelassen ist, bedarf der vorherigen Zustimmung des Verlags. Das gilt insbesondere für Vervielfältigungen, Bearbeitungen, Übersetzungen, Mikroverfilmungen und die Einspeicherung und Verarbeitung in elektronischen Systemen.
Die Wiedergabe von Gebrauchsnamen, Handelsnamen, Warenbezeichnungen usw. in diesem Werk berechtigt auch ohne besondere Kennzeichnung nicht zu der Annahme, dass solche Namen im Sinne der Warenzeichen- und Markenschutz-Gesetzgebung als frei zu betrachten wären und daher von jedermann benutzt werden dürften.
Der Verlag, die Autoren und die Herausgeber gehen davon aus, dass die Angaben und Informationen in diesem Werk zum Zeitpunkt der Veröffentlichung vollständig und korrekt sind. Weder der Verlag, noch die Autoren oder die Herausgeber übernehmen, ausdrücklich oder implizit, Gewähr für den Inhalt des Werkes, etwaige Fehler oder Äußerungen. Der Verlag bleibt im Hinblick auf geografische Zuordnungen und Gebietsbezeichnungen in veröffentlichten Karten und Institutionsadressen neutral.

Verantwortlich im Verlag: Barbara Emig-Roller

Springer VS ist ein Imprint der eingetragenen Gesellschaft Springer Fachmedien Wiesbaden GmbH und ist ein Teil von Springer Nature
Die Anschrift der Gesellschaft ist: Abraham-Lincoln-Str. 46, 65189 Wiesbaden, Germany

Vorbemerkung zur 2. Auflage

Eine kompakte Einführung in ein Forschungsgebiet, das sich inhaltlich in den letzten 50 Jahren enorm entwickelt und aufgefächert hat, ist keine leichte Aufgabe. Als im Jahr 2011 die fünfte Auflage des Lehrbuchs „Medienwirkungen. Ein Studienbuch zur Einführung" erschien, fragte die Lektorin des VS Verlags für Sozialwissenschaften, Frau Barbara Emig-Roller, ob nicht auch eine Kurzfassung davon realisiert werden könnte, die sich in erster Linie an Studierende in BA-Studiengängen richtet. Das Thema „Medienwirkungen" hat, darauf hat Jens Vogelgesang in seinem Studienführer „Kommunikationswissenschaft studieren" (2012) hingewiesen, zahlreiche interdisziplinäre Bezüge. Es hätte also ein Buch für BA-Studierende werden müssen, die einmal Psychologen, Politikwissenschaftler, Historiker, Publizisten, Kulturwissenschaftler, Ökonomen oder Soziologen sein wollen. Getreu dem Motto „Schuster, bleib bei deinem Leisten" wurde es – auch aus Platzgründen – eine vorwiegend soziologisch ausgerichtete Einführung. Das gilt nun auch für die zweite Auflage. Aus einem Alleinautor ist nunmehr ein Autorenteam geworden.

Über den Aufbau des Buches und die zugrunde liegende Systematik informiert das Ende des ersten Kapitels, das auch einen allgemeinen Überblick über die Medienwirkungsforschung, die hier im Vordergrund steht, enthält. Eines aber darf man zu Beginn – ohne bereits fachspezifisch zu werden – sagen: Das große Interesse an dem Faszinosum ‚Medien' ist ungebrochen vorhanden, wenngleich doch so vieles an diesen Medien alltäglich geworden ist. Wer Medien sagt, denkt die Kritik daran häufig mit, sei es die Unzufriedenheit mit bestimmten Protagonisten, den Arbeitsweisen oder Selektionskriterien, die eine Realität eigener Art schaffen. Dass heute so häufig von „Mediengesellschaft" gesprochen wird, ist wohl auch Ausdruck eines Unbehagens in und an der modernen Kultur. Dennoch äußert sich dieses Unbehagen nicht in einer deutlich spürbaren Abkehr von den Angeboten. Deshalb wiederholt sich immer wieder auch die Frage, was mit den Rezipienten im Zuge der Nutzung dieser Angebote geschieht. Wege und Möglichkeiten zur Beantwortung dieser Fragestellung fasst die vorliegende Einführung zusammen.

Die Entstehung dieser Neuauflage wäre ohne die Erstauflage nicht denkbar gewesen. An die Mitwirkung von Herrn Dipl.-Soz. Philipp Sischka sei hier noch einmal erinnert. Die weiteren Mitwirkenden des Jahres 2012 sind nunmehr zu Koautoren geworden. Wir wünschen uns, dass das Buch seinen Zweck weiterhin erfüllt.

Trier, im Dezember 2018
Michael Jäckel, Gerrit Fröhlich und Daniel Röder

Inhalt

Abbildungsverzeichnis XI

1 Medienwirkungsforschung und Mediensoziologie 1
   Mediengeschichte und Medienwirkung 1
   Persuasion 6
   Publikumsaktivität 8
   Sozialer Kontext 10
   Medien und Gesellschaft 13
   Strukturierung 15
   Medienzukunft 18
   Zum Aufbau des Buches 19

2 Umstände: die Medienentwicklung im Überblick 21
   Modelle der Medienentwicklung 21
   Medienentwicklung und gesellschaftliche Veränderungen 24
   Massenkommunikation in historischer Perspektive 28
   Beginn und Aufstieg der Massenkommunikationsforschung 31

3 Wer? Die Senderebene 35
   Signale und Störquellen 35
   Gatekeeper 38
   Meinungsführer und das aktive Publikum 42
   Neue Herausforderungen für den Journalismus 48

4 Was? Ein Blick auf die Inhalte ... 51
Agenda Setting ... 51
Priming und Framing ... 56
Medienthemen und Alltagsthemen ... 58
Kultivierungsprozesse ... 62
Inhaltsanalyse als Auswahlverfahren ... 66

5 In welchem Kanal? Besonderheiten der Trägermedien ... 69
Kanäle und Medien ... 69
Massenkommunikation ... 71
Interaktion und Kommunikation ... 73
Das Medium ist die Botschaft ... 74
Situativer Ansatz ... 78

6 Zu Wem? Das Publikum ... 83
Publikum ... 83
Aktivität und Passivität ... 85
Vielfalt und Entscheidung ... 88
Zielgruppen ... 94
Lebensstile ... 97

7 Für welchen Zweck? Funktionszuschreibungen ... 103
Information und Wissen ... 103
Digital Divide ... 107
Integration ... 109
Segmentierung ... 113
Gratifikationen ... 116

8 Mit welchem Effekt? Wirkungsfelder ... 123
Ursache und Wirkung ... 123
Art ... 127
Stärke ... 130
Zeit und Dauer ... 134
Entwicklung ... 137
Richtung und Verlauf ... 139
Objekt ... 141
Zielebene ... 143
Wirkungsweise ... 146
Vorsatz und Absicht ... 151

**9 Ein Ausblick in die Medienzukunft –
Prognosen und Überraschungen** 155

Literaturverzeichnis 163

Abbildungsverzeichnis

Abb. 2.1 Die sechs Informationsrevolutionen nach Irving Fang 25
Abb. 2.2 Das soziale Gedächtnis in den Etappen der Medienevolution . . . 28

Abb. 3.1 Ein lineares Modell der Kommunikation 35

Abb. 4.1 Agenda Setting: Massen- und interpersonale Kommunikation . . . 59
Abb. 4.2 Drei Realitäten – Das ‚Double Cone'-Modell von Weimann 60

Abb. 6.1 Veranschaulichung des Publikums-
         und des Zielgruppenbegriffs 95
Abb. 6.2 Die Staffelungshypothese am Beispiel der Mediennutzung 99

Abb. 8.1 Die Grundstruktur des Stimulus-Response-Modells 124
Abb. 8.2 Effekte: eine Differenzierung 126
Abb. 8.3 Eine Erweiterung des Stimulus-Response-Modells 127

Abb. 9.1 Fortschreitende Beschleunigung des sozialen Wandels 161

Medienwirkungsforschung und Mediensoziologie

Eine einleitende Übersicht

Mediengeschichte und Medienwirkung

Am Anfang steht eine kompakte Übersicht zur Medienwirkungsforschung aus vorwiegend soziologischer Perspektive. In der naheliegenden Ausgangsfrage „Wann beginnt die Mediengesellschaft?" steckt letztlich auch die Frage nach den Anfängen der Medienwirkungsforschung. Wer seine Antwort an der Etablierung von wissenschaftlichen Disziplinen festmacht, die sich mit Fragen der Medienwirkung auseinandersetzen, müsste den Beginn im 20. Jahrhundert suchen. Wer den Blick dagegen in die Mediengeschichte lenkt, wird nicht umhinkommen festzustellen, dass die Frage, wie Medien die Verfasstheit einer Gesellschaft verändert haben, eine sehr lange Tradition vorweisen kann. Hans Joas hat die Aufgabe der Soziologie darin gesehen, die „Arten und Weisen, wie das menschliche Leben sozial organisiert wird" (2007, S. 14), zu untersuchen. Eine Mediensoziologie betont daher in besonderer Weise den Blick auf Phänomene, die ohne die Existenz von (Verbreitungs-)Medien entweder nicht vorstellbar waren oder zumindest in der Wahrnehmung ihrer Bedeutung durch eine Vielzahl weiterer Kanäle verstärkt wurden.

Mit Medien sind allgemein Artefakte gemeint, die Vermittlungsleistungen übernehmen: Bilder, Texte, beispielsweise aber auch Münzen. Beobachtungen, die sich auf die Wirkung von Medien im weitesten Sinne beziehen, waren bereits vor dem Aufkommen einer akademischen Disziplin, die sich Kommunikationswissenschaft oder Publizistikwissenschaft nannte, weit verbreitet. Die Pluralität der Auffassungen aber ist ohne Zweifel auch das Ergebnis einer funktionalen Differenzierung moderner Gesellschaften, in denen eben nicht nur Wissenschaftler (Medienwissenschaftler, Kommunikationsforscher, Wirkungsforscher und Soziologen) den Blick auf ein kontinuierlich expandierendes Wort- und Bildmaterial lenken, sondern die Medien selbst eben diese Funktion übernehmen. Sie werden nicht nur als gesellschaftliche Einrichtung analysiert, sondern liefern quasi täglich selbst Beschreibungen von Gesellschaft, die mit sozialwissenschaftlichen Diagnosen konkurrieren können. Damit wird auch die Bedeutung des (Massen-)Medien-Begriffs eingeengt. Statt der Realität der Massenmedien als Realität der Organisationen, der Druckerpressen, Funktürme und Serverräume – all diese Dinge und Phänomene sind ja „real" – steht hier die „Realität der Massenmedien als die in ihnen ablaufenden, sie durchlaufenden Kommunikationen" (Luhmann 1996, S. 13) im Vordergrund, deren Aufgabe es ist, Beschreibungen und Selbstbeschreibungen der Gesellschaft anzubieten – also die Realität, die durch die Massenmedien geschaffen wird. Die Sozialwissenschaften wären ärmer, wenn sie diese Beobachtungen nicht hätten, sie müssen aufgrund ihrer eigenen Ergebnisse aber auch zu der selbstkritischen Auffassung gelangen, dass die Welt anders aussehen könnte, weil sie stets ein Werk von Beschreibungen ist. Niklas Maak stellte in einem Beitrag fest: „Das Bewusstsein einer Gesellschaft entsteht in den Geschichten, die sie sich erzählt und in den Formen, die sie für ihre Zeit erfindet." (2011, S. 17) An diese Beobachtung ließe sich eine Vielzahl von Forschungsfragen anschließen, die die Medienwirkungsforschung heute, aber auch in der Vergangenheit beschäftigt haben. Ein Erzähler mag für sich allein seine rhetorischen Fähigkeiten in gekonnter Weise gegenüber seinem Publikum zur Geltung bringen; sein Wirkungsradius aber ist im mündlichen Zeitalter, das noch keine effizienten Medien für die Überwindung von Raum und Zeit kennt, sehr begrenzt. Dieselben rhetorischen Fähigkeiten können in einem Massenmedium, das ein disperses Publikum (vgl. Maletzke 1963) erreichen kann, ein Einflusspotenzial entfalten, das die Gesellschaft selbst und eben auch ihre Beobachter in Unruhe versetzt.

Es liegt in der Natur von Gesellschaften, dass sie die Konsequenzen von Innovationen vor allem kritisch reflektieren. Der soziologische Blick auf eine Gesellschaft, die Antworten auf die diffuse Frage „Was machen die Medien mit den Menschen?" sucht, ist somit nicht durch Detailbeschreibungen technischer Artefakte bestimmt, sondern durch die Folgen, die die jeweilige Innovation für das Erfahrungsspektrum der Menschen haben kann. Dass dabei häufig ein medienkritischer Fokus dominierte und die wertfreie Auseinandersetzung mit dem jeweiligen Phänomen zu Gunsten einer moralischen Beurteilung vernachlässigt wurde, liegt sowohl an der unterschiedlichen Wertschätzung gesellschaftlicher Traditionen als auch an Mutmaßungen über den möglichen Verlust gesellschaftlicher Kontrollmechanismen. Wenn die Innovationsforschung von Pfadabhängigkeit spricht, meint sie damit die langfristigen Konsequenzen einer Entscheidung, die für eine Vielzahl von Menschen verbindlich sind. Generell lässt sich sagen: Ein Update ist wahrscheinlicher als ein nachhaltiger Wechsel. Wenn es sich zusätzlich um verordnete und kontrollierte Innovationen handelt, sind dem sozialen Wandel noch engere Grenzen gesetzt. Antike Sprachen, die auf Hieroglyphen beruhten, sind ein gutes Beispiel für Herrschaft durch Kommunikationsregeln, da hier immer nur eine Minderheit in der Lage war, die Zeichen zu lesen und zu deuten (vgl. hierzu Neuman 2010, S. 10). Hierzu wurde in einem anderen Zusammenhang festgestellt: „Die Evolution von Kommunikation ist notwendige Voraussetzung für die Evolution von Gesellschaften." (Merten 1994a, S. 141) Die Statik eines sprachlichen Codes bremst die soziale Dynamik. Der Zusammenhang von Medien und Gesellschaft ist daher ein Topos, der sich zwischen Macht und Freiheit, zwischen Kontrolle und Entfaltung bewegt. Ein gutes Beispiel für den Evolutionsgedanken liefert Lore Benz (2010) in ihrer Analyse des antiken Theaters als eines der frühen Massenmedien des europäischen Kulturraumes. Begriffe, die heute im Zuge einer Diskussion von Mitmach-Medien (den sogenannten Social Media) wieder häufiger auftauchen, spielen auch für die Interaktionen zwischen dem Sender und den Adressaten im Theater eine wichtige Rolle. Das Bühnenspiel wird als Massenmedium vor dem Buchdruckzeitalter eingeführt und bezüglich des Publikums ist zu erfahren, „dass die Zuschauer [...] während des Mimenspiels mit den Schauspielern interagierten" oder „nach dem Erlernen der Mimentechniken gleich selbst die Mimenbühnen bestiegen." (ebd., S. 25) Heute würde man darin vielleicht ein Muster für Casting-Shows erkennen. Evolution heißt also nicht nur Fortschritt, sondern unter Umständen auch Wiederkehr bestimmter Phänomene unter anderen historisch-kulturellen Bedingungen.

Dennoch ist unbestritten, dass das Thema „Medienwirkungen" vor allem in der zweiten Hälfte des 19. Jahrhunderts an Fahrt aufnimmt. Ebenso waren die Fragen, die an den beobachtbaren Wandel einer Gesellschaft gestellt wurden, die sich dann Industriegesellschaft nannte, von unterschiedlicher Tragweite und Präzision. Diese Formen von (Un-)Differenziertheit äußerten sich beispielsweise darin, dass die einen nur von der Zeitung sprachen und die Artikel und Kommentare als homogene Masse betrachteten, andere darin eine Fortsetzung des politischen Ideenspektrums auf Papier sahen. Im Falle des Kinos gab es allgemeine Sorgenkataloge ebenso wie detaillierte Analysen, die die Zunahme fiktionaler Themen erklären wollten. Auch moderne Kontroversen über den adäquaten theoretischen Zugang haben zu einer Zeit, als Medienwirkung häufig noch Teil allgemeiner philosophischer Erörterungen war, durchaus bereits ihren Platz gehabt. Die Botschaft, die von Medien ausging, wurde mal mehr, mal weniger auf die Wirkung des Inhalts begrenzt. Die „Inhaltilisten", wie Claus Pias (2011, S. 24) in einem Beitrag anlässlich des 100. Geburtstags von Marshall McLuhan (1911–1980) schrieb, blicken vor allem auf die Medienprodukte und ihre Inhalte, die „Medialisten", ein Begriff, der hier zum Zwecke des Kontrastierens eingeführt wird, fragen nach der Wirkung des Mediums an sich, und zwar unabhängig vom konkreten Inhalt. Es kommt also beispielsweise nicht darauf an, was auf einer Schreibmaschine getippt wird, sondern wie sie das Büroleben verändert.

Neuman & Guggenheim (2011) haben in ihrem Beitrag „The Evolution of Media Effects Theory: Fifty Years of Cumulative Research" festgestellt: „Some trace the intellectual origins of communications scholarship back hundreds or even thousands of years [...]. But the modern field of scholarship defined by scholarly associations, key journals and academic departments is roughly a half-century old." (ebd. S. 169) Diese Beobachtung dürfte im Großen und Ganzen auch für die Entwicklung außerhalb der Vereinigten Staaten zutreffen. Das Bewusstsein für die Bedeutung dieser neuen Institutionen entstand in der akademischen Welt – zunächst vereinzelt – bereits zur

Wende vom 19. zum 20. Jahrhundert. Zwei Pioniere der amerikanischen Soziologie, Albery Woodbury Small (1854–1926) und George Edgar Vincent (1864–1941), widmeten ein Kapitel ihres 1894 erschienenen Einführungsbuches „An Introduction to the Study of Society" ausschließlich dem „Communicating apparatus" (vgl. Small/Vincent 1894). Den Anlass für die Berücksichtigung dieser Thematik liefert die folgende Beschreibung, die die Folgen für den gesellschaftlichen Organismus hervorhebt: „A communicating system penetrates the whole social organism [...] ramifying throughout society to its minutest subdivisions, and, as a whole bringing into more or less complete psychical contact all these parts of the organism." (Small/Vincent 1894, S. 215)

Im Jahr 1910 plädierte Max Weber (1864–1920) auf dem Ersten Deutschen Soziologentag in Frankfurt für eine Soziologie des Zeitungswesens. Wenngleich dieses umfängliche und ambitionierte Projekt an internen Kontroversen und Konflikten mit der schreibenden Zunft scheiterte (vgl. Obst 1986), sollte die Wirkung der Presse als Teil der objektiven Kultur herausgestellt werden (vgl. Weber 2001, S. 317 ff.). Neben den vielen frühen Spuren der Mediensoziologie ist also der Zeitraum, in dem sich die akademische Disziplin zu etablieren begann, eine Phase, die das thematische Bewusstsein bereits deutlich reflektiert (vgl. hierzu ausführlich Jäckel/Grund 2005).

Zu den zentralen Ergebnissen von Neuman & Guggenheim gehört die Identifikation von sechs „Media Effects Theory"-Clustern, die zum einen jeweils für eine bestimmte zeitliche Periode dominierend waren, zum anderen aber auch über ihre Hochzeit hinaus fortlebten und fortwirkten. Es gab dominante Sichtweisen, die durch neue Perspektiven oder Modelle ersetzt wurden. Und es gab „Return"-Phänomene, die sich in der Vorliebe für „Theorie XY revisited" oder „Return of the concept of ..." niederschlagen. Die Kritik an den bekannten Phasenmodellen der Medienwirkungsforschung stellte ebenfalls in Frage, dass die Theorien und Forschungsfragen sich zeitlich aneinanderreihen lassen (vgl. Brosius/Esser 1998; Bussemer 2003). Die sechs Cluster, die von Neuman und Guggenheim identifiziert wurden, können als Raster für die Darstellung der soziologischen Sichtweise herangezogen werden. Es soll der Effekt auf das „Bewusstsein einer Gesellschaft" im Vordergrund stehen. Diese Vorgehensweise lässt sich mit einem weiteren Pionier der amerikanischen Soziologie begründen: Charles Horton Cooley (1864–1929). Cooley stellte in seinem Werk „Social Organization" bereits 1909 fest: „[...] when we come to the modern era, [...] we can understand nothing rightly unless we perceive the manner in which the revolution in communication has made a new world for us." (1962, S. 65) In seinen Überlegungen zum modernen Zeitalter der Massenkommunikation macht er deutlich, dass ein veränderter Umgang der Menschen nicht zuletzt auf die veränderten Formen der Kommunikation zurückzuführen ist:

> „The changes that have taken place since the beginning of the nineteenth century are such as to constitute a new epoch in communication, and in the whole system of society. They

deserve, therefore, careful consideration, not so much in their mechanical aspect, which is familiar to every one, as in their operation upon the larger mind." (ebd., S. 80)

Den Einfluss der Medien auf das kooperative Bewusstsein, welches Cooley als „larger mind" umschreibt, führt er auf vier Eigenschaften der modernen Massenkommunikation zurück: 1. Expressiveness, 2. Permanence, 3. Swiftness und 4. Diffusion. Mit der ersten ist die Vielfalt der Inhalte und Emotionen gemeint, die transportiert werden können. Permanence drückt die Überbrückung von Zeit, Swiftness die Überwindung von Raum und Diffusion den Zugang zu den unterschiedlichsten Gruppen von Menschen aus (vgl. ebd.). Den wesentlichen Charakterzug des gesellschaftlichen Wandels, der von den Medien mitgetragen wird, beschreibt er als „enlargement". Zum einen kommen die Menschen mit anderen, zuvor unbekannten Personen in Kontakt, wodurch es einfacher wird, Menschen mit ähnlichen Vorlieben zu finden, Interessensgemeinschaften zu bilden und sich selbst zu entfalten. Zum anderen führt die Ausweitung der Kommunikation nach Cooley aber auch zum Verlust von Vielfalt: „Each locality […] had formerly its peculiar accent and mode of dress; while now dialects are disappearing and almost the same fashions prevail throughout the civilized world." (ebd., S. 92 f.) Als Folge dieser Öffnung etablieren sich Cooley zufolge eine Oberflächlichkeit und Gleichförmigkeit „in every sphere of thought and feeling" (ebd., S. 85). Diese Oberflächlichkeit verstärke individuelle und gesellschaftliche Probleme, wie z. B. Drogenkonsum, psychische Störungen oder Selbstmord, die seiner Ansicht nach vor allem in Räumen mit verdichteter Kommunikation auftreten, beispielsweise städtische Zentren.

Bevor nun das Modell von Neuman und Guggenheim zur Anwendung kommt, gilt es seine Entstehung und die Kernaussagen kurz zu erläutern. Es handelt sich um eine Zitationsanalyse, die führende US-amerikanische Fachzeitschriften aus dem Feld der Kommunikationswissenschaft im Hinblick auf „Leuchttürme" und Querverweise prüft. Das Ergebnis macht deutlich, was ohnehin zu erwarten ist: Bestimmte Theorien haben ihre Hochphase und ihre herausragenden Beiträge, die ganz im Sinne des Matthäus-Effekts (vgl. Merton 1985) zu interpretieren sind. Das bedeutet: Es gibt einen Verstärkungseffekt, der sich aus einer einmal erworbenen Anerkennung ergibt. Negativ formuliert: Ca. 60 Prozent der Beiträge werden niemals von anderen Autoren zitiert, der Beitrag von McCombs und Shaw (1972) zur Agenda Setting-Hypothese dagegen 560-mal. Die Theorietraditionen verschwinden aber nicht völlig, sondern erfahren im Kontext der Zunahme von Theorien und Erklärungsmodellen eine gegenüber der Kernphase verminderte Beachtung. Obwohl der Fokus auf den Zeitraum 1956–2005 gelegt wurde, ist über die jeweiligen Referenzen der Beiträge auch die Zeit vor 1956 berücksichtigt. Die insgesamt 29 Theorien, die – gemessen an der Bezugnahme – als bedeutende Theorien identifiziert wurden, sind in sechs Clustern zusammengefasst worden, wovon der jüngste eine eher in die Zukunft gerichtete Kategorie darstellt, die den Namen „New Media-Theories" erhielt. Überhaupt sind die für die Cluster gewählten Oberbegriffe diskussionswürdig, insbesondere vor dem Hintergrund der gebündelten Perspektiven. Nichtsdestotrotz ist ein solches Modell geeignet, einige Kernfragen der Medienwirkungsforschung aus soziologischer Perspektive herauszustellen. In diesem Sinne werden die Cluster nachfolgend jeweils kurz charakterisiert und dann mit anschaulichen Beispielen ergänzt.

Persuasion

Im Hinblick auf „Persuasion Models" wird ausgeführt, dass es sich um direkte und ungefilterte Effekte handelt, die als Ergebnis von spezifischen Medienangeboten registriert werden konnten. Die Lasswell-Formel wird ebenso erwähnt wie die mathematische Informationstheorie. Die Stärke des Effekts kann dabei variieren. Persuasion kann daher in diesem Zusammenhang vieles meinen: Überzeugung, Überredung, Manipulation. Bis heute darf festgestellt werden, dass spektakuläre Medienwirkungen auch deshalb so spektakulär sind, weil sie spektakulär behandelt werden. Als in der Anfangsphase einer systematischen Medienwirkungsforschung die Wirkung des Kinos auf das Publikum analysiert werden sollte, wurde dieses eher als Masse und nicht als kritische Öffentlichkeit betrachtet. Herbert Blumer (1900–1987), einer der Pioniere der amerikanischen Soziologie, bezog sich in seinen Analysen auch auf Gustave Le Bon (1841–1931), der von emotionalen Ansteckungsprozessen ausging und der Masse die Fähigkeit zur kritischen Reflexion absprach. Blumer schloss aus den autobiographischen Interviews, die er mit Kinobesuchern führte, auf nachhaltige Beeinflussungseffekte, sei es die bevorzugte Kleidung, die Haartracht, die Art und Weise, wie man sich unterhält, Schönheitsideale, Manieren usw. (vgl. die Zusammenfassung bei Lowery/DeFleur 1995, S. 28). Auch Gabriel Tarde (1843–1904) hat in seiner Analyse von Nachahmungsprozessen auf zwei soziale Ursachen hingewiesen, die dafür verantwortlich gemacht werden können, dass Neuerungen sich ausbreiten. Die eine betrachtete er als logische Ursache und sah sie dann gegeben, wenn Akteure etwas übernehmen, weil es für sie nützlicher und überzeugender ist als das, was sie bislang kannten. Die zweite Ursache fasste er unter nicht-logischen Einflüssen zusammen und meinte damit insbesondere die Orientierung an Vorbildern, seien diese gut oder schlecht. Und diese zweite Ursache schlägt wiederum die Brücke zu den theoretischen Annahmen, die bei Blumer Pate standen (vgl. Tarde 2009, S. 160 f.). Butsch (2008) betont in seiner Analyse „The Citizen Audience", dass Blumer keineswegs das Kinopublikum mit der Le Bonschen Kategorie der Masse (im Englischen: crowd) gleichsetzte. Dennoch ging er von entfremdeten Individuen aus, die in einer neuen, häufig städtisch geprägten Umgebung ihre lokalen Traditionen und Kleingruppenbindungen hinter sich ließen und nun als Teil einer großen Gesellschaft mit unvertrauten und neuen Geschichten konfrontiert werden (ebd., S. 46). Butsch referiert aber zugleich Studien, die diesen Entfremdungsgedanken zumindest relativieren. Die Kinopublika der großen Städte waren durchaus mehr als „crowd or mass" (ebd., S. 47). Die Orte, an denen man sich traf, waren zugleich auch Möglichkeiten der sozialen Interaktion, also Orte des Austauschs (ebd.). Das schließt Prozesse der Nachahmung nicht aus, erweitert den Persuasions-Gedanken aber auf potenziell mehr Beteiligte. Nicht jede Stimme hat in solchen Moderationsprozessen das gleiche Gewicht. Bis heute wird in Kommunikationskampagnen unterschiedlichster Art auf Celebrities gesetzt, weil Erfolg Aufmerksamkeit garantiert und man lieber dem persönlich unbekannten Star als dem vertrauten Nachbarn folgt. Als Oprah Winfrey in ihrer Talkshow, die die gegenwärtig erfolgreichste des US-Fernsehens ist (über 4500 Folgen in 25 Jahren, Laufzeit 1986–2011), den Roman „Anna Karenina" dem amerikanischen Fernsehpublikum als Sommerlektüre empfahl, stieg die Nachfrage nach diesem nicht gerade leichten Lesestoff dramatisch an. In einem interaktiven Buchclub verständigte man sich zudem auf Leserhythmen und sorgte damit für das Gefühl eines kollektiven Leseerlebnisses (vgl. hierzu Jäckel 2005, S. 76). Phänomene dieser Art treten immer wieder auf und dienen vor allem einer pragmatischen Bestätigung von Medienwirkungen. Dabei wird selten genauer geprüft, ob ein bestimmter Schwellenwert überschritten wurde, wo also überhaupt die kritische Größe anzusetzen ist, die von einer starken oder weniger starken Medienwirkung zu sprechen erlaubt. Wird nach einer Erklärung für diese Nachahmungskaskaden gefragt, antwortet der Einzelne häufig mit dem Hinweis auf die Beeinflussbarkeit der Anderen. Den Durchschnitt der Umwelt beschreibt man als anfällig für Manipulationen und zählt sich selber ungern dazu. Die Sozialpsychologie hat dafür auch den Begriff „better-than-average-Effekt" (Alicke 1995) geprägt. Wer von Persuasion spricht, muss also neben den Intentionen des Kommunikators auch dem Empfänger Tribut zollen, der sich nicht immer im Sinne der Botschaft verhält.

Überhaupt unterstellt diese Eindeutigkeit eine Vorstellung von Intentionalität, die weder auf Seiten des Senders noch auf Seiten des Empfängers gegeben sein muss. Gelingende Kommunikation setzt als Minimalkonsens einen gemeinsam geteilten Zeichenvorrat voraus, aber Information ist eben nicht gleich Verstehen. Krotz hat die Popularität des mathematischen Kommunikationsmodells von Shannon und Weaver auf seine Plausibilität zurückgeführt, da eine Informationsübertragung stattfindet (vgl. Krotz 2008, S. 1048 f.). Ob der Bote gute oder schlechte Absichten hat, steht zunächst einmal nicht im Vordergrund, ebenso wenig die Frage, was den Rezipienten in einer bestimmten Situation umtreiben mag. Bei Marcel Proust (1871–1922) kann man lesen:

> „Wir stellen uns beim Reden stets vor, dass unsere Ohren und unser Geist das Gesagte vernehmen. […] Die Wahrheit, die man in Worte kleidet, bahnt sich nicht unmittelbar ihren Weg und ist kein unbestreitbares, augenfälliges Phänomen. Es braucht eine ganze Weile Zeit, bis eine Wahrheit gleicher Ordnung sich im anderen formen kann." (2000, S. 804 f.)

Da Medienkommunikation und Persuasion in der Regel Massenkommunikation impliziert, kommt dem Tatbestand, dass eine Interaktion zwischen Sender und Empfänger den Ausnahmefall darstellt (vgl. Luhmann 1996, S. 10 f.), hier eine besondere und gleichsam einschränkende Bedeutung zu. Denn Kommunikation besteht nach Niklas Luhmann (1927–1998) in der Zusammenfügung von drei Auswahlformen: Information, Mitteilung und Verstehen. Information meint die Selektion aus einem unbekannten Repertoire an Möglichkeiten, Mitteilung meint die Zweitform der Information, in welcher dieser eine Gestalt gegeben wird und Verstehen meint die Annahme einer Selektion unter Anwendung von Eigenselektionen (vgl. Luhmann 1984, S. 193 ff.). Wer sich räuspert, um sein Gegenüber auf einen Fauxpas aufmerksam zu machen, wählt diese Botschaft aus einer Unzahl möglicher Botschaften aus (Information), gibt ihr die Gestalt des Räusperns (Mitteilung) und ist letztlich darauf angewiesen, dass der Empfänger zwischen Information und Mitteilung zu unterscheiden vermag (Verstehen). Dass diese Informationsübertragung im Sinne eines Container-Modells gedacht werden kann, als würde eine Information eins-zu-eins übertragen werden, ist aus dieser Perspektive soziologisch naiv. Als Kommunikation verstanden beruht Gesellschaft auf intersubjektiver Ignoranz, auf symbolischen Generalisierungen, auf Konstruktionen. Dabei reicht häufig schon die Unterstellung von Sinn aus, um die Illusion gelungener Kommunikation aufrecht zu erhalten. So erstaunlich es klingen mag: Kommunikation kann auch ohne „richtiges" Verstehen funktionieren. Hier liegen aus soziologischer Sicht die Chancen und Grenzen von Persuasion.

Publikumsaktivität

Mit „Active Audience"-Modellen wird insbesondere der motivationalen Perspektive des Publikums Rechnung getragen. „Um die Welt zu durchwandern, müssen die Menschen Karten von dieser Welt haben", schrieb Walter Lippmann (1990, S. 18). Womit diese Karten übereinstimmen, wie und von wem sie gezeichnet werden, sollte man nicht aus den Augen verlieren. Was Lippmann (1889–1974) in dem Klassiker „Public Opinion" schrieb, dürfte heute von noch wesentlich größerer Bedeutung sein als vor ca. 100 Jahren: „die reale Umgebung ist insgesamt zu groß, zu komplex und auch zu fließend, um direkt erfasst zu werden. […] Obgleich wir in dieser Welt handeln müssen, müssen wir sie erst in einfacherem Modell rekonstruieren, ehe wir damit umgehen können." (ebd., S. 18)

Massenmedien erfüllen die gesellschaftliche Funktion der Selbstbeobachtung. Will das Publikum über seine Funktion als „Gottesgericht der Einschaltquote" (Bourdieu 1998, S. 36) hinaus auf das Angebot reagieren – mit Lob, Kritik oder kollektiver Verweigerung – kann es sich Bilder von der Meinung der anderen machen, wobei die Möglichkeiten zur Selbstbeobachtung des Publikums wiederum überwiegend über Massenmedien gegeben sind, sei es die Filmbesprechung im Feuilleton, der Leserbrief im Lokalteil oder Kulturmagazine im Fernsehen. Mit dem Internet sind zunehmende Partizipationsmöglichkeiten in Foren, durch Microblogging oder innerhalb sozialer Netzwerke hinzugekommen. Dem Mehr an Beteiligung entspricht jedoch zugleich ein Mehr an verfügbaren Informationen über das Verhalten anderer, was dann nicht zuletzt als Überforderung wahrgenommen wird. Gerade als Konsequenz dieser neuen Partizipationsmöglichkeiten gilt somit mehr als je zuvor, dass einer Vielzahl möglicher Territorien eine Vielzahl möglicher Karten gegenübersteht, womit die Aussage, „the public's interest defines the public interest" (Fowler/Brenner 1982, S. 210), an Bedeutung gewinnt.

In Anlehnung an Gerhards (2001), der aus einer Zunahme von Inklusionsstrategien und -bedürfnissen einen „Aufstand des Publikums" ableitete, könnte von einem Publikum „an sich" und einem Publikum „für sich" gesprochen werden. Denn: „Einstellungsänderungen auf der Ebene des Publikums werden […] meist erst dann veränderungswirksam, wenn sie sich öffentlich Gehör verschaffen." (ebd., S. 180) Inhalte, so wird behauptet, werden nunmehr auf vielen Ebenen verhandelt, eben nicht mehr nur in den etablierten Institutionen des Mediensystems. Es lassen sich dabei unterschiedliche Publikumskonstellationen beobachten:

- Das disperse Publikum, das an unterschiedlichen Orten die Angebote der (Massen-)Medien wahrnimmt, verfügt in der Regel nicht über eine dauerhafte Organisationsstruktur. Es besitzt damit zwar eine gewisse Kontinuität, aber eben nicht die Kontinuität einer Gruppe, die sich aufgrund regelmäßiger Interaktionen arbeitsteilig aufstellt.
- Das Publikum als (Bezugs-)Gruppe bringt sich über den pragmatischen Austausch des Gesehenen, Gelesenen, Gehörten usw. ein, wobei dies wiederum selten kontinuierlich und mit hohem Engagement erfolgt. Häufig werden diese Diskussionen auch nicht gezielt gesucht, sondern sind das Ergebnis von Alltagsgesprächen, in denen Medienthemen nun einmal häufig Gegenstand sind (siehe hierzu auch Keppler 1995).
- Das Publikum als Markt und damit als eine Größe, die (gewollt oder ungewollt) steuernd in den Prozess von Angebot und Nachfrage eingreift, wird eher im Sinne eines Resonanzbodens instrumentalisiert, und zwar vor (als Testpersonen) und nach dem Endprodukt (als Rezipienten).
- Das vernetzte Publikum, das nun verstärkt im Internet Informationen untereinander austauscht und dessen Beteiligung häufig in Form von Netzwerk- und Kaskadeneffekten stattfindet, das dafür jedoch anfällig ist für Partizipationsillusionen und Flaschenhalsprobleme – und klassische Meinungsführerschaften nicht überwindet, sondern allenfalls verdeckt.
- Das Mitmach-Publikum, das den jeweiligen „Stoff" vor, während und nach der Nutzung von Medienformaten bearbeitet. Insbesondere Simultanaktivitäten haben an Bedeutung zugenommen (z. B. Second-Screen-Nutzung) – nicht so sehr im Sinne der Unterscheidung von Primär- und Sekundärnutzung, sondern als aktives Element der Rezeption. Zugleich tritt in diesem Prozess neben das isolierte Massenpublikum das Phänomen des gemeinsamen Hörens und Sehens, wie

es auch den Anfangsjahren der Massenkommunikation bekannt ist (vgl. hierzu Flichy 1994, S. 233 ff., 252 ff.). Der Dialog untereinander wird nun auch durch den Kommentar zur Sendung ergänzt, zu dem ausdrücklich eingeladen wird.

Aus diesen Publikumskonstellationen ergeben sich Formen von Publikumsaktivität, die sich auf Basis der auf Albert O. Hirschman (1915–2012) zurückgehenden Unterscheidung von Exit, Voice und Loyalty (1970) wie folgt beschreiben lassen:

- *Loyalty* bedeutet Zustimmung, und zwar in qualitativer und/oder quantitativer Hinsicht. Es können verschiedene Formen von ‚Medientreue' unterschieden werden, die sich in der Regel aus einer hohen Kontinuität des Zuspruchs zu bestimmten Medienangeboten ableiten lassen. Dies kann durchaus auch in Verbindung mit einer aktiven Beteiligung an den jeweiligen Medienangeboten geschehen, wobei sich die Einbindung des Publikums durch neue Informations- und Kommunikationstechnologien heute anders und vielfältiger darstellt als zu Zeiten, in denen sich aus heutiger Sicht ökologisch bedenkliche Abstimmungsformen beobachten ließen (Licht einschalten oder Wasserspülung betätigen als Ausdruck der Zustimmung). Die niedrigere Beteiligungsschwelle lädt zu vielfältiger, zugleich aber auch diskontinuierlicher Teilnahme ein.
- *Voice* kann verschiedene Formen des Protests zusammenfassen, die in der Regel in der Absicht vollzogen werden, einen vorhandenen Zustand in einen besseren zu verändern. So kann eine Mediennutzung vorübergehend abgebrochen werden, weil das Dargebotene schlicht missfällt. Aber auch der Wechsel von Anbieter oder Medium, das Verfassen von Leserbriefen oder Kommentaren sowie die Beteiligung an diversen Formen von Widerspenstigkeit, die über den privaten Protest hinausgehen, sind denkbar. In sozialen Netzwerken führt dies oft zu intensiven, aber kurzlebigen Aufmerksamkeitsbündelungen.
- *Exit* wiederum wäre beispielsweise der dauerhafte Verzicht auf bestimmte Angebote. Diese Reaktionsform wird in einer Welt, in der Medien omnipräsent sind, zunehmend schwierig und stellt somit wohl auch in Zukunft eher den Ausnahmefall dar. Insbesondere wegen des von Jürgen Gerhards (2001) erwarteten Publikumsaufstands ist die konsequente Nicht-Beteiligung an den Diskursen der Mediengesellschaft ein schwieriges Unterfangen.

Sozialer Kontext

Das dritte Cluster bezeichnen Neuman und Guggenheim mit „social context models". Gerade hier ist die Soziologie in besonderer Weise beheimatet, denn den Kern dieses Clusters bilden Themen wie die Meinungsführer- und Diffusionsforschung, die Theorie der wachsenden Wissenskluft, Netzwerktheorien und schließlich auch Theorien, die einen Beitrag zur Entstehung öffentlicher Meinung leisten (z. B. die Theorie der Schweigespirale oder die Third Person-Theorie). Die Mitglieder der Columbia School (vgl. hierzu ausführlich Jäckel 2011b, S. 125 ff.) sprachen bereits über das Phänomen „embeddedness", bevor es vor allem durch den Beitrag von Mark Granovetter im „American Journal of Sociology" (1985) populär wurde. Katz und Lazarsfeld (1901–1976) schrieben 1962 über die Zielsetzung ihrer Forschung:

> „Wir haben versucht, zu zeigen, dass auch die anscheinend persönlichen Meinungen und Einstellungen eines Menschen Nebenprodukte der zwischenmenschlichen Beziehungen sein können, […] dass Meinungen und Einstellungen oft in Verbindung mit anderen Personen aufrecht erhalten, manchmal gebildet und manchmal nur verstärkt werden. Kurz, wir haben versucht, Beweise für unsere Auffassung anzuführen, dass der individuelle Ausdruck der Meinungen und Einstellungen, kritisch betrachtet, keine rein individuelle Angelegenheit ist." (Katz/Lazarsfeld 1962, S. 78)

Angesichts der Beziehungen, die vermehrt Kommunikationsverhältnisse darstellen, mutet diese Beschreibung ausgesprochen modern an. Aus der News Diffusion-Forschung ist wiederum bekannt, dass es die Massenmedien sind, die den Gesprächsstoff liefern, die, um mit Hegel zu sprechen, tagtäglich für einen „realistischen Morgensegen" (zit. nach Löwith 1986, S. 60) sorgen. In der Medienwirkungsforschung ist daher immer auch diskutiert worden, ob Verbreitungsmedien und interpersonale Kommunikation hinsichtlich ihrer Wirkung als funktional äquivalent betrachtet werden können. Katz hatte die berühmten drei W's formuliert, um damit Wege des Einflusses und Grundlagen des Erfolgs zu bestimmen. Sie lauten:

- Wer man ist: die Personifizierung bestimmter Werte;
- was man weiß: Kompetenz in bestimmten Bereichen;
- wen man kennt: strategische soziale Platzierung (vgl. Weimann 1994, S. 264).

Die Einwände gegen die Annahme einer funktionalen Äquivalenz lassen sich unter Bezugnahme auf Überlegungen präzisieren, die der amerikanische Soziologe Talcott Parsons (1902–1979) in seinem Beitrag „On the Concept of Influence" illustriert hat. Parsons nimmt dort explizit auf die berühmte „Voting"-Studie der Columbia School Bezug und sieht in der Praxis des politischen Wahlverhaltens eine Bestätigung für ein „diffuse kind of belonging-togetherness" (Parsons 1969, S. 418). Wahlentscheidungen erscheinen hier als das Ergebnis einer Auseinandersetzung mit „my kind of people" (ebd., S. 419). Diesem Homogenitätsargument hält Parsons die Möglichkeit eines Anstiegs von „cross-pressuring" (ebd.) entgegen. Er lenkt damit den Blick auf die Zunahme sozialer Differenzierung und die Zunahme der Wahrscheinlichkeit, dass unterschiedlichste Formen des Einflusses auf Akteure einwirken, die sich dann eben nicht mehr dem Kriterium der a priori vorhandenen gegenseitigen Solidarität fügen. Wer nur den Mikrokosmos der sozialen Beziehungen beachte, unterschätze, so die Kritik von Todd Gitlin, das unterschiedliche Einflusspotenzial von Medienanbietern und

Einzelpersonen. In diesem Zusammenhang wird auch von einer „behaviorization of power" (zit. nach Weimann 1994, S. 240) gesprochen. Die Identifizierung von Meinungsführern kann daher auch nicht bedeuten, dass deren Resistenz gegenüber Beeinflussung aufgrund ihrer Persönlichkeit auf jene übertragen werden kann, die sich an ihnen orientieren. Die sozialwissenschaftliche Diffusionsforschung unterstreicht in diesem Zusammenhang immer wieder, dass es Menschen gibt, die Dinge möglich machen und solche, die sich darüber wundern. Diese Ungleichverteilung von Einfluss ist ohne Kapital, das sich aus Informationen speist, kaum vorstellbar. Die Zahl der vernehmbaren Meinungen und Fakten ist vielzähliger und vielfältiger geworden. „Die Menschen", so Richard Münch (1995), „die in der Moderne leben, werden sich niemals von der Entsorgung ihrer paradoxen Folgen befreien können." (ebd., S. 34) Daten und Informationen scheinen immer entweder in zu geringer oder in zu großer Zahl verfügbar zu sein – niemals jedoch in der richtigen Dosis. Diese Klage ist nicht neu, sondern findet sich beispielsweise auch schon in Georg Simmels (1858–1918) Beschreibungen der „Tragödie der Kultur" (1983). Diese Tragödie bestand für Simmel darin, dass sich mit fortschreitender Entwicklung der Gesellschaft der Widerspruch zwischen „objektiver Kultur" – der Gesamtheit der durch Menschen geschaffenen materiellen und geistigen Dinge – und „subjektiver Kultur" – dem Bedürfnis und der Bereitschaft des Menschen, diese Bestandteile der objektiven Kultur aufzunehmen – verschärft und die Individuen so immer weniger in der Lage sind, sich die Produkte der Kultur anzueignen und als Mittel der Selbstverwirklichung auszuschöpfen (siehe hierzu auch Reckwitz 2012).

Daniel Bell (1919–2011) hat in seiner Analyse der postindustriellen Gesellschaft die anschauliche Unterscheidung zwischen einem Spiel gegen die Natur, das die Güter produzierende Gesellschaft gekennzeichnet hat, und einem Spiel zwischen Personen, das die Informationsgesellschaft kennzeichnet, verwandt (Bell 1976, S. 352 ff.). Der Anstieg des Informationspegels hat nicht zu einer Rationalitätssteigerung geführt, sondern, so Robert King Merton (1910–2003), zu mehr Skeptizismus: „Most institutions demand unqualified faith; but the institution of science makes skepticism a virtue." (Merton 1939, S. 334) „Social context" heißt in diesem Zusammenhang aus soziologischer Sicht also, dass das Handeln der Menschen nicht ihrem voluntaristischen Belieben überlassen werden kann, sondern sich in ihren Meinungen, Einstellungen und Entscheidungen logische und nicht-logische Elemente im Sinne Tardes (siehe oben) vermischen. Schimanks Beobachtung: „Immer mehr Gesellschaftsmitglieder schlagen sich mit immer beschränkteren ‚Tunnelblicken' durchs Leben; und wer hat dann eigentlich noch den Überblick über die Ordnung des gesellschaftlichen Ganzen?" (Schimank 2000, S. 11), hat daher ihre Berechtigung und begründet gleichsam auch das große Interesse an der Frage, wie aus dem bunten Konzert von geäußerten und nicht geäußerten Meinungen ein Phänomen entstehen kann, vor dem man sich in Acht nehmen muss: die öffentliche Meinung. Den Einfluss dieses unsichtbaren Dritten hat der Philosoph Georg Wilhelm Friedrich Hegel (1770–1831) einmal wie folgt beschrieben: „[…] und wer die öffentliche Meinung, wie er sie hier und da hört, nicht zu verachten versteht, wird es nie zu Großem bringen." (Hegel 1821, zit. nach Noelle-Neumann 1996, S. 256)

Medien und Gesellschaft

Das vierte Cluster, bezeichnet mit „Societal and Media Models", ist das am wenigsten konsistente Cluster aus Neuman und Guggenheims Zitationsanalyse. Es vereint kritische Medientheorien ebenso wie die eingangs erwähnte Perspektive, die sich an den Arbeiten von Marshall McLuhan orientiert, aber auch die Kultivierungsanalyse, die insbesondere auf die Arbeiten von George Gerbner zurückgeht. Die verbindende Klammer ist aus soziologischer Perspektive aber durchaus identifizierbar: Die Formulierung „Societal and Media Models" lenkt den Blick nicht nur auf die Spiegelbild-Funktion von Medien für gesellschaftliche Akteure, sondern auch auf Interpenetrationsphänomene, die einen selektiven Zugriff auf beiden Seiten der Kommunikationskette erwarten lassen, also auf Sender- wie auch Empfängerseite.

Die frühen Arbeiten einer kritischen Medientheorie hielten wenig von einer Idealisierung des Publikums und seiner Rolle in (Massen-)Kommunikationsprozessen. Hervorgehoben wurde eher der Effekt sozialer Entfremdung, der durch die Industrialisierung des Kulturbetriebs und die Institutionalisierung eines undifferenzierten Massengeschmacks verstärkt wurde; das Publikum wurde eher in einer manipulierten Situation verortet. Theodor W. Adorno (1903–1969) hatte in seinem Essay „Kann das Publikum wollen?" (1986) dieser negativen Rahmung wie folgt Ausdruck gegeben:

> „Lassen Sie mich mit dem Geständnis beginnen, daß ich den formalen Aspekt der Frage ‚Kann das Publikum wollen?', Fernsehen überhaupt beeinflussen, für einigermaßen gleichgültig halte. Auf die sogenannte Einbahnstruktur der Massenmedien ist immer wieder hingewiesen worden; man weiß auch, daß das Publikum allerhand Möglichkeiten hat, ihr entgegenzuwirken: Briefe zu schreiben, zu telefonieren, wohl auch selber, mehr oder minder symbolisch, an Sendungen aktiv sich zu beteiligen. All das hält sich in engen Grenzen." (ebd., S. 342)

Einer Emanzipation aus diesen Schranken der Kultur hält er entgegen:

> „Je dichter das Netz der Vergesellschaftung geflochten und womöglich ihnen über den Kopf geworfen ist, desto weniger vermögen ihre Wünsche, Intentionen, Urteile ihm zu entschlüpfen. Gefahr ist, daß das Publikum, wenn man es animiert, seinen Willen kundzutun, womöglich noch mehr das will, was ihm ohnehin aufgezwungen wird." (ebd., S. 343)

Der bestimmende Einfluss der Medienproduzenten ergibt sich daher aus ihrer (historischen) Vorreiterrolle, Angebote zu schaffen, von denen unklar war, ob sie tatsächlich auf Akzeptanz stoßen würden. Jedenfalls waren die Pioniere des Kinos durchaus überrascht, wie ausgeprägt das Interesse an fiktionalen Themen sein konnte (vgl. Kluge 2007, S. 39, auch Prokop 1995, S. 37 f.). Aber indem man Gefallen daran entdeckte, minderte sich gleichzeitig die Wahrscheinlichkeit, andere Bedürfnisse zu artikulieren. Das Sprichwort „Der Köder muss dem Fisch schmecken, nicht dem Angler" findet hier seine Bestätigung. Medien kann daher eine ‚Lenkkraft' von Entwicklungen zugeschrieben werden, die unter anderem aus der historisch gewachsenen Normalität von Dauerbeobachtung resultiert. Indem Neugier zu einem konstanten Phänomen wurde, musste auch Beobachtung auf Dauer gestellt werden. Der Zwang der Publizität mischt sich mit den Freiheitsgraden der Themenauswahl. Wird diese Dauerbeobachtung als Ungleichverteilung des Einflusses auf die Spielregeln in bestimmten Handlungsfeldern wahrgenommen, sind Gegenbewegungen nicht ausgeschlossen. So kann Medienmacht im Mediensystem selbst für Unruhe sorgen, die Politik auf den Plan rufen und das Publikum sensibilisieren. Zugleich wird das sensible Gut der Pressefreiheit aus guten Gründen geschützt. Alexis de Tocqueville (1805–1859) hat sich in dem zum Klassiker der politischen Theorie gewordenen Erfahrungsbericht „Über die Demokratie in Amerika" (1976) zur Pressefreiheit unter anderem wie folgt geäußert: „Ich gestehe, für die Pressefreiheit keineswegs die uneingeschränkte und unwillkürliche Liebe zu empfinden, die man für Dinge hegt, die ihrem Wesen nach unbestreitbar gut sind. Ich schätze sie weit mehr in Erwägung der Übel, die sie verhindert, als wegen des Guten, das sie leistet." (ebd., S. 206)

Dieses Schwanken zwischen „unschätzbaren Wohltaten" und „unvermeidliche[m] Übel" (ebd., S. 209 f.) gehört im Rahmen einer freiheitlichen Grundordnung auch in modernen Mediensystemen zum Alltag. Wenn sich die „Stimmen der Medien" widersprechen, werden dominierende Einflüsse kaum antizipiert. Anders dagegen im Falle eines „Gleichklangs": „Gelingt es einer großen Zahl von Presseorganen, in gleicher Richtung zu gehen, wird ihr Einfluß auf die Dauer fast unwiderstehlich und die öffentliche Meinung, auf die immer an der gleichen Stelle eingehämmert wird, gibt schließlich ihren Schlägen nach." (ebd., S. 213). In solchen Fällen wird evident, dass Macht asymmetrisch verteilt ist.

Nicht immer sind es Schläge, denen man nachgibt, sondern schlicht Wiederholungen, die aufgrund ihrer Penetranz an die erste Stelle rücken. Besonders deutlich hat dies George S. Gerbner (1919–2005) in seinen Kultivierungsanalysen gezeigt, indem er vor allem den Vielsehern eine Weltsicht attestierte, die mit der Medienwelt übereinstimmte (siehe Kapitel 4 in diesem Buch). Kein Wunder also, dass Meldungen wie „Telenovelas senken die Geburtenrate" (N. N. 2008, S. 10) Aufmerksamkeit erfahren. Auf den ersten Blick beeindruckt diese Korrelation, wonach fiktive Lebensformen zu wirklichen werden. Auf den zweiten Blick aber könnten Telenovelas nur ein Puzzleteil in einem Wirkungsbündel ganz unterschiedlicher Stimuli gewesen sein, zu denen auch das gestiegene Bildungsniveau gehören kann, das wiederum mit niedrigerer Fernsehnutzung einhergeht. Es könnte sich also um eine Mischung aus Verstärkungseffekten, persönlicher und sozial vermittelter Zustimmungsbereitschaft handeln. Im Hinblick auf die Wirkung der Massenmedien hat Gerhard Schulze (1995) einmal geschrieben: „Die Massenmedien wären nicht so, wie sie sind, ja sie existierten nicht einmal, hätten sie nicht die Billigung des Publikums. Zur Verführung gehören immer zwei, und oft genug hat es das sogenannte Opfer faustdick hinter den Ohren." (ebd., S. 364) Dieses Geben und Nehmen scheint ein ubiquitäres Phänomen zu sein, das nicht nur für die Dramaturgie von Seifenopern oder die Gestaltung von Spielshows gilt, sondern auch für den symbolischen Reichtum gefährlicher Terrains. Diego Gambetta hat die Codes der Unterwelt analysiert und in anschaulicher Weise zeigen können, dass Filme über die Mafia nicht nur ein bestimmtes Bild dieser Organisation zeichnen, sondern der Mafia selbst ein reichhaltiges Reservoir leicht dekodierbarer Symbole verschafft hat (vgl. Gambetta 2009). Kaube (2010) schrieb hierzu: „Als Carmelo di Caro, ein Hafenarbeiter in Palermo, im Mai 2001 einen Pferdekopf in seinem Auto fand, hatte er kein Deutungsproblem." (ebd., S. 30)

Generell gilt: Wer gut lesen kann, ist im Vorteil. Lesen ist hier im Sinne eines ‚Codeknackens' gemeint (vgl. Jäckel/Peter 1997, S. 50 ff.). Der oberflächliche und leichtgläubige Umgang mit den Botschaften der Medien ist daher auch ein Indikator für soziale Ungleichheit. Diese spiegelt sich nicht nur im selektiven Umgang mit einem weiter wachsenden Informations- und Unterhaltungsangebot wider, sondern auch darin, Stereotypen zuzustimmen und entlang dieses verzerrten Radars das eigene Leben zu gestalten. Jeder Diversifizierung des Angebots folgt die Entstehung neuer Expertenzirkel, z. B. in der Welt der Serien, die sich an der Lesart populärkultureller Inhalte erfreuen.

Strukturierung

Das Stereotyp wiederum galt Walter Lippmann als „Verkehrsmittel der öffentlichen Meinung" (Noelle-Neumann 1996, S. 206). Lippmanns Analyse gilt aber auch als Vorläufer der Agenda Setting-Forschung, die von Neuman und Guggenheim im fünften Cluster „Interpretive Effects Models" platziert wird. Hier geht es vor allem um Theorien, die die Strukturierungsleistung der Medien für die Wahrnehmung unserer Umwelt thematisieren. Ein Zeitgenosse Lippmanns, der amerikanische Soziologe Robert Ezra Park (1864–1944), arbeitete aus diesem Grund auch an der Idee einer neuen Zeitung: Das Projekt trug den Namen „Thought News" und sollte darum bemüht sein, die Dinge so exakt wie möglich in Nachrichtenform zu bringen, weil zu vieles dem Diktat der Unterhaltung zum Opfer falle. Park selbst stellte im Jahr 1927 fest:

„Der Grund, weshalb wir Zeitungen im heutigen Sinne überhaupt haben, ist der, daß [...] ein paar Zeitungsherausgeber in New York und London entdeckten, daß es 1) den meisten Menschen, sofern sie lesen können, leichter fiel, Nachrichten zu lesen als Meinungen, und daß 2) der einfache Mann lieber unterhalten als erbaut werden wollte." (Park 1927, zit. nach Gabler 1999, S. 73)

Park konnte seine Idee einer ‚objektiven' Zeitung nicht realisieren.

Der kognitive Aufwand, den Leser, Hörer, Zuschauer oder Internetnutzer zu leisten bereit sind, ist ungleich verteilt. Von sich selbst sagen zu können, einigermaßen gut informiert zu sein, war immer auch eine Frage des persönlichen Anspruchs. Der „gut informierte Bürger" im Sinne von Alfred Schütz (1899–1959) (1972) strebt nach gut begründeten Meinungen auch in Gebieten, die ihm nicht unmittelbar von Nutzen sind, während der „Mann auf der Straße" sich in vielen Bereichen mit vagen Einsichten begnügt. Diese unterschiedlichen Aufmerksamkeitsregeln sind ein Grund dafür, dass die öffentliche Meinung selten als berechenbar galt. Für den Historiker James Bryce (1888, S. 212) war die Presse als Organ der öffentlichen Meinung Erzähler, Anwalt und Wetterhahn zugleich.

Trotz dieser Differenzen und Unwägbarkeiten konnte die Agenda Setting-Forschung mit der Behauptung, dass Massenmedien nicht so sehr bestimmen, was wir denken, sondern worüber wir nachdenken, Aufmerksamkeit erzeugen. Es klingt wie eine Neutralisierung des Medieneffekts, wenn der Einfluss der Berichterstattung auf eine weitgehende Übereinstimmung von Medienagenda und Publikumsagenda reduziert wird. Die Themen werden sozusagen vorgegeben, aber nach eigenen Regeln verarbeitet. Grundsätzlich kann dem kaum widersprochen werden. Aber jenseits dieser Autonomie gibt es bestimmte wiederkehrende Muster, die die Themenwahrnehmung und die Themenkarrieren kennzeichnen:

- Es gibt Themenbereiche, die ihre Aufmerksamkeit dem plötzlichen und unerwarteten Eintreten verdanken. Sie drängen sich unaufgefordert an die erste Stelle, weil sie dramatisch und ungewöhnlich, eben nicht alltäglich sind. Wenngleich es Routinen im Umgang mit solchen Ereignissen (persönliche Schicksale, verheerende Naturkatastrophen) gibt, wird eine eher habitualisierte Wahrnehmung des täglichen Nachrichtenflusses unterbrochen.
- Dennoch ist die Vergessensrate beträchtlich. Nicht alle relevanten Themen können permanent auf den oberen Rangplätzen des Themenbewusstseins rangieren. Wenn sich das eine Thema in den Vordergrund drängt, muss ein anderes in den Hintergrund weichen. ‚Hydraulische Effekte' sind daher auch Teil der Tagesordnung.
- „Voices have multiplied but not ears" (Klapp 1982, S. 64) – dieser Satz beschreibt einen signifikanten Filter. Durch eine Vermehrung der Angebote ist die Knappheit auch im Feld von Nachrichtenvermittlung und Nachrichtenrezeption nicht aus der Welt geschafft worden. Auch hier erweist sich der Mensch als Optimierer.
- So genannte „issue attention cycles" beschreiben das Kommen und Gehen von Themen. Wenn Insider bereits um die Bedeutung wissen, aber die Öffentlichkeit noch nicht, bedarf es unter Umständen mutiger Leute, die in der Lage sind, ein Thema zu setzen. Der Phase der Popularität folgt dann die allmähliche Ermüdung, die Aufmerksamkeit schwindet.
- Dort, wo es regelmäßig zu Reaktualisierungen von Themen kommt, ist die Wahrscheinlichkeit der Verankerung im öffentlichen Bewusstsein relativ groß. Solche

Themen sind dann nicht an bestimmte Einzelereignisse gekoppelt, sondern repräsentieren übergreifende Gebiete, die in vielfacher Hinsicht Anschlusskommunikation garantieren: Wie dramatisch ist der Klimawandel? Wie sicher sind die Renten? Ist unser Wohlstand bedroht? Warum sind die Börsen schon wieder unruhig?
- Angesichts einer zunehmenden Konkurrenz um attraktive Themen beobachten die Medien ihre Entscheidungen gegenseitig. Ausstrahlungseffekte treten dabei in unterschiedlicher Form auf. Wenn es einem Meinungsführermedium gelingt, ein Thema zu besetzen, können Nachahmungs‚täter' beobachtet werden. Man hofft, dass die Popularität des Themas weiter trägt und man von dieser Aufmerksamkeit noch profitieren kann. Das Thema wird durchgereicht, bis auch in den Redaktionen und bei den Empfängern dieser Nachrichten die Frage „Gibt es denn nichts anderes mehr auf dieser Welt?" die Oberhand gewinnt. Eine andere Variante dieser selektiven Aufmerksamkeit ist, dass ein Ereignis die Suche nach ähnlichen Ereignissen verstärkt.
- Schließlich kann die Art und Weise, wie ein Thema behandelt und ‚gerahmt' wird, die Entscheidungen in anderen Systemen beeinflussen. Was wird besonders hervorgehoben, was unter Umständen vernachlässigt oder unerwähnt gelassen? Wenn sich auch im Falle der Medienberichterstattung eine Anfälligkeit für bestimmte Medienmeinungen durchzusetzen beginnt, fällt es schwerer, das Feld der relevanten Optionen (z. B. „Welche Art von Forschung ist wichtig?") noch gleichrangig zu beurteilen.

Dass Themen durchgereicht werden und damit an Bekanntheit gewinnen, hebt nicht nur die Vermittlungsleistung von Massenmedien hervor, sondern auch die Tatsache, dass Menschen zu Medien werden. Nicht im Sinne einer Metamorphose, sondern als Boten in einer Angelegenheit, die sie zu ihrer eigenen gemacht haben. In der Konkurrenz um bedeutsame Ereignisse gibt es dabei immer Gewinner und Verlierer; ein Thema kann noch so bedeutsam sein – es wird irgendwann zur Nebensache, obwohl es eigentlich nach wie vor eine Hauptsache sein müsste[1]. Die Zeitperspektive im Kontext von Agenda Setting ist also in der Regel kurz; in anderen Bereichen, beispielsweise im Feld der Prominenz im Kulturbetrieb, ist Bekanntheit bereits ein kumulativer Effekt. Georg Franck schrieb hierzu: „Die Bezeichnung Celebrity gibt der Produktivität der Medien im Herausbringen von Prominenten Ausdruck. Die Medien, allen voran das Fernsehen, sind unermüdlich im Rekrutieren und Aufbauen von Talenten, die geeignet erscheinen für den Dienst der Attraktion." (Franck 2011, S. 310)

Zugleich weist er mit der These „Der Adel der Mediengesellschaft ist die Prominenz" (ebd.) auf den „blühenden Populismus" (ebd.) der Moderne hin. Der Adel

---

1 Die Frankfurter Allgemeine Zeitung (18. Mai 2011, Seite 1) hat unter der Überschrift „Hauptsache Nebensache" das allmähliche Verschwinden der Reaktorkatastrophe in Fukushima binnen eines Zeitraums von zwei Monaten auf den Punkt gebracht.

konnte, weil er mit dem aristokratischen Lebensstil nicht mehr Schritt halten konnte, verarmen, der Medienstar des 21. Jahrhunderts weiß, dass ihn Launen und Moden nach oben bringen und dieselben Mechanismen für sein Verblassen oder Verschwinden sorgen. Der Fahrstuhl, der nach oben führt, ist meistens auch der Fahrstuhl, der einen wieder nach unten bringt. Aber daneben gibt es die Aura des Bleibenden, also Persönlichkeiten oder Kulturgüter, denen bis heute eine hohe Beachtung zukommt. Wer in die Geschichte eingeht, profitiert offenbar von einem Prozess, den der amerikanische Soziologe Duncan J. Watts (2011, S. 54 ff.) in seinem Buch „Everything Is Obvious. Once You Know the Answer" am Beispiel des Ruhms der Mona Lisa sehr anschaulich erklärt hat. Die Betrachter dieses Gemäldes glauben, dass der Ruhm doch der Qualität des Bildes geschuldet ist. Aber wäre es nicht berühmt, wäre der Blick auf das Gemälde unter Umständen ein anderer. Daher ist die Mona Lisa nur ein Fall unter vielen, der den bekannten Satz unter Beweis stellt: „Popularity causes Loyalty". Es gibt, so Jürgen Kaube in seinem Beitrag „Wie viele Mona Lisas?", also durchaus die Chance auf weitere Phänomene dieser Art. Wer oder was, das wird die Zukunft zeigen. Ohne die Bereitschaft, den Urteilen anderer zu folgen, dürfte die Chance aber gering sein (vgl. Kaube 2011a, S. 54).

Medienzukunft

Das sechste Cluster, das Neuman und Guggenheim „New Media Models" nennen, dient ihnen als „a placeholder for things to come" (Neuman/Guggenheim 2011, S. 178). Daher kann dieses Cluster auch zur Formulierung eines Ausblicks verwandt werden. Obwohl das Denken in Ursache-Wirkungsdimensionen menschlich und daher auch weit verbreitet ist, führt die Gegenwart immer häufiger vor Augen, dass mit einem schnellen Wechsel von Ursachen und Wirkungen zu rechnen ist. Weiterhin dürfte aber zutreffend sein, dass

> „[d]ie Massenmedien [...] sich in diesem turbulenten Feld des Themen-, Tonfall- und Meinungswechsels [bewegen]. Sie tun es nach eigenen Kriterien, sie tun es unter scharfer Beobachtung ihrer eigenen Marktseite, das heißt ihrer Konkurrenten im selben Medium und in Nachbarmedien, [...] und sie tun es mit einer ständig hochgradig irritierbaren Aufmerksamkeit für das, was die schweigenden Mehrheiten für interessant halten und was nicht." (Baecker 2004, S. 9)

Ob dieses Medienspiel durch neue technische und organisatorische Möglichkeiten die Grenzen der Partizipation an Medienkommunikation verändert, ist für die Mediensoziologie kein neues Thema (vgl. Butsch 2008), aber nunmehr eines von wesentlich höherer Aktualität (vgl. hierzu Jäckel 2011b, S. 349 ff.; Jäckel 2016). Die Medienzukunft wird dabei immer in der Gegenwart erlebt. Die Soziologie wird, wenn sie sich mit Medienwirkungen beschäftigt, in zeitlicher Hinsicht immer den Effekt auf die Wahrnehmung der Vergangenheit (Was war?), die Gegenwart (Was ist?) und die Zukunft (Was wird kommen?) im Auge haben; in sachlicher Hinsicht wird sie der thematischen und prozessualen Lenkkraft Beachtung schenken, in sozialer Hinsicht der Zielgruppenauswahl und -ansprache und der Mediennutzung, in räumlicher Hinsicht die Konsequenzen der Erweiterung des Erfahrungshorizonts für Formen sozialer Organisation beachten. Amos Oz (2008, S. 30) beschreibt in seinem Roman „Eine Geschichte von Liebe und Finsternis", wie er sich in jungen Jahren anhand eines Briefmarkenalbums ein Bild von der Welt verschaffte. Die Briefmarken waren gleichwohl nicht konkurrenzlos, denn schon zur damaligen Zeit konnte man im Kino erfahren, dass Menschen, die gut schießen können, anschließend die schönen Mädchen bekommen. Es hätte auch anders sein können, aber so waren die Karten von dieser Welt nun einmal beschaffen.

Zum Aufbau des Buches

Nach diesem einleitenden Überblick soll die Struktur der nachfolgenden Kapitel erläutert werden. Die Vorstellung, die Kurzfassung einer Langfassung zu realisieren, ging unweigerlich mit einer Neusortierung und Ergänzung des Inhalts einher. Als Raster diente dazu die erweiterte Lasswell-Formel: Wer sagt Was zu Wem unter welchen Umständen durch welchen Kanal für welchen Zweck mit welchem Effekt? Diese Erweiterung schlug Braddock vor und begründete diese mit dem Hinweis, dass „there are more considerations than five and that the considerations are interrelated, not distinct fields of study." (Braddock 1958, S. 88) Er selbst aber orientiert sich dabei häufiger an face-to-face- oder überschaubaren, räumlich begrenzten Situationen, etwa, wenn „what circumstances" mit der Unterfrage „Was the communicator in a position in which he was forced or expected to say something?" (ebd., S. 91) erläutert wird. Ebenso könnte die zu „what purpose" genannte Frage „How are other factors of the communicative process affecting his purpose?" (ebd., S. 93) auf die Umstände, denen der Vermittlungsvorgang unterliegt, verweisen. Erstaunlicherweise wird zudem das wichtigste Element, nämlich „effects", mit den wenigsten Beispielen erläutert. Daher erweist sich die Lasswell-Formel auch in dieser Fassung nicht als distinkt.

Für die vorliegende Einführung wird sie vor allem in der Reihenfolge modifiziert. Denn die

- „Umstände" sollen hier nicht im Sinne der Bedingungen eines konkreten Kommunikationsanlasses, sondern als Raum für die Darstellung der Geschichte der (Massen-)Medien dienen,
- „Wer" soll die Senderebene und den Wandel der Sender-Empfänger-Beziehungen beschreiben,
- „Was" den Inhalt, der transportiert wird, skizzieren,
- „Kanal" das jeweilige Trägermedium etwas stärker in den Mittelpunkt stellen,

- „Wem" die Rezipienten, also die Strukturmerkmale des Publikums hervorheben,
- „Zweck" die Debatte über die Funktionszuschreibungen, die Medien in modernen Gesellschaften erfahren, nachzeichnen und
- „Effekt" eine Systematik verschiedener Wirkungsebenen illustrieren.

Abgerundet wird die Darstellung durch einen Blick in die Medienzukunft und mit einer Antwort auf die Frage, was mit „Mediengesellschaft" gemeint sein kann.

Leseempfehlungen

Butsch, Richard (2008): The Citizen Audience. Crowds, Publics, and Individuals. New York.

Jäckel, Michael (2016): Wirkungsforschung: Auf der Suche nach den Ursachen. In: Media Perspektiven (11), S. 569–577.

Neuman, W. Russell (2010): Theories of Media Evolution. In: Neuman, W. Russell (eds.): Media, Technology, and Society. Theories of Media Evolution. Ann Arbor, S. 1–21.

Umstände: die Medienentwicklung im Überblick 2

Modelle der Medienentwicklung

Dieses Kapitel nimmt die Modelle der Medienentwicklung und die Frage nach den im Zuge dieser Entwicklung entstandenen gesellschaftlichen Veränderungen in den Blick. Über eine Betrachtung der Massenkommunikation aus historischer Perspektive erfolgt schließlich der Übergang zum Beginn und Aufstieg der Massenkommunikationsforschung.

Wer von der Evolution der Kommunikation spricht, verbindet damit unter anderem die Vorstellung, dass jede Weiterentwicklung eines Mediums neue Über- und Vermittlungsmöglichkeiten schafft, aber auch eine Erweiterung des Empfängerkreises der Kommunikation bedeuten kann[2]. Luhmann hat diesen Sachverhalt mit dem Begriff ‚Verbreitungsmedien' beschrieben. Je mehr sich diese Verbreitungsmedien von Orten und Personen lösen, desto unabhängiger wird die jeweilige Kommunikation „von der Anwesenheit dessen, der sie mitteilt." (Luhmann 1997, S. 314) Zugleich reduziert eine systematische Erweiterung der räumlichen Dimension von Kommunikation die Wahrscheinlichkeit von Zufällen. Die Nutzung mittelalterlicher Manuskripte illustriert dies:

> „Noch im Mittelalter war [...] die semantische Evolution entscheidend davon abhängig, in welchen Bibliotheken welche Manuskripte aufbewahrt wurden und welche Zufälle Leser, die dadurch zu Ideen angeregt wurden, an die seltenen Manuskripte heranführten. Hier

---

[2] Zu einem vergleichenden Überblick über die Qualitäten der jeweiligen Medien siehe die Beiträge in Kümmel et al. (2004). Hier findet sich entlang der Kategorien Selektion, Partizipation, Externalisierung, Wissensordnung, Speicherung, Präsenz und Aktualität eine Systematisierung des Medienwandels vom Buchdruck über das Telefon bis hin zum Internet.

spielt [...] der Körper von Individuen und damit ihr Aufenthalt an bestimmten Orten eine wichtige Rolle. Das ändert sich nach und nach mit der Verbreitung gedruckter Schriften." (Luhmann 1997, S. 314)

Letztere beschleunigen gesellschaftliche Veränderungen und die Diffusion von Informationen[3]. Damit einher geht die Entstehung einer Öffentlichkeit, die von diesen Öffnungen profitiert. Sobald die Kontrolle über den Zugang zu Informationen entfällt, ist der Empfängerkreis nicht eindeutig bestimmbar. Unter Rückgriff auf die Lasswell-Formel sind es hier die Umstände, die sich verändern.

Hier ist jedoch einzuschränken, dass die Kontrolle über den Zugang zu Informationen erst insoweit entfällt, als das entsprechende Medium innerhalb der gesamten Gesellschaft diffundiert. Merrill und Lowenstein legten ein Modell vor, das die Prozesse der Mediendifferenzierung in den Vordergrund rückte. Die Autoren unterscheiden drei Phasen: ‚Elite Stage', ‚Mass Stage' und ‚Specialized Stage'. Demzufolge ist die Akzeptanz jedes neuen Mediums durch einen idealtypischen Verlauf beschreibbar: Personen mit überdurchschnittlicher Bildung und entsprechenden finanziellen Möglichkeiten repräsentieren die frühen Übernehmer. Wenn die Anschaffungskosten bzw. Preise fallen, steigt die Zahl der Nutzer; ein Massenmedium entsteht. Sobald aber ein weiteres konkurrierendes Medium auf den Markt drängt, tendieren die bereits vorhandenen Medien zur Spezialisierung ihres Angebots. Die Hauptaussage des Modells lautet wie folgt: Die Reichweite bzw. Verbreitung von Medien steigt zunächst an und nimmt erst infolge des Aufkommens neuer Medien bzw. Medienangebote ab (vgl. Merrill/Lowenstein 1979).

In Bezug auf die Konkurrenz der audiovisuellen Medien bemerkt Neuman darüber hinaus:

„It is not at all clear, however, that the elite-mass-specialized pattern will repeat itself as television begins to face competition from even newer media. Although cable television and especially ‚pay television' have cut into the network share of prime-time viewing, network television, perhaps in a modified format, is likely to remain the dominant, low-cost, mass-audience medium." (Neuman 1991, S. 119)

Auch wenn im Hinblick auf die berücksichtigten Medien die Frage nach der Vollständigkeit gestellt werden darf (nicht berücksichtigt ist beispielsweise das Buch), lässt diese Darstellung doch die Schlussfolgerung zu, dass eine völlige Verdrängung eines bereits vorhandenen Mediums durch ein neues eher unwahrscheinlich ist. Wolfgang Riepl (1864–1938) vertrat diese Auffassung bereits zu Beginn des 20. Jahrhunderts, als er sich mit der historischen Entwicklung des Nachrichtenwesens auseinandersetzte.

---

3   In diesem Zusammenhang ist auf die Bedeutung der Schrift für die Ausbildung eines gesellschaftlichen Gedächtnisses hinzuweisen. Siehe hierzu Schramm 1981, S. 204; Briggs/Burke 2002, S. 19; Bohn 1999.

„[Es] ergibt sich […] als ein Grundgesetz der Entwicklung des Nachrichtenwesens, daß die einfachsten Mittel, Formen und Methoden [die] eingebürgert und brauchbar befunden worden sind, auch von den vollkommensten [Mitteln, Formen und Methoden] […] niemals wieder gänzlich und dauernd verdrängt […] werden können, sondern sich neben diesen erhalten, nur daß sie genötigt werden, andere Aufgaben und Verwertungsgebiete aufzusuchen." (Riepl 1913, S. 5 ff.)

Historisch betrachtet gibt es für eine Substitution auch keine auffälligen Beispiele. Die mündliche Nachricht, welche am Anfang der Entwicklungsreihe steht, wurde zwar durch die schriftliche und später durch die telegraphische stark zurück-, aber keineswegs verdrängt. In Form des Telefons hat die mündliche Nachricht wieder immens an Bedeutung gewonnen, ohne jedoch ihrerseits die schriftliche oder telegraphische Nachricht zu verdrängen (vgl. ebd., S. 5 ff.). Kiefer kritisiert an diesem ‚Grundgesetz der Entwicklung' zu Recht, dass es auf die Binnendifferenzierung der Medien und Mediengattungen und auf das Wettbewerbsverhältnis der Medien keine befriedigenden Antworten geben kann. Obwohl hinsichtlich der Verdrängungsthesen nach wie vor eher ‚versöhnliche' Töne dominieren, ist nach ihrer Auffassung eine detailliertere Analyse von Angebots- und Nachfragestrategien sowie der durch technologischen Wandel ermöglichten Verbreitungsformen von Medienangeboten erforderlich (vgl. Kiefer 1989, S. 338).

Ein Blick auf die aktuelle Diskussion um neue Medien zeigt, dass eine radikalere Vorstellung von der Art und Weise, wie Menschen in Zukunft Informationen aufnehmen und verarbeiten, keineswegs untypisch ist. Die Idee der Aufschreibesysteme, ein eher technikzentrierter Ansatz, der auf Friedrich Kittler (1943–2011) zurückgeht, knüpft daran an. Allgemein ist ein Aufschreibesystem ein „Netzwerk von Techniken und Institutionen […], die einer gegebenen Kultur die Entnahme, Speicherung und Verarbeitung relevanter Daten erlauben." (Kittler 1987, S. 429) Das Aufschreibesystem 1800, so Kittler, ist mit dem Leitmedium Buch ein typografisches, geschriebenes und literarisches. Der Inhalt geschriebener Medien ist ein symbolischer – nur was in der symbolischen Welt schon vorhanden ist, kann hier geschrieben und sogar gespeichert werden. Die besondere Bedeutung des Symbolischen zeigt sich auch in Kittlers Fokus auf die Dichtung als nicht übersetzbaren Idealtypus, wobei Goethe so gesehen das ganze Aufschreibesystem 1800 „kommandierte" (ebd., S. 237). Das Aufschreibesystem 1900 basiert auf analogen technischen Medien wie Schreibmaschine, Film und Phonograph. Letzerer beispielsweise kann wiedergeben, was der Mensch schriftlich nicht erfassen kann, sodass eine technische Aufzeichnung des Realen auch außerhalb der symbolischen Kategorien möglich wird (vgl. ebd., S. 235 ff.). Der Bedarf des Aufbaus innerer Welten mit Hilfe der Dichtung wird dank des Kinobesuches überflüssig. Interessant ist auch, dass Kittler die Psychoanalyse eng mit den Medientechnologien verknüpft sieht. Erst die neutrale Aufzeichnung des Gesprochenen erlaubte eine Untersuchung der Sprache im Sinne der Freudschen Psychoanalyse und machte sie somit auch erst möglich. Das Aufschreibesystem 2000, das von Kittler selbst allerdings nur in kürzeren Texten und Interviewpassagen adressiert wird, ist von der Digitalisierung und dem Computer als integrierendem Leitmedium geprägt, der die Verknüpfung und reziproke Übersetzung aller anderen Medien ineinander ermöglicht, mit dem Endergebnis eines totalen Medienverbundes. Kittler betont also die zwischen den traditionellen Zäsuren Schrift und Computer liegenden technischen Errungenschaften, die nicht übersehen werden sollten (vgl. Kittler 1987 sowie Kittler 1986).

> „Gott schuf den Menschen, weil er ihn träumte. Der Mensch aber vergaß Gott und schuf die Maschine, weil er sie träumte. Am Ende des zwanzigsten Jahrhunderts aber hat die Maschine den Menschen vergessen. Wer wollte vorhersagen können, von wem oder was sie träumt?" (Kittler 2000, über ein Gedankenexperiment des Philosophen Dietmar Kamper)

Die dargestellten Modelle und Erwartungen beziehen sich entweder auf eine Interpretation der historischen Entwicklung oder auf die damit einhergehende Konkurrenz der jeweiligen Medienangebote. Aber die eingangs angedeutete Erweiterung der Erfahrung und der Verzicht auf die räumliche Integration der Kommunikation verweisen bereits auf Wirkungsdimensionen, die über den engen Bereich einer veränderten Informations- und Wissensaufnahme hinausgehen. Es ist zu fragen, welche gesellschaftlichen Veränderungen sich im Zuge dieser Medienentwicklung vollzogen haben.

Medienentwicklung und gesellschaftliche Veränderungen

Irving Fang spricht in seiner historischen Analyse von sechs Informationsrevolutionen (vgl. Abbildung 2.1). Gemeint sind damit nicht plötzliche und durch Gewaltanwendung erzeugte Veränderungen, sondern „profound changes involving new means of communication that permanently affect entire societies, changes that have shaken political structures and influenced economic development, communal activity, and personal behaviour." (Fang 1997, S. XVI) In diesem Sinne sind die in Abbildung 2.1 genannten Ereignisse jeweils Anfangspunkte signifikanter Entwicklungsprozesse.

Die sogenannte ‚Writing Revolution' beschreibt die Konvergenz von Schrift und Papier. Sie ermöglichte es, das Wissen der jeweiligen Zeit von dem Gedächtnis einzelner Personen unabhängiger zu machen. Den Beginn dieses ersten bedeutenden Entwicklungsschritts datiert Fang in das 8. Jahrhundert v. Chr. Die zweite Revolution, die von ihm als ‚Printing Revolution' bezeichnet wird, resultiert aus einer Konvergenz von Papier, Schrift und Drucktechniken. Die Drucktechnik eröffnet neue Möglichkeiten der Vervielfältigung von Informationen und markiert den Beginn sozialer Veränderungen, die durch die Reformation, die Renaissance und den Aufbruch in die Moderne (Ende des Feudalismus) fortgeführt werden (vgl. Knape 2017). Die dritte Informationsrevolution, die Fang mit dem Aufkommen von Massenmedien zu Beginn des 19. Jahrhunderts in Verbindung bringt (‚Mass Media Revolution'), ergänzt die bereits vorhandenen und verfeinerten Möglichkeiten der Verbreitung von Informationen durch die Möglichkeit der Raumüberwindung in kurzer Zeit. Die Erfindung des Telegrafs erweitert den Radius der erfahrbaren Nachrichten und bringt Ereignisse aus fernen Regionen in die Nahwelt der Menschen. Die Fotografie hält Einzug in die Informationsvermittlung. Ende des 19. Jahrhunderts beginnt die ‚Entertainment Revolution' und setzt erste Marksteine. Anfänglich bewegen sich die neuen Medien Film und Hörfunk noch in einem technischen Experimentierstadium, können aber im Laufe der ersten Hälfte des 20. Jahrhunderts ein Massenpublikum begeistern.

Abb. 2.1 Die sechs Informationsrevolutionen nach Irving Fang

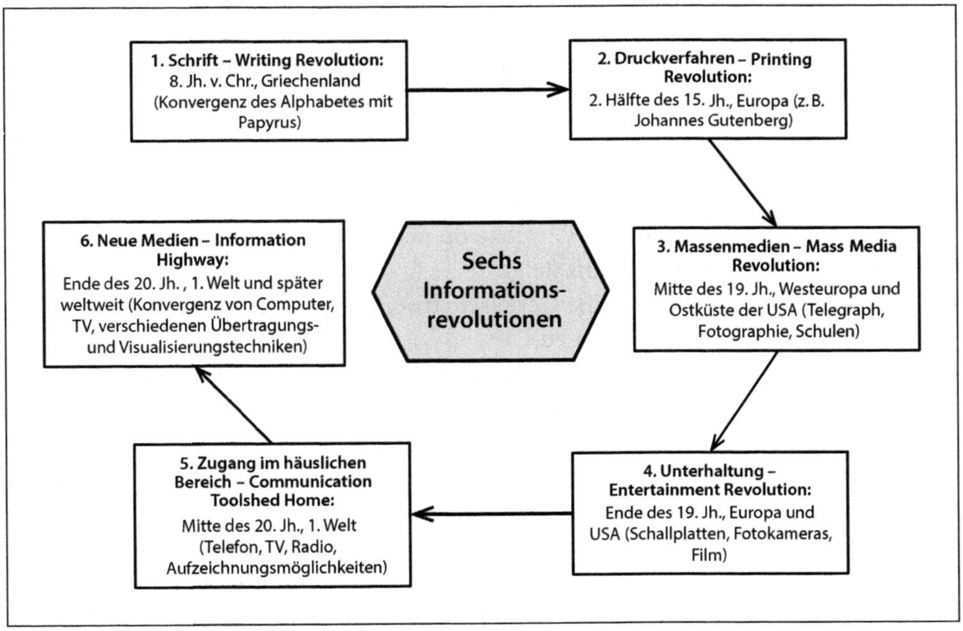

```
1. Schrift – Writing Revolution:           2. Druckverfahren – Printing
8. Jh. v. Chr., Griechenland                Revolution:
(Konvergenz des Alphabetes mit             2. Hälfte des 15. Jh., Europa (z. B.
Papyrus)                                    Johannes Gutenberg)

6. Neue Medien – Information                         Sechs                3. Massenmedien – Mass Media
Highway:                                        Informations-              Revolution:
Ende des 20. Jh., 1. Welt und später            revolutionen              Mitte des 19. Jh., Westeuropa und
weltweit (Konvergenz von Computer,                                         Ostküste der USA (Telegraph,
TV, verschiedenen Übertragungs-                                            Fotographie, Schulen)
und Visualisierungstechniken)

5. Zugang im häuslichen                    4. Unterhaltung –
Bereich – Communication                    Entertainment Revolution:
Toolshed Home:                             Ende des 19. Jh., Europa und
Mitte des 20. Jh., 1. Welt                 USA (Schallplatten, Fotokameras,
(Telefon, TV, Radio,                       Film)
Aufzeichnungsmöglichkeiten)
```

Quelle: Eigene Erstellung in Anlehnung an Fang 1997, S. XV f.

Insbesondere die Verbindung von Film und Ton eröffnet eine neue Dimension im Bereich der Unterhaltung. Zugleich nehmen die Möglichkeiten der schnellen Produktion und Reproduktion von Unterhaltungsangeboten zu. Noch in den 30er Jahren wurde darüber gerätselt, ob die Menschen Zeit für die Nutzung dieser Angebote haben werden. Ein Reporter der ‚New York Times' sah das Problem des Fernsehens darin, „[…] that the people must sit and keep their eyes glued on a screen; the average American family hasn't time for it." (zit. nach Latzer 1997, S. 113) Die Fortsetzung dieser Entwicklung wird durch die fünfte Informationsrevolution eingeleitet, die die rasche Diffusion der Medien in die Privathaushalte beschreibt. Mit der Bezeichnung ‚Communication Toolshed Home' illustriert Fang die zentrale Bedeutung des häuslichen Umfelds für die Aufnahme und Verarbeitung von informierenden und unterhaltenden Angeboten. Die sechste Informationsrevolution beschreibt schließlich die Konvergenz von Computertechnologien und bereits vorhandener Medien. Damit verbunden ist eine Erweiterung des Einsatzes von Medien in allen Lebensbereichen (Bildung, Beruf, Freizeit). Im Sinne der von Fang vorgeschlagenen Klassifikation befindet sich diese Entwicklung erst am Anfang. Schon jetzt aber ist erkennbar, dass mit diesen Veränderungen „permanent marks on the society" (Fang 1997, S. XVI) verbunden sein werden. Die Bedeutung mobiler Kommunikation ist in diesem Modell noch nicht wirklich erfasst. Sie erfüllt definitiv das Kriterium „permanent mark".

In Ergänzung zu den Kurzbeschreibungen der ‚Revolutionen' sind darüber hinaus folgende Aspekte hervorzuheben (vgl. ebd., S. XVIII f.):

- Neue Kommunikationsmedien resultieren aus der Konvergenz bereits vorhandener Erfindungen.
- Neue Kommunikationsmedien beschleunigen den sozialen Wandel. Sie verwandeln statische in dynamische Gesellschaften.
- Informationsmonopole werden aufgebrochen und Wissensunterschiede in der Bevölkerung gleichen sich an. Gleichzeitig nehmen Informationsmengen zu und die Gefahr der Desinformation steigt.
- Das Themenspektrum, das eine Gesellschaft wahrnimmt, erweitert sich. Das Phänomen des Pluralismus nimmt zu.
- Neue Kommunikationsmedien verwenden neue Codes. Für jede neue ‚Sprache' (z. B. Alphabet, drahtlose Übertragungstechniken, Software) entwickeln sich neue Expertengruppen.
- Während sich die ‚Hardware' der Kommunikationsübertragung wandelt, bleiben die Interessen und Vorlieben der Menschen eher stabil.
- In Bezug auf die Gegenwart hat die Nutzung der Medienangebote nur in extremen Fällen zu einem deutlichen Rückgang sozialer Aktivitäten geführt. Soziale Dysfunktionen sind die Ausnahme und resultieren aus einer übermäßigen Mediennutzung im privaten Umfeld. Die Kombination aus leistungsfähiger Hardware (z. B. Smartphone), Software, Anwendungen und Internetverfügbarkeit befördert einen always-on-Zustand, der sich in einer intensiven Nutzung digitaler Medien niederschlägt. Diese Entwicklung hat Themen wie „Mediensucht", „Nomophobie" (No-Mobile-Phone-Phobia; die Angst, nicht erreichbar zu sein) oder „Digital Detox" (digitale Entgiftung, Medienaskese) neue Aufmerksamkeit verschafft (vgl. Montag/Reuter 2017).

Auch die von Fang vorgelegte Analyse unterstützt die Feststellung, dass der „Radius der Wahrnehmbarkeit" (Merten 1994a, S. 144) für die Bedeutung eines Mediums von großer Relevanz ist.

Wenn die Wahrnehmbarkeit von Informationen ortsgebunden bleibt, ergeben sich diesbezüglich naheliegende Grenzen: die Lautstärke eines Redners, Ablenkungen unterschiedlichster Art usw. Wichtig ist aber, dass jede Form von Anschlusskommunikation im Falle der Dominanz von Mündlichkeit (mündliche Kulturen) an das menschliche Gedächtnis gekoppelt bleibt. Was kommuniziert wird, lebt nur von unmittelbarer Erfahrung. Assmann und Assmann haben hierfür den Begriff des sozialen Gedächtnisses vorgeschlagen. Dieses soziale Gedächtnis erfährt durch die Entwicklung neuer Medien entscheidende Erweiterungen, die sich in einer räumlichen und zeitlichen Überschreitung der „Grenzen der Mündlichkeit" (Assmann/Assmann 1994, S. 134) niederschlagen.

Der Übergang von der Hand- zur Druckschriftlichkeit bedeutet zunächst noch keine Veränderung des in den verwandten Symbolen enthaltenen Wissens, wohl aber eine Steigerung, die sich anfänglich am deutlichsten quantitativ niedergeschlagen hat. Assmann und Assmann weisen darauf hin, dass in dem ersten halben Jahrhundert des Buchdrucks eine Zahl von ca. acht Millionen Bücherproduktionen zu verzeichnen war, die zuvor in sämtlichen Skriptorien Europas zusammen auch nicht annähernd erreicht wurde (vgl. Assmann/Assmann 1994, S. 135). Die qualitative Komponente dieser Veränderung schlägt sich in der allmählichen Auflösung von Wissensmonopolen, in der Entstehung von Märkten für die Buchproduktion und schließlich in der Entwicklung der wissenschaftlichen Disziplinen nieder. Verbunden damit beginnt ein langer Weg der Alphabetisierung und des Anstiegs der Literalität (Lesefähigkeit). Während das Wissen der mündlichen Kulturen vorwiegend an bestimmten Orten zirkulierte, zum Beispiel im Rahmen von Festen oder öffentlichen Veranstaltungen, tritt das Buch in der Phase der schriftlichen Kulturen zusätzlich als Zirkulationsmedium hinzu, das zugleich eine größere Effektivität für sich reklamieren kann. An die Stelle des menschlichen Gedächtnisses treten Texte als eine Möglichkeit der Artikulation von Wissen. Ähnlich beschreibt auch Irmela Schneider die Bibliothek als Dispositiv des Wissens, somit auch als Ergebnis eines langwierigen Prozesses, der eine wachsende Zirkulation und den erleichterten Zugang zu Inhalten dank des Buchdrucks mit sich bringt. Dies führt wiederum zu einer weiteren Systematisierung des Wissens. Das 18. Jahrhundert sei somit nicht nur ein Zeitalter der Aufklärung, sondern auch der Wissensdisziplinierung gewesen, da sich mit den neuen Medien auch neue Wissensordnungen etablierten (vgl. Schneider 2006).

Das elektronische Zeitalter führt nun zu einer Erweiterung der Dokumentations- und Speichermöglichkeiten und eröffnet ganz neue Möglichkeiten der Aufbewahrung und des Transports. Aleida Assmann spricht von „elektronisch hochgerüsteten externen Wissensspeichern" (Assmann 1999, S. 11). Ebenso spricht Alois Hahn von zumeist bewusstseinsextern gespeicherten sozialen Gedächtnissen, die unabhängig von dem Gedächtnis des Individuums sind (vgl. Hahn 2010, S. 26 f.). Mit der zunehmenden Kapazität der elektronischen Speichermedien korrespondiert ein Rückgang des Auswendiglernens. Die Erweiterung der Speicherkapazitäten führt zu einer drastischen Verschärfung der „Diskrepanz zwischen bewohnten und unbewohnten, verkörperten und ausgelagerten Erinnerungsräumen" (Assmann 1999, S. 409). Das Internet wird zu einem „universale[n] Online-Archiv der Menschheit [...]" (Assmann 2017, S. 203). Mit dem Aufkommen der Verbreitungsmedien beziehen sich Wissen, Aktualität und Neuigkeit aufeinander. Neu zur Disposition steht, was wissenswert ist und – vor allem – wie lange. Zur Bibliothek als Dispositiv des Wissens gesellt sich der Kiosk, an dem schnell und schnell veraltetes Wissen erwerbbar ist (vgl. Schneider 2006, S. 90).

An die Stelle von traditionellen Archiven treten High-Tech-Informations-Maschinen, die unendlich viele Möglichkeiten der Vergangenheitskonstruktion gestatten. Zugleich beginnt neben den bereits vorhandenen Möglichkeiten der Zirkulation die Dominanz der audiovisuellen Medien. Gedächtnis und Sprache verlieren nicht ihre Bedeutung für Kommunikationsprozesse, aber im elektronischen Zeitalter „ihre kulturprägende Dominanz." (Assmann/Assmann 1994, S. 139) In Abbildung 2.2 werden diese Etappen der Medienevolution zusammengefasst.

Abb. 2.2 Das soziale Gedächtnis in den Etappen der Medienevolution

	Mündlichkeit	Schriftlichkeit	Elektronik
Kodierung	symbolische Kodes	Alphabet, verbale Kodes	nonverbale Kodes, künstliche Sprachen
Speicherung	begrenzt durch menschliches Gedächtnis	gefiltert durch Sprache in Texten	ungefiltert, unbegrenzte Dokumentationsfähigkeit
Zirkulation	Feste	Bücher	audiovisuelle Medien

Quelle: Assmann/Assmann 1994, S. 139

Massenkommunikation in historischer Perspektive

Die bisherigen Ausführungen zur Entwicklung der Medien sind das Ergebnis einer Betrachtung großer Zeiträume. Notwendigerweise müssen solche Betrachtungen einen hohen Allgemeinheitsgrad annehmen. Jahrhunderte in einen geschichtlichen Überblick zu bringen, kann nicht die Nähe der Beschreibung vermitteln, die eine Detailgeschichte einzelner Medien leisten kann. Wenn im Folgenden erneut auf historische Ereignisse Bezug genommen wird, soll dies auch hinsichtlich der Frage geschehen, welche sozialen Großgruppen in welcher Form an den jeweiligen Erweiterungen der Kommunikationsmöglichkeiten partizipiert haben.

> **Kleine Dinge lösen große Medienrevolutionen aus. Eine These des Philosophen Peter Sloterdijk**
>
> „Die Griechen haben ja bekanntlich zu den orientalischen Schriftsystemen, die reine Konsonantenschriften gewesen sind, eine kleine Erfindung hinzugefügt, die aus der historischen Entfernung genauso geringfügig erscheinen könnte wie der Übergang bei Gutenberg zum Druck mit den beweglichen Lettern. Aber die kleinen Dinge sind es, die die großen Medienrevolutionen auslösen. Die Griechen haben den autonom lesbaren Text erfunden, weil man zum ersten Mal – deswegen heißen die Dinge auch Vokale – die Stimme des Autors rekonstruieren kann. Ansonsten braucht man immer einen Vorleser, der sagt, wie der Text gesprochen werden muss [...] Tendenziell ist der europäische Leser also ein autonomer Leser." (zit. nach Burda/Sloterdijk 2010, S. 89)

Das Zeitalter des Buchdrucks nimmt seinen Anfang am Ende des 15. Jahrhunderts. ‚Literacy', also die Fähigkeit, lesen und schreiben zu können, wird durch dieses neue Medium nicht zu einem vormals unbekannten Bedürfnis, aber für immer mehr Menschen zu einem erstrebenswerten Ziel. Noch 100 Jahre vor der Modernisierung der Drucktechnik durch Gutenberg konnten selbst manche Könige nicht lesen. Auch die Größe der damaligen Privatbibliotheken, sofern solche überhaupt vorhanden sind, entspricht einem bescheidenen Umfang dessen, was heute nahezu jeder moderne Mensch sein eigen nennen darf. Ein französischer Bischof soll im 14. Jahrhundert eine große Bibliothek besessen haben – sie umfasste 76 Bücher (vgl. Fang 1997, S. 25).

Eine vorwiegend auf Mündlichkeit beruhende Kultur wird durch das allmähliche Aufkommen von Flugblättern, Pamphleten, Zeitungen und Büchern nicht aus dem Alltag verdrängt. Noch zur Reformationszeit will man hören, nicht lesen (vgl. Scribner 1981, S. 66). Trotz dieser Parallelität von Hören und Lesen wird die Grundlage für eine neue Kulturtechnik geschaffen, die der Entwicklung zur modernen Gesellschaft entscheidende Impulse verleiht. Die Erschließung vormals unbekannter Wissensbereiche – von der Übersetzung der Bibel bis hin zu philosophischer und schöngeistiger Literatur – öffnet die insbesondere im kirchlichen und weltlichen Herrschaftsraum verankerte Informationshierarchie. Zwar bleibt das Mittel der Zensur ein wichtiges Kontrollinstrument, aber diese Beschränkungen können die Entwicklungen in Ökonomie, Wissenschaft und Gesellschaft allenfalls verlangsamen. Dies gilt insbesondere für die Entwicklung des Zeitungswesens. Orientiert man sich an den Kriterien Aktualität (= Gegenwartsbezogenheit), Universalität (= Themenoffenheit), Publizität (= allgemeine Zugänglichkeit) und Periodizität (= regelmäßiges Erscheinen), kann Deutschland als Ursprungsland der Zeitung bezeichnet werden. Im Jahr 1609 erscheinen zwei periodische Wochenzeitungen: Aviso in Wolfenbüttel und Relation in Straßburg (vgl. Bucher 1998, S. 730; Wilke 2009, S. 505).

Das Aufkommen von Lesemedien erhöht die Wahrscheinlichkeit, dass eine Vielzahl von Menschen in einem überschaubaren Zeitraum Kommunikationsangebote identischen Inhalts an verschiedenen Orten wahrnehmen kann. McQuail (1935–2017) spricht von einer „dispersed reading public" (1997, S. 4). In erster Linie aber sind es Adel, Klerus und Bürgertum, die sich als dominante Trägerschichten identifizieren lassen. Daneben entwickelt sich die Institution des Vorlesens zu einer bedeutenden Form öffentlicher Lektüre (vgl. Winter/Eckert 1990, S. 33 f.).

Die Zunahme von Lesegesellschaften, die die private Aneignung unterschiedlicher Lektüre zumindest in einem halböffentlichen Raum stattfinden lässt, wirkt sich im Zeitalter der Aufklärung positiv auf die Entstehung einer politischen Öffentlichkeit aus, die Diskussionen und Erörterungen aus dem privaten Innenraum herausträgt (vgl. Koselleck 1973, insb. S. 141 ff.). Ebenso nimmt die Zahl der Buchhandlungen zu, eine Entwicklung, die sich zunächst in größeren Städten vollzieht: In Berlin zählte man im Jahr 1831 80 Buchhandlungen, 24 Jahre später 195. Als Folge der noch strengen Zensurverordnungen konzentriert sich das Buchangebot zwar vorwiegend auf unpolitische Sachliteratur und Belletristik, das Wechselverhältnis von Lesefähigkeit und Lesebereitschaft schafft gleichwohl die Voraussetzungen für einen expandierenden Markt (vgl. Schulze 1996, S. 100).

Bereits vor der Industrialisierung hat es zahlreiche Versuche gegeben, die im weitesten Sinne der Fern- bzw. Telekommunikation zugeordnet werden können. Aber erst im 19. Jahrhundert gelingen die entscheidenden Entwicklungen, die letztlich zum Aufkommen eines Mediums führen, das Bild und Ton vereinen und über weite Distanzen transportieren kann. Es sind zunächst kleine Demonstrationen, die Aufsehen erregen und die Menschen in Erstaunen versetzen. Öffentliche Vorführungen des Cooke-Telegrafen vermittelten beispielsweise einen Eindruck von der Faszination, die die Vorausschau eines weltumspannenden Systems hervorrief (vgl. Flichy 1994, S. 70).

Die Faszination des „Rauschens". John Griesemer über die Verlegung des Transatlantikkabels im 19. Jahrhundert

Im Jahr 2003 erschien John Griesemers Roman „Rausch" in Deutschland. Er erzählt darin die Geschichte der Verlegung des ersten transatlantischen Telegrafenkabels in den 50er und 60er Jahren des 19. Jahrhunderts. Die Orte des Geschehens sind England, Irland und die USA. Was die erfolgreiche Verlegung eines Transatlantikkabels der Menschheit wohl bringen wird, diskutieren zwei Ingenieure wie folgt: „Die Sache ist die, Ludlow. Wir werden sehr von diesem Unternehmen profitieren. Und ich meine das nicht finanziell. Nein, nein, nein. Natürlich werden wir Geld verdienen. Das ist klar. Aber ich spreche von unserem Ruf. Ich kann nicht umhin zu erkennen, dass wir vor einer gewaltigen,

> wunderbaren Entwicklung stehen, die unser Zeitalter und seine Menschen verändern wird. Wir können etwas ganz Neues sich entwickeln sehen – die Verbindung der Kontinente, den schnellen Fluss von Informationen. Informationen sind überall, Ludlow. Nicht nur in Briefen, Büchern oder telegraphischen Botschaften. Auch in Gemälden, in Formeln, in Musik, im Resultat eines Tennisspiels, in dem Preis von Waren, im Sinn hinter dem Sinn einer Bemerkung, die in ein geliebtes Ohr geflüstert wird, in Gedanken, Konzepten, Gefühlen, sie sind das Protoplasma jeglicher Kultur, sie sind all unsere Erfahrung, […]." (Griesemer 2003, S. 141 f.)

Ebenso ebnet die drahtlose Telegrafie den Weg zum heutigen Rundfunk. Menschen versammeln sich an öffentlichen Orten (Gaststätten, Theater) und verfolgen unter Zuhilfenahme einer technischen Apparatur Sendungen, die an einem anderen Ort ihren Ursprung haben. Die zunächst noch radioähnliche Nutzung des Telefons wird schließlich zum Vorläufer der späteren ‚Broadcasting'-Systeme. Bereits im Jahr 1912 stellt der Schriftsteller Francis Collins in seinem Roman ‚Wireless Man His Work and Adventures on Land and Sea' fest: „Eine über ganz Amerika verstreute Hörerschaft von Hunderttausend Jungs kann allabendlich mit der drahtlosen Telegrafie erreicht werden. Das ist ohne Zweifel die größte Hörerschaft der Welt. Kein Football- oder Baseballpublikum, kein Kongreß, keine Konferenz kann sich mit ihr vergleichen." (zit. nach Flichy 1994, S. 183)

Beginn und Aufstieg der Massenkommunikationsforschung

Spätestens zu Beginn des 20. Jahrhunderts erwacht das wissenschaftliche Interesse an der Bedeutung der Medien. Erste Versuche, die eher disparaten Befunde aus verschiedenen Disziplinen zusammenzutragen, beginnen. Für die amerikanische Soziologie hatten dies Small und Vincent bereits 1894 in einem ersten Einführungsbuch getan, das auch ein Kapitel zum „communicating apparatus" enthielt und die Bedeutung von neuen Kommunikationsströmen für die gesellschaftliche Entwicklung behandelte (vgl. Small/Vincent 1894). Ende der 1920er Jahre widmete sich insbesondere die sogenannte Chicago School dem Zusammenhang von Medien und Gesellschaft (vgl. den Überblick bei Jäckel/Grund 2005), Ende der 1940er Jahre konnte beispielsweise Wirth feststellen: „Mass communication is rapidly becoming, if it is not already, the main framework of the web of social life." (1948, S. 10)

Längst hatte sich das Spektrum der Themen über den Bereich der gedruckten Medien ausgedehnt. Dennoch erfuhr auch das Zeitungswesen über lange Zeit eine vorwiegend moralisch-kritische Kommentierung, weniger aber eine profunde wissenschaftliche Beobachtung. Lowery und DeFleur sprechen für die Vereinigten Staaten von „widely held beliefs about the horrors of newspaper influence current during the late nineteenth century." (Lowery/DeFleur 1995, S. 41) Vertraut man den Beobachtungen des amerikanischen Publizisten Walter Lippmann (1889–1974), so war für Sozialwissenschaftler die Arbeitsweise der Presse noch nach dem Ersten Weltkrieg (die Analyse erschien im Jahr 1922) kein Thema (Lippmann 1990). In seiner ‚Natural History of the Newspaper' schrieb Park im Jahr 1923: „Offensichtlich ist die Zeitung eine Institution, die noch nicht ganz verstanden worden ist." (2001, S. 283)

Nur fünf Jahre später erscheint eine deutschsprachige Analyse des amerikanischen Journalismus von Emil Alfons Dovifat (1890–1969). Die im Jahr 1927 erschienene Abhandlung ‚Der amerikanische Journalismus' ist nach Auffassung von Ruß-Mohl und Sösemann ein noch heute lesenswertes historisches Dokument, in dem sich viele Aspekte des modernen Journalismus widerspiegeln. Die von Dovifat verarbeitete Literatur zeigt im Übrigen, dass auch schon zu Beginn des 20. Jahrhunderts eine Vielzahl von Veröffentlichungen über Journalismus und Zeitungswesen in den Vereinigten Staaten vorlag (vgl. Ruß-Mohl/Sösemann 1990, S. IX ff.). In diesem Zusammenhang spielen Nachrichtenwert-Kriterien eine wichtige Rolle. Wenige Jahre später erscheint eine Arbeit von Warren, die sich mit Formen des ‚modern news reporting' in den Vereinigten Staaten auseinandersetzt (vgl. Warren 1934). Dieser Projektentwurf ist ein weiteres Indiz für das wachsende Interesse an Fragestellungen, die heute unter dem Oberbegriff Medienwirkungsforschung behandelt werden. Zu Beginn des 20. Jahrhunderts erhält diese Disziplin allmählich erste Konturen.

Erst die zunehmende Präsenz der Massenmedien im Alltag führt somit zu einer wachsenden Problemsicht auf diesen Teil der sozialen Wirklichkeit. Das Kino schafft erstmals ein Massenpublikum in dem Sinne, dass identische Inhalte von einer Vielzahl von Menschen unter vergleichbaren Bedingungen wahrgenommen werden (als Klassiker hierzu: Altenloh 1914, Neuauflage hrsg. von Haller et al. 2012). Presse, Buch, Hörfunk und Kino bleiben bis zur Mitte des 20. Jahrhunderts die dominierenden Medien, und die frühe Wirkungsforschung orientiert sich dementsprechend an diesen Medien.

Der Hinweis auf die Bedeutung der Medien für die Wahrnehmung der sozialen Wirklichkeit muss gleichwohl für die Frühphase der Medienwirkungsforschung um einen zentralen Aspekt ergänzt werden: Das Interesse an diesen Fragestellungen bleibt keine ausschließliche Angelegenheit der Wissenschaft. Kenntnisse über die Wirkung von Kommunikationsangeboten erwecken die Neugier von Politik und Wirtschaft. Getragen von der Erwartung gezielter Beeinflussungsmöglichkeiten wird Zeit und Geld in ‚Reiz-Reaktions'-Experimente investiert. Die Konsumgüterindustrie sucht beispielsweise nach Möglichkeiten, wie ein Publikum mit Hilfe der Medien vom Wert eines Produkts überzeugt oder für bestimmte Interessen gewonnen werden kann. Diese Entwicklung lässt sich zunächst am deutlichsten in den Vereinigten Staaten beobachten, da sich dort sehr rasch eine Verschmelzung von Medien- und Konsumgüterindustrie abzeichnet (vgl. hierzu Prokop 1995, S. 75 ff.). Das zunächst im Hörfunk beheimatete Genre ‚Daily Soap Opera' verdeutlicht diese Verschmelzung bereits in der Namensgebung. Das amerikanische Unternehmen Procter&Gamble zählt zu den ersten Firmen, die in den 1930er Jahren den Hörfunk als Werbemedium nutzen. Der Waschmittel- und Speiseölhersteller sponserte im Jahr 1939 ca. 22 Serien (vgl. Buchman 1984). Während sich der Hörfunk auf diesem Weg zu einem Unterhaltungs- und Ratgebermedium entwickelt, erobert das Kino mit seinen Angeboten insbesondere die amerikanische Mittelschicht und wird zu einem wichtigen Spiegelbild der amerikanischen Gesellschaft. Aus der frühen Dominanz dieser kommerziellen Interessen resultiert zwar eine Vorliebe für die Persuasionsforschung. Zugleich kann sich im Sog und Schatten dieser Entwicklung auch Forschung etablieren, die auf eine wissenschaftliche Grundlegung des Phänomens ‚Massenkommunikation' abzielt. Gleichwohl bedurfte es dazu auch in den USA eines langen Prozesses der Emanzipation, der sich über den Weg der theoretischen Originalität und der Verfeinerung methodischer Entwicklungen vollzog.

Diese Feststellung lässt sich an einer Vielzahl von Forschungstraditionen nachvollziehen, die in den nachfolgenden Kapiteln dargestellt werden. Dabei sind es in der Pionierphase der Medienwirkungsforschung einzelne Studien, die aufgrund ihrer Besonderheit Anlass dazu geben, deren Fragestellungen weiterzuverfolgen und zu systematisieren: Einzelstudien geben die Initialzündung für langfristige Forschungsprogramme. An die Stelle einer nicht immer wertfreien Forschung, in der die „critical claims" (Lowery/DeFleur 1995, S. 14) dominieren, treten also allmählich systematischere Untersuchungen der Wirkung von Massenmedien. Überhaupt ist der Aufstieg der Medienwirkungsforschung ein Teil der allgemeinen Entwicklung der Sozial- und Verhaltenswissenschaften. Insbesondere in den Vereinigten Staaten hat sich der Siegeszug der Empirie als vorteilhaft für diesen Bereich der Forschung erwiesen. Während sich die Faszination für empirisches Arbeiten in Europa etwas zögerlicher entwickelt, wird sie in den Vereinigten Staaten auch unter pragmatischen Gesichtspunkten ein wesentlicher ‚Motor' der akademischen und außerakademischen Forschung. Im Zuge dessen registriert diese Forschung auch eine Verschiebung des Verhältnisses öffentlicher und privater Mediennutzung. Das folgende Beispiel stammt zwar aus der zweiten Hälfte des 20. Jahrhunderts, ist aber nichtsdestotrotz eine gute Veranschaulichung dieses Wandels. Als Elihu Katz und Hadassah Haas eine Wiederholung der berühmten Israel-Studie[4] durchführten, erhielten sie für die Interpretation ihrer Daten die folgende Hilfestellung: „Der Sohn von Hadassah Haas, ein 18jähriger Mann, [...] schaute seiner Mutter über die Schulter, betrachtete den Berg von Daten, die wir gesammelt hatten, und sagte sehr schnell: ‚Ich sage dir, welche Veränderungen du zwischen 1970 und 1990 festgestellt hast. 1970 aßen die Leute zu Hause und gingen aus, um sich einen Film im Kino anzusehen. Heute schauen sie sich den Film zu Hause an und gehen essen.'" (Katz/Haas 1995, S. 199 f.)

---

4   Die Israel-Studie verglich auf empirischer Basis überwiegend tagesaktuelle Medien hinsichtlich der Bedürfnisse, die sie aus Nutzersicht erfüllen. Ein wichtiger Beitrag erschien in der Fachzeitschrift American Sociological Review (Katz/Gurevitch/Haas 1973).

Dennoch: Die Mediennutzung verlagert sich im Zuge einer verbesserten Ausstattung der Privathaushalte zunehmend in den privaten Bereich. Zugleich werden in der Öffentlichkeit Erscheinungsformen beobachtet, die aufgrund ihrer Ungewöhnlichkeit einer Institution zugeschrieben werden, die ebenfalls als neu empfunden wird. Unkonventionelle Verhaltensweisen nehmen zu (z. B. das Rauchen von Frauen in der Öffentlichkeit), die Nahwelt der Menschen wird mit vormals kaum bekannten Lebensstilen konfrontiert usw. So macht auch Brumberg (1994) darauf aufmerksam, dass mit dem Aufkommen der Modeindustrie und der Modefotografie die Modelle immer schlanker wurden und allgemein im Laufe des letzten Jahrhunderts gerade junge Frauen, die in den 1940er Jahren in den USA als Zielgruppe für Diätliteratur entdeckt wurden, vermehrt mit einem immer dünner werdenden Schönheitsideal konfrontiert wurden. Die Vermutung, dass diese Veränderungen auch mit den Angeboten der Massenmedien in Verbindung zu bringen sind, wird daher vermehrt artikuliert und analysiert. Noch steht das Faszinosum der Massenkommunikation trotz des Vorwurfs einer unglücklichen Wortschöpfung im Zentrum. Mit der Zunahme der Angebote und einer Vervielfältigung der Distributions- und Abrufmöglichkeiten beginnt eine lange Diskussion über das Ende der Massenmedien (vgl. Neuman 1991), obwohl sich die Erfolgskriterien immer noch an eher klassischen Akzeptanzmustern (Reichweite) orientieren (vgl. Jäckel 2016, S. 572). Zielgruppe, Individualisierung, Publikumsgeschmack, Beteiligung: Wie Sender und Empfänger zueinander finden und welche Ziele sie verfolgen, bestimmt mehr und mehr den Diskurs über Umfang und Qualität der Kommunikation.

Leseempfehlungen

Fang, Irving (1997): A History of Mass Communication: Six Information Revolutions. Boston.

Flichy, Patrice (1994): Tele. Geschichte der modernen Kommunikation. [Aus d. Franz.]. Frankfurt am Main.

Prokop, Dieter (1995): Medien-Macht und Massen-Wirkung. Ein geschichtlicher Überblick. Freiburg im Breisgau.

Kümmel, Albert et al. (Hrsg.) (2004): Einführung in die Geschichte der Medien. Paderborn.

3 Wer? Die Senderebene

Signale und Störquellen

Wer? Das Fragewort zielt auf Personen, nicht auf Apparaturen, die Signale versenden. Angesichts der Entwicklungen im Bereich der Künstlichen Intelligenz ist – das sei hier nur ergänzend erwähnt – eine wachsende Unsicherheit über die Beschaffenheit und die Intentionen des Senders hinzugekommen. Die Reduktion des Kommunikationsprozesses auf den Vorgang der Übermittlung von Informationen ist Kern der Informationstheorie von Shannon und Weaver. Die mathematisch-technische Ausrichtung dieses Modells betrachtet Kommunikation als einen linearen und einseitigen Vorgang der möglichst störungsfreien Informationsübermittlung. Dass das Ziel der Verständigung verfehlt werden kann, wird hier vorwiegend auf Störquellen technischer Art zurückgeführt, nicht aber auf inhaltlich begründete Missverständnisse. Eine Informationsquelle formuliert eine Nachricht und überträgt diese mit Hilfe eines Übertragungsmediums (Sender, im engl. ‚transmitter') an einen technischen Empfänger, der diese wiederum an den Adressaten weiterleitet (vgl. Abbildung 3.1.).

Abb. 3.1 Ein lineares Modell der Kommunikation

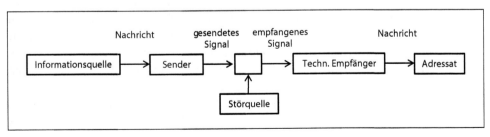

Quelle: Weaver 1949, S. 7

Das „Wer?" wird in dieser Einführung jedoch als Teil des „communicating apparatus" verstanden, den Small und Vincent bereits Ende des 19. Jahrhunderts analysierten. Die Urheber des Begriffs verdeutlichten am Beispiel von Büchern und der Druckerpresse, dass die Gesellschaft durch technische Verbesserungen der Medien noch weiter durchdrungen werden kann:

> „[…] every book helps to form a channel of communication between author and reader. The rapid multiplication of volumes which are thereby made available to a correspondingly large number of readers, is, in the light of our dissection an increase of communicating channels, or a higher nervous organization, in society." (Small/Vincent 1894, S. 222)

In dieser Analyse bilden die Medien das Rückgrat der sozialen Kommunikation. Sie werden als „social nervous system" zusammengefasst und als essentieller Bestandteil des regulierenden Systems umschrieben (vgl. ebd., S. 215). Die Kanäle der sozialen Kommunikation durchziehen die gesamte Gesellschaft. Anhand der Presse stellen Small und Vincent heraus, dass die Ströme der Kommunikation keineswegs planlos verlaufen, sondern eine gewisse Struktur erkennen lassen. „We discover a convergence of psychophysical channels toward a center, where there are devices for making symbols, which are distributed by various means of transportation among larger or smaller individuals." (ebd., S. 224) Im Zentrum einer solchen Anordnung stehen z. B. im Falle der Presse internationale Nachrichtenagenturen, die Neuigkeiten an große Zeitungen weiterleiten, die wiederum von kleineren Journalen zitiert werden. Mit der Beschreibung von besonders bedeutenden „Nervenzellen" für die Kommunikation in einer Gesellschaft sprechen die Autoren also durchaus schon Aspekte an, die die „News Diffusion"- und Meinungsführerforschung beschäftigen (vgl. ebd., S. 224f.).

Werden Medien als Bestandteil des regulierenden Systems betrachtet, dann verleihen diese der Gesellschaft Ordnung. John Dewey (1859–1952), der unter anderem auch an der University of Chicago lehrte, erkannte eine damit verwandte Eigenschaft der Medien: Sie bieten den Individuen Halt und Austausch. Für ihn liegt die Bedeutung der Kommunikation darin, dass sie Individuen hilft, sich in einer Welt voller Impulse zurechtzufinden und den Zusammenhalt von Gesellschaft möglich macht. Die Industrialisierung und das schnelle Wachstum der Wirtschaft sind seiner Ansicht nach die Auslöser für ein Auseinanderdriften der Gesellschaft. In dem von ihm so genannten „Machine Age" ist eine Öffentlichkeit entstanden, die irritiert und unfähig ist, sich selbst Identität zu verleihen (Dewey 1954, S. 26 f.). Der Zusammenhalt der Menschen könne nur ermöglicht werden, wenn den ehemals kleinen dörflichen Gemeinschaften, die im Zeitalter der Maschinen zerfielen, eine „Great Society" folge. Für Dewey spielen bei der Herstellung dieses Mitgefühls die Kommunikationstechnologien, wie z. B. Telefon oder Radio, eine wichtige Rolle. Seiner Ansicht nach können die Medien dazu beitragen, unter den Menschen Sympathie zu erzeugen. Gleichzeitig sind sie in der Lage, eine „rationale öffentliche Meinung" zu bilden, durch welche Klassen- und regionale Grenzen überwunden werden können. Dewey hält insbesondere zwei Überlegungen für grundlegend. Zum einen ist Kommunikation (und damit die Medien) wichtig für den Zusammenhalt einer Gesellschaft. Er behauptet weiter, dass Gesellschaft sich erst in der Kommunikation manifestiert: „Society not only continues to exist *by* transmission, *by* communication, but it may fairly be said to exist *in* transmission, *in* communication. There is more than a verbal tie between the words common, community, and communication." (Dewey 1980, S. 7) Kommunikation schafft Gemeinsamkeiten und macht dadurch Gesellschaft möglich. „What they must have in common in order to form a community or society are aims, beliefs, aspirations, knowledge – a common understanding [...]. Such things cannot be passed physically from one to another [...]." (ebd. 1980, S. 7) Zum anderen sieht Dewey in der Kommunikation eine notwendige Voraussetzung für eine funktionierende Demokratie (Dewey 1925, S. 169), weist aber 1939, in Anbetracht des Kriegsausbruchs in Europa, auch auf die Gefahren hin, welche die Medien als Machtinstrument in sich bergen:

> „The spread of literacy, the immense extension of the influence of press in books, newspapers, periodicals, make the issue peculiarly urgent for a democracy. The very agencies that a century and a half ago were looked upon as those that were sure to advance the cause of democratic freedom, are those which now make it possible to create pseudo-public opinion and to undermine democracy from within." (Dewey 1988, S. 168)

Insofern zeigen sich Parallelen zu den Fragen, die der deutsche Soziologe Max Weber in seinen Anregungen zu einer Soziologie des Zeitungswesens artikulierte. Auf dem Ersten Deutschen Soziologentag in Frankfurt (1910) stellte er fest: „Das erste Thema, welches die Gesellschaft als geeignet zu einer rein wissenschaftlichen Behandlung befunden hat, ist eine Soziologie des Zeitungswesens." (Weber 1999, S. 148)[5] Seiner Ansicht nach sollte die Deutsche Gesellschaft für Soziologie (DGS) eine groß angelegte Untersuchung zum Zeitungswesen einleiten, die er in einem „Vorbericht über eine vorgeschlagene Erhebung über die Soziologie des Zeitungswesens" (Weber 2001) bereits skizziert hatte. In diesem Vorbericht gibt Weber zu bedenken, dass sowohl der Einfluss der Presse auf die Kultur als auch umgekehrt der Kultur auf die Presse betrachtet werden müsse. Eine Erhebung über das Zeitungswesen sollte daher insbesondere zwei Aspekte näher beleuchten. Erstens die Untersuchung der „Art der

---

5   Max Webers Vorgänger in Heidelberg, Karl Knies, hat sich 1857 mit den Medien in seinem Werk der „Telegraph als Verkehrsmittel" beschäftigt (Knies 1996). Jedenfalls lässt sich das wissenschaftliche Interesse von Max Weber an der Bedeutung der Presse und an ihrem Einfluss auf den sozialen und politischen Wandel bereits vor 1910 belegen (siehe hierzu ausführlich Kutsch 1988, S. 6 f.). Bereits der von ihm 1892 mitbetreute Fragebogen der Landarbeiter-Enquête des Evangelisch-sozialen Kongresses fragte die Arbeiter nach ihrer Zeitungslektüre. In der Industriearbeiter-Enquête von 1908 wollte Max Weber die „geistige und ästhetische Interessenrichtung und -betätigung nach Maß und Art (Lektüre)" (Weber 1924, S. 55) untersuchen.

Bildung jenes Apparats von psychischen Suggestionsmitteln [vgl. hierzu auch Theodor Geigers frühe Arbeit zur Reklame, 1987], durch welche die moderne Gesellschaft kontinuierlich den einzelnen sich einzufügen und anzupassen trachtet: die Presse als eins der Mittel zur Prägung der *subjektiven* Eigenart des modernen *Menschen.*" (Weber 2001, S. 316). Neben der Frage, wie die Presse auf den einzelnen Menschen wirkt, sollte auch die Wirkung der Presse auf die Kultur betrachtet werden. Vor allem sollten die „durch die öffentliche Meinung [...] geschaffenen Bedingungen für die Entstehung, Erhaltung, Untergrabung, Umbildung von künstlerischen, wissenschaftlichen, ethischen, religiösen, politischen, sozialen, ökonomischen Kulturbestandteilen [untersucht werden]: die Presse als Komponente der *objektiven* Eigenart der modernen *Kultur.*" (Weber 2001, S. 316). Weber entwarf somit ein umfassendes Forschungsprogramm, das von der Analyse der Inhalte, Wirkung und Struktur der Presse bis hin zur Situation der Redakteure reicht (zu Problemen und Kontroversen, auch bekannt unter dem Stichwort „Heidelberger Professorenprozess": Obst 1986). Fast zeitgleich stellte Charles Horton Cooley in seinem Werk „Social Organization" fest: „[...] when we come to the modern era, [...] we can understand nothing rightly unless we perceive the manner in which the revolution in communication has made a new world for us." (Cooley 1962, S. 65) In seinen Überlegungen zum modernen Zeitalter der Massenkommunikation macht er deutlich, dass ein veränderter Umgang der Menschen nicht zuletzt auf die veränderten Formen der Kommunikation zurückzuführen ist.

Gatekeeper

Für diese neue Epoche der Kommunikation ist nicht nur das Aufkommen neuer Verbreitungsmedien und veränderter Rezeptionssituationen an sich von Bedeutung, sondern sich daran anschließende Beobachtungen und Entscheidungen. Obwohl es nun mehr Kanäle zu einem (neuen) Publikum gibt, gelangt nicht jedes Ereignis oder Thema in die Öffentlichkeit. Bevor also Journalisten eine vermittelnde Funktion zwischen den Ereignissen und dem Publikum übernehmen, steuern sie (und andere, z. B. Herausgeber oder Redaktionskonferenzen) durch das Setzen von Prioritäten den Informationsfluss. Diesen Sachverhalt soll der Begriff „Gatekeeper" beschreiben. Eine Studie von White aus dem Jahr 1950 stellte die individuellen Vorlieben eines Nachrichtenredakteurs in das Zentrum des Entscheidungsmodells. Die Studie vermittelte zunächst den Eindruck, dass insbesondere subjektive Urteile und Vorurteile einen maßgeblichen Einfluss auf die Nachrichtengebung haben (vgl. hierzu Kepplinger 1989, S. 9). Neben der Betonung des subjektiven Urteils wies der Nachrichtenredakteur einer kleinen amerikanischen Zeitung aber auch auf die redaktionelle Linie hin, um seine Auswahlkriterien zu begründen. Insofern fließen personenbezogene Faktoren und journalistische Berufsnormen in den Selektionsprozess ein. Hinzu kommen Faktoren, die der Auswahl selbst Grenzen setzen bzw. Rahmenbedingungen vorgeben – beginnend mit dem für einen bestimmten Themenbereich vorgesehenen Raum (Länge eines Artikels, Dauer eines Beitrags) bis hin zu unvorhersehbaren Ereigniskonstellationen, die ein Nachdenken über mögliche Alternativen erübrigen. Schließlich bemüht man sich, die Interessen der Rezipienten zu antizipieren und der Erwartungshaltung der Kollegenschaft zu entsprechen. Weniger offensichtlich, aber von wachsender Bedeutung, scheinen direkte und subtile Einflussnahmen auf die Entstehung von Presse- und Rundfunkerzeugnissen zu sein, die in Verbindung mit einer fortschreitenden Medienkonzentration gesehen werden.

In Bezug auf „Gatekeeping" sind infolgedessen verschiedene Ebenen der Entscheidung zu beachten. Nach Shoemaker und Reese lassen sich mindestens fünf solcher Ebenen identifizieren:

- individuell: Die Auswahl der Nachrichten ist von den Vorlieben, Abneigungen und dem beruflichen Hintergrund der Journalisten abhängig.
- Medienroutinen: Der Nachrichtenwert wird anhand praktischer Kriterien, wie der richtigen Länge des Beitrags, guter Bilder, der Neuigkeit, der Dramatik usw. bestimmt. Solche Routinen konstituieren die Arbeitsumgebung der Medienfachleute und können einschränkende Wirkungen entfalten.
- organisational: Die Strukturen und Richtlinien, die Anzahl an Auslandsbüros, Budget-Beschränkungen, Leitlinien des Herausgebers usw. haben einen Einfluss auf die Entscheidungen der Journalisten.
- extramedial: Die Quellen, Leserschaft, Werbepartner, wirtschaftliche Kräfte, Interessengruppen oder Regierungen können die Nachrichtenauswahl indirekt mitbestimmen.
- ideologisch: Die Normen und Werte, also der weiter gefasste kulturelle Hintergrund, führen dazu, dass bestimmte Teile der Welt in den ausgewählten Nachrichten unter- und andere überrepräsentiert sind (vgl. Shoemaker 1991, S. 32 ff.; Shoemaker/Reese 1996, S. 63 ff.).

Die klassischen Gatekeeper-Studien charakterisierte Kepplinger daraufhin auch wie folgt: Die Nachrichtenauswahl ist als Wirkungsprozess verstehbar, „in dem die Ereignisse als Ursachen, die Selektionsentscheidungen als intervenierende Variablen und die Beiträge als Wirkungen betrachtet werden." (Kepplinger 1989, S. 9) Die intervenierenden Variablen sind mit dem alleinigen Hinweis auf individuelle Vorlieben von Redakteuren also nur unvollständig beschrieben. Der Wandel des Journalismus wird nicht hinreichend transparent, wenn nur diese Entscheidungsebene fokussiert wird. In dem von Weischenberg aufgestellten heuristischen „Zwiebelmodell" finden sich verschiedene Faktoren, die bestimmen, was Journalismus ist und welche Wirklichkeitsentwürfe er produziert. Die vier Ebenen der Normen-, Struktur- sowie Funktions- und Rollenkontexte umgeben die Journalisten – bildlich gesprochen – und beeinflussen sie in ihren Tätigkeiten (vgl. Löffelholz 2004, S. 49 ff.). Seitens der Redaktionen stellt sich beispielsweise ein Wandel innerhalb des Strukturkontextes ein.

Die traditionelle Organisation im deutschsprachigen Raum sah eine horizontale Arbeitsteilung verschiedener Abteilungen vor. Dem angloamerikanischen Beispiel folgend werden diese nunmehr immer stärker zusammengeführt. Durch die vermehrte Integration der verschiedenen Vertriebswege (wie Print und Online) im Rahmen von Newsroom-Konzepten verwischen die Grenzen zwischen den einzelnen Ressorts. Für das Politikressort nimmt Blöbaum beispielsweise an, dass es sich durch die zunehmende Themenvermischung und die verstärkte Publikumsausrichtung nicht länger auf seine besondere Stellung verlassen kann. Es muss immer mehr auch mit anderen Themen konkurrieren (vgl. Blöbaum 2008, S. 125 ff.). Weischenberg stellte dazu bereits 1999 fest, dass das System „Journalismus" an den Rändern immer mehr ausfranst (vgl. Weischenberg 1999, S. 43). Diese Entwicklung wurde als die Konsequenz neuer Geschäftsbedingungen interpretiert, die seinerzeit wie folgt stichwortartig benannt wurden (vgl. ausführlich hierzu Blöbaum 2000):

- Das journalistische Denken konkurriert zunehmend mit einem marketing-orientierten Denken in Redaktionen, die sich in Profitcenter umwandeln. Damit nimmt auch die Marktorientierung zu Lasten einer Staatsbürgerorientierung zu. In Verbindung damit werden Inhalte nicht mehr ausschließlich selbst erstellt, sondern durch ‚Provider' zugeliefert. Zugleich nimmt die Differenzierung der Redaktionsstruktur zu, sowie auch die parallele Übernahme von (Produkt-)Managementaufgaben durch Journalisten.
- Die unmittelbare Recherche reduziert sich zugunsten der bereits vermittelten Recherche durch Agenturen bzw. andere Medienanbieter. Die damit verbundene Standardisierung verringert nach Blöbaum „die publizistische Vielfalt. Die Nutzung vorhandener Information verstärkt sich zu Lasten neu gewonnener Informationen." (Blöbaum 2000, S. 136) Im langfristigen Vergleich ist der Zeitaufwand für Recherche zurückgegangen. Während 1993 (n = 1498) noch ein Durchschnittswert von 140 Minuten ermittelt wurde, sank dieser im Jahr 2005 (n = 1536) auf 117 Minuten. Ebenso, so die Ergebnisse der ‚Journalismus in Deutschland II'-Studie, blieb im Jahr 2005 weniger Zeit für die Auswahl eingehenden Informationsmaterials (1993: 49 Minuten, 2005: 33 Minuten) (vgl. Weischenberg et al. 2006, S. 80). Wenngleich neuere Zahlen aus dieser Langzeitbetrachtung nicht vorliegen, darf von einer anhaltenden Bedeutung dieses Zeitfaktors ausgegangen werden. In der Studie „Recherche 2018" von news aktuell (einem Unternehmen der dpa-Gruppe) wird das persönliche Gespräch auch in aktuellen Umfragen immer noch als bedeutende Quelle angesehen, Pressekonferenzen dagegen verlieren an Attraktivität, während soziale Netzwerke und Portale, auf denen Informationen in Text und Bild verfügbar sind, an Bedeutung gewinnen.
- Strategischer Journalismus, der außerhalb des Zeitungs-, Hörfunk- und Fernsehjournalismus angesiedelt ist und direkt oder indirekt die Agenda der Medien zu beeinflussen versucht, nimmt zu. Hier ist insbesondere das expandierende Feld der Öffentlichkeitsarbeit zu nennen. Bezüglich der Vereinigten Staaten stellte

Ruß-Mohl bereits 1999 fest: „In den USA gab es zu Beginn der 90er Jahre schätzungsweise 162 000 PR-Praktiker, aber – einer allerdings konservativen Schätzung zufolge – nur 122 000 Journalisten. Die PR-Leute vermehren sich weiterhin; im Jahr 2000 sollen es bereits 197 000 sein." (1999, S. 164) Es wird überlegt, ob dies eine parasitäre Beziehung sei und wer in diesem Kontext das Futtertier abgebe (vgl. ebd., S. 163). Exakte Daten über die Veränderung dieser Relation liegen nicht vor. Eine Schätzung des Department of Labor ging im Jahr 2009 von ca. 46 000 Reportern und Korrespondenten aus, für den Bereich Public Relations Specialists wurden rund 243 000 angegeben. Probleme der Zuordnung ergeben sich zum Beispiel bei der Berücksichtigung von freien Journalisten und Teilzeitkräften. Gleiches dürfte für Deutschland zutreffen: Hier deuten die verfügbaren Zahlen noch auf ein Übergewicht der Journalisten gegenüber den PR-Leuten hin. Eine von Pew Research vorgelegte Analyse für die USA belegt einen Rückgang der Beschäftigung in Newsrooms um 23 % von 2008 bis 2017. Am stärksten traf es die Redaktionen der (Tages-)Zeitungen. Die Zahl der Beschäftigten (gesprochen wird von: reporters, editors, photographers und videographers) hat sich dort fast halbiert (von 71 000 auf 39 000) (Grieco 2018).

Die daran anschließende Frage nach der „journalistischen Qualität" begleitet die gesamte Geschichte der Massenmedien (vgl. Wilke 2003, S. 35 ff.), wurde jedoch oft auf Reichweitenzahlen, Einschaltquoten und Auflagenzahlen reduziert. In jüngster Zeit wird verstärkt versucht, vorhandene Ansätze zu bündeln und die Qualität als Kategorie in eine Theorie des Journalismus einzuführen (vgl. Bucher/Altmeppen 2003). Qualität und Qualitätssicherung werden dabei sowohl auf die oben beschriebenen Kontexte als auch auf die Rezipienten bezogen (vgl. Fabris 2004, S. 394). Qualität an sich ist hier ein weiter Begriff, der je nach Medium, Zielgruppe, Genre, Quelle und journalistischem Selbstverständnis differenziert verstanden werden muss. Für die Qualitätssicherung wird eine journalistische Infrastruktur – wie Qualifizierung der Mitarbeiter, Journalistenpreise, Selbstkontrolle und -beobachtung, media watchdogs – als zentral angesehen (vgl. ebd., S. 397 f.). Bucher stellt diesbezüglich fest: „Qualitäten sind keine Eigenschaften der Gegenstände, denen sie zugesprochen werden, sondern Beobachterkonstrukte. […] Jeder Beobachter fällt zunächst sein eigenes Qualitätsurteil auf der Basis seiner Position, seiner Perspektive, seiner Interessen und seiner Standards." (Bucher 2003, S. 12) Dementsprechend müsse dann auch zwischen der Perspektive der Medienmacher und der Perspektive der Rezipienten unterschieden werden.

In der jüngeren Vergangenheit ist mehrfach darauf hingewiesen worden, dass es eine verklärte Sicht auf den Journalismus gibt, der insbesondere durch Kinoproduktionen (z. B. 2015/16: „Spotlight") am Leben gehalten wird („spannender Beruf"), und eine Praxis des alltäglichen Recherchierens und Schreibens, die unter enormem Erfolgsdruck steht sowie Flexibilität und hohe Belastbarkeit verlangt. Im Februar 2016 legte die Kommunikationsagentur Mynewsdesk die Ergebnisse einer weltweiten Befragung von mehr als 2000 Journalisten vor. Viele verglichen ihre Arbeit mit einem Schweizer Taschenmesser und für 85 Prozent der Befragten ist Zeitmangel die größte Frustrationsquelle. Das Kompetenzspektrum geht weit über das Schreiben und Redigieren hinaus (vgl. Aagaard 2016, S. 15 f.). Als weitreichender erweisen sich Formen der Qualitätskontrolle, die das Beobachten durch den Journalismus einer externen Prüfung unterziehen. Der Journalismus will seinem kritischen Auftrag also in besonderer Weise gerecht werden, setzt sich mit einem minutiösen „Faktencheck" neuen Maßstäben aus (vgl. Lilienthal 2017) und steigert damit den Rechtfertigungsdruck. Mit diesem Aufklärungsanspruch soll das Vertrauen in eine kulturelle Institution zurückgewonnen, gestärkt und wiederhergestellt werden. Als Sekundäreffekt lässt sich zugleich eine allgemeine Ausweitung des Skeptizismus konstatieren.

Meinungsführer und das aktive Publikum

In dieser Hinsicht führt die Frage „Wer?" auf einen weiteren Vermittlungs- und/oder Einflusspfad, dem eine Vertrauenskomponente innewohnt: der Meinungsführerschaft. Die Aufmerksamkeit gegenüber diesem Phänomen ist insbesondere einer eher zufälligen Entdeckung zuzuschreiben.

Im Falle der Analyse des amerikanischen Präsidentschaftswahlkampfs ging man von der Annahme aus, dass die politische Urteilsbildung Ergebnis eines groß angelegten Reiz-Reaktions-Experiments mit den Massenmedien und anderen öffentlichen Kommunikationskanälen (z. B. Wahlkampfveranstaltungen) als unabhängiger Variable (Reiz) und dem Wahlverhalten der Bevölkerung als Empfänger dieser Angebote sei (vgl. Lazarsfeld et al. 1969). Letzteres entsprach somit der abhängigen Variable (Reaktion). Das war der gewohnte Blick einer Kommunikationswissenschaft, die sich noch etwas schwer tat mit der Beantwortung einer schlecht definierten Fragestellung: Welche Wirkung haben Medien auf die Gesellschaft? Die Beobachtung, dass Medienangeboten zugeschriebene Effekte durch Alltagskommunikation kanalisiert bzw. in ihrem Wirkungsradius begrenzt werden, schien vor diesem Hintergrund als ungewöhnlich. Ein wesentliches Ergebnis der sogenannten „People's Choice"-Studie bestand in der Entdeckung bislang unterschätzter Quellen der Umweltwahrnehmung. Ihren besonderen Stellenwert erhielt die Studie durch die Formulierung der Hypothese des „Zwei-Stufen-Flusses der Kommunikation". Diese Hypothese will den besonderen Stellenwert der interpersonalen Kommunikation hervorheben. Neben die unmittelbare Wahrnehmung durch Massenmedien (Hörfunk, Zeitung) und Wahlveranstaltungen treten persönliche Kontakte. Die Bedeutung des zuletzt genannten Faktors wird wie folgt beschrieben: „Wenn immer die Befragten aufgefordert wurden, alle möglichen Informationsquellen über den Wahlkampf zu nennen, denen sie in letzter Zeit ausgesetzt waren, wurden politische Diskussionen häufiger genannt als Rundfunk oder Presse." (Lazarsfeld et al. 1969, S. 190) Insbesondere unentschlossene Wähler und jene, die ihre Wahlabsicht während des Wahlkampfes änderten, wiesen auf die Bedeutung der Gespräche mit anderen Personen hin. Von den sogenannten Meinungsführern war wiederum bekannt, dass sie sich nicht nur überdurchschnittlich häufig mit den Angeboten der Massenmedien beschäftigen, sondern auch eine überdurchschnittliche Kommunikationshäufigkeit und Bereitschaft, mit anderen in den Dialog zu treten, zeigen. Aus der Kombination dieser Befunde resultierte die Erwartung, dass Meinungsführer im Netzwerk der persönlichen Beziehungen eine besondere Position einnehmen. Das Fazit lautete: „[…] daß Ideen oft von Rundfunk und Presse zu den Meinungsführern hin und erst von diesen zu den weniger aktiven Teilen der Bevölkerung fließen." (Lazarsfeld et al. 1969, S. 191) Damit löste die Analyse den Beginn einer bis heute andauernden Auseinandersetzung über Faktoren aus, die den unmittelbaren Einfluss von Stimuli der (Massen-)Kommunikation begrenzen oder modifizieren können.

Einige Ergebnisse der Columbia-Forschung und der Meinungsführerforschung sollen daher im Folgenden erwähnt werden:

- Das Geben und Nehmen von Informationen wird als Charakteristikum von Binnengruppenkommunikation hervorgehoben. Man spricht von quasi-natürlichen Wegen des Einflusses.
- Interpersonale Kommunikation zeichnet sich durch die Möglichkeit des Feedbacks aus. Die Medienbotschaft lässt sich dagegen nicht unterbrechen, Diskussionen und Rückfragen sind (weitgehend) ausgeschlossen.
- Der Begriff ‚Einfluss' wird häufig durch die Vorstellung eines Teilens gemeinsamer Auffassungen ergänzt. Diese Übereinstimmung korrespondiert mit eher homogenen Kommunikationsumfeldern. In diesem Sinne dominiert soziale Nähe über soziale Distanz.
- Medienthemen werden eigentlich erst im Rahmen von Diskussionen relevant und Informationslücken können zutage treten. Meistens erfährt man dort, was man alles nicht erfahren hat. Ausschließlicher Medieneinfluss kann nur dort wahrscheinlich werden, wo ein Eingebundensein in Kommunikationsnetze ausbleibt.
- Themen, über die nicht gesprochen wird, verlieren schnell an Aktualität und werden vergessen. Umgekehrt sind jene Themen, die häufig Gegenstand von Diskussionen sind, durch ein hohes Ausmaß an Redundanz bzw. die immer wiederkehrende Zirkulation unterschiedlichster Informationen mit neuen Nuancen gekennzeichnet. Hier liegt das Kurzzeitgedächtnis der Gesellschaft.
- Die Dominanz der sozialen Nähe (z. B. im Sinne geringer Statusdifferenzen) schließt vertikale Formen der Meinungsführerschaft nicht aus. Es darf aber angenommen werden, dass diese Einflussketten für die Mehrheit eher selten und nicht ausdrücklich beabsichtigt entstehen.
- Meinungsführer gelten als (starke) Persönlichkeiten mit hohem Informationsbedürfnis und -niveau, die für unterschiedlichste Diffusionsprozesse (Verbreitung von Ideen und Produkten) von zentraler Bedeutung sind. Sie bewegen sich in größeren und heterogeneren Netzwerken als ihre Gefolgschaft. Zu dieser Hetero-

genität können auch so genannte ‚weak ties' beitragen, die neue und gelegentlich unkonventionelle Ideen in relativ geschlossene Netzwerke ‚importieren' können.
- Ohne (gegenseitiges) Vertrauen ist die Chance auf entscheidungsrelevante interpersonale Kommunikation gering.

Das Phänomen Meinungsführerschaft ist insbesondere auch für den Bereich des Marketings interessant geworden, wobei man sich dort auf Multiplikatoreneffekte und Ausstrahlungswirkungen konzentriert. Für eine kommunikationswissenschaftlich geleitete Auseinandersetzung ist wichtig, die Wege des Einflusses und die Grundlagen des Erfolgs zu bestimmen. Die bereits erwähnten drei W's von Katz[6] sind dabei von zentraler Bedeutung (vgl. Weimann 1994, S. 264).

Diese hier nur ausschnitthaft wiedergebenen Resultate der Meinungsführerforschung blieben nicht ohne Widerspruch, insbesondere die Favorisierung eines „limited effects"-Modells von Medienangeboten. Todd Gitlin beispielsweise identifizierte einen „administrative point of view" (Gitlin 1978, S. 224) und einen harmonischen Gleichklang mit dem „swelling positivist mode of American social science." (ebd., S. 231) Ergänzend zu einer methodisch-konzeptionellen Kritik, die sehr rasch den Nachweis erbringen konnte, dass von der Abwesenheit eines one-step-flow nicht ausgegangen werden kann (vgl. den Überblick Jäckel 2011b, S. 130 ff.), wollte man das ‚powerful media'-Paradigma nicht zugunsten alltäglicher Formen des Austauschs von Meinungen und Einstellungen opfern. So wurde kritisiert, dass

- diese Formen des Einflusses als funktional äquivalent angenommen werden (Medienangebote versus interpersonale Kommunikation),
- Machtdifferenzen (zwischen Medienanbietern und Einzelpersonen) nicht ausreichend operationalisiert werden und daher eine „behaviorization of power" (zit. nach Weimann 1994, S. 240) dominiert,
- der Medienproduktion und der Struktur ihrer Inhalte keine angemessene Berücksichtigung zukommt,
- Meinungsführer gelegentlich als ein ubiquitäres Phänomen erscheinen, das sich in allen Themenbereichen und Handlungsfeldern des Alltags nachweisen lässt (Politik, Werbung, Mode, Diffusion von Innovationen); in Verbindung mit der Diskussion um generelle versus spezifische Meinungsführerschaft wurde hier das zugrunde liegende Abstraktionsniveau infrage gestellt,
- im Falle des Nachweises einer Dyade oder Kette von Interaktionen die erste Stufe des Modells nur indirekt über die Annahme einer intensiveren (und das heißt auch: selektiveren) Nutzung der Medienangebote mitgedacht wird,
- der Kernbefund insofern lauten muss: Meinungsführer sind informierter und zugleich resistenter gegenüber bestimmten Formen der Beeinflussung (durch Medienangebote).

---

6 Siehe hierzu auch die Ausführungen in Kapitel 1.

Für die Bestimmung von Meinungsführern sind im Wesentlichen drei Verfahren von Bedeutung, die auch miteinander kombiniert werden können: 1) Selbsteinschätzungsverfahren 2) Inklusion von Fremdeinschätzungen durch Befragung von Informanten-Samples und 3) soziometrische Verfahren und Netzwerkanalysen. Das gelegentlich genannte Verfahren der Beobachtung wird nur sehr selten praktiziert. Die Liste relativ einfacher Verfahren zur Ermittlung von Meinungsführern ist lang und die immer wiederkehrende Kritik bekannt: Ein Kommunikationsfluss wird unterstellt, aber nicht wirklich gemessen. Auch die Anzahl der Kriterien, die erfüllt sein müssen, um als Meinungsführer zu gelten, variiert von Untersuchung zu Untersuchung. Während in einigen Fällen zustimmende Aussagen zu einer oder zwei Fragen ausreichend sind, sind verschiedene Skalierungsverfahren entwickelt worden, zum Beispiel die ‚Self-Designating-Opinion-Leadership-Scale' von Rogers und Cartano, die sich aus sechs Einzelfragen zusammensetzt (1962, S. 439 f.). In dieser Tradition der mehrdimensional konzipierten Selbsteinschätzungsverfahren steht auch ein Messinstrument, das vom Institut für Demoskopie Allensbach entwickelt wurde. Die Messskala repräsentiert eine Neukombination von Aussagen, die in gleicher oder leicht modifizierter Form bereits in den 1950er Jahren in psychologischen und sozialpsychologischen Messinstrumenten Verwendung fanden (vgl. hierzu ausführlicher Jäckel 1990, S. 67 ff.). Im Einzelnen werden folgende Merkmale miteinander kombiniert (siehe auch Noelle-Neumann 1983):

- Selbstvertrauen, Selbstbewusstsein
- Soziabilität, Gesprächsbereitschaft, Offenheit
- Soziale Anerkennung
- Die Bereitschaft, andere von der eigenen Meinung zu überzeugen
- Entscheidungsfreudigkeit
- Das subjektiv empfundene Gefühl, für andere als Vorbild zu dienen
- Führungsbereitschaft
- Aktivität

Schenk und Rössler haben diese Persönlichkeitsstärke-Skala ebenfalls eingesetzt und nennen ihren Beitrag „The Rediscovery of Opinion Leaders. An Application of the Personality Strength Scale" (Schenk/Rössler 1997). Zugleich verbinden sie die Skala mit den Möglichkeiten der modernen Netzwerkanalyse. Die Studie bestätigt das überdurchschnittliche Informationsverhalten der Meinungsführer sowie ihr damit einhergehendes Wissen über eine Vielzahl öffentlicher Angelegenheiten. Persönlichkeitsstärke steht insbesondere in positivem Zusammenhang mit der Größe des eigenen Netzwerks und der Häufigkeit interpersonaler Kommunikation über bestimmte Themen (vgl. Schenk/Rössler 1997, S. 17). Persönlichkeitsstarke Menschen sind resistenter gegenüber Umwelteinflüssen, wissen zugleich aber die öffentliche Meinung gut einzuschätzen (vgl. ebd., S. 20 ff.).

Die Netzwerkanalyse hat jedoch nicht nur dazu beigetragen, bereits bekannte Befunde zu bestätigen, sondern auch den Blick auf neue und weniger vertraute Phänomene gelenkt. In diesem Zusammenhang ist insbesondere auf eine weitere Analyse von Weimann zu verweisen, die eine sehr detaillierte Beschreibung der interpersonalen Kommunikation in einem israelischen Kibbuz vermittelt. Die Besonderheit dieser Studie besteht nicht nur darin, soziale Beziehungen eines bestimmten Typs zu identifizieren, sondern den Aspekt der interpersonalen Kommunikation über die Gruppengrenzen hinaus zu erweitern. Weimann adaptiert zu diesem Zweck die von Granovetter eingeführte Unterscheidung von ‚strong ties' und ‚weak ties' (vgl. Granovetter 1973, S. 1360). Diese Differenzierung illustriert, dass die Beziehungen zu Freunden, Bekannten und Kollegen auch nach Stärke bzw. Intensität und Regelmäßigkeit beurteilt werden können. Starke und intensive Verbindungen gehen in der Regel einher mit der Entwicklung eines homogenen Kommunikationsmilieus, in dem ein Großteil der Kommunikation auf Gemeinsamkeiten beruht. Die Wahrscheinlichkeit, dass aus dieser Gruppe heraus neue Impulse und Ideen entstehen, ist gering.

Schwache Beziehungen hingegen führen dazu, dass man mit Erfahrungen, Einstellungen und Meinungen konfrontiert wird, die innerhalb eines homogenen Kommunikationsmilieus seltener oder nie thematisiert werden. Zugleich eröffnet sich damit eine Möglichkeit, Meinungsführerschaft über Gruppengrenzen hinweg analysieren zu können. Schwache Beziehungen werden insbesondere von Personen unterhalten, die in der Gruppe, der sie zugerechnet werden, eher eine randständige Position einnehmen. Sie erweitern den Wirkungsradius von Kommunikation.

Weimann konnte nachweisen, dass die sogenannten Marginalen die Vorteile schwacher Beziehungen intensiver nutzen. Ihre Beziehungen innerhalb der Gruppe sind darüber hinaus eher durch Intransivität gekennzeichnet. Intransivität bedeutet: Wenn Person A mit Person B in Beziehung steht, und Person B mit Person C, dann muss Person A nicht mit Person C in Beziehung stehen. Weimann betrachtete den Kommunikationsfluss in verschiedenen sozialen Netzen und gab dazu mehrere Themen vor: Es ging um Gerüchte, um allgemeine Nachrichten und um Produktinformationen (vgl. hierzu ausführlich Weimann 1982, S. 766 ff.).

Die methodischen Einwände haben sich seit der People's Choice-Studie auf die Wege des Einflusses und ihre Abbildbarkeit mit Beobachtungs- oder Befragungsinstrumenten konzentriert. Watts und Dodds weisen darauf hin, dass der Begriff des Influentials (ein Synonym für Meinungsführer, das von den Autoren favorisiert wird), meist zu ungenau benutzt wird und man diesen vorsichtiger anwenden sollte. So konnten sie mittels Simulationen zeigen, dass Influentials nur unter bestimmten und deutlich begrenzten Bedingungen wirklich Einflusskaskaden auslösen können. Unter diesen, eher als Ausnahmen auftretenden Optimalbedingungen, sind sie jedoch effektiver im Auslösen solcher Kaskaden als durchschnittliche Individuen. In den meisten Fällen sind allerdings leicht beeinflussbare Individuen bzw. die Nachahmungswilligsten unter den Nachahmungswilligen verantwortlich für das Entstehen solcher Einflusskaskaden. Diese bilden eine Art kritische Masse, die andere Individuen erst veranlassen, bestimmte Dinge zu tun oder sich Meinungen anzuschließen. Darüber hinaus ist die Struktur des Netzwerkes entscheidender für den erfolgreichen Verlauf der Diffusion als persönlicher Einfluss. Anstelle des klassischen Zwei-Stufen-Fluss-Modells schlagen sie daher ein „network model of influence" vor, in dem der Einfluss über mehrere Schritte in alle Richtungen fließen kann. Die besondere Betonung der interpersonalen Kommunikation scheint also nicht gerechtfertigt zu sein, jeden falls nicht, wenn sie generalisierend erfolgt, und muss kritisch hinterfragt werden. Es geht nicht um die Frage, ob es Influentials gibt, sondern unter welchen Bedingungen sie bedeutenden Einfluss auf wen ausüben können. Dass Watts und Dodds die nötigen Bedingungen als eher theoretische Ausnahmeerscheinungen ansehen und sogar soweit gehen zu sagen, dass vieles einfach auf Zufälle zurückführbar sei, dass also unter den seltenen optimalen Bedingungen im Grunde jeder, der gerade zur richtigen Zeit am richtigen Ort sei, eine große Kaskade auslösen könne, kann natürlich ebenso kritisch hinterfragt werden. „Nevertheless, anytime some notable social change is recognized [...] it is tempting to trace the phenomenon to the individuals who ‚started it' [...] Just because the outcome is striking, however, does not on its own imply that there is anything correspondingly special about the characteristics of the individuals involved [...]" (Watts/Dodds 2007, S. 455).

Trotz zahlreicher Erweiterungen und Modifikationen (siehe hierzu bspw. König/König 2017) werden somit auch im Bereich der Meinungsführerforschung immer wieder Hinweise auf die Pionierphase der Forschung erkennbar. Die Hauptaufgabe der wissenschaftlichen Beobachtung besteht nach wie vor darin, eine angemessene Rekonstruktion des Kommunikationsalltags zu vermitteln. Diese Zielsetzung wird die Meinungsführerforschung weiterhin bestimmen:

> „The opinion leaders concept, changed, modified, and remodified, is still a living, developing, and promising idea [...] The concept of the opinion leaders, born a half century ago, had its golden days, its challenges, and decline. It survived, mainly through growing sophistication and constant modifications." (Weimann 1994, S. 286; siehe auch Jäckel 2001)

Angesichts einer Zunahme der Medienpräsenz im Alltag bleibt die Frage virulent, wie hoch der Anteil der Bevölkerung ist, der in diese Kommunikationsnetze eingebunden ist. Für die zunehmende Durchdringung des Alltags durch Medienangebote ist mittlerweile der Begriff „Mediatisierung" (vgl. die Beiträge in Krotz/Hepp 2012) geprägt worden. Infolge dieser Dominanz der Medien ist zu fragen, ob Personen, die diese Gruppenintegration nicht aufweisen, in starkem Maße ihre Meinungen und Auffassungen von „virtuellen Meinungsführern" (Merten 1994b, S. 317) übernehmen. Die Theorie der Meinungsführerschaft wäre dann nicht nur ein Beitrag zum Nachweis begrenzter Medieneffekte, sondern auch eine Theorie mit begrenzter Reichweite.

Da diese virtuellen Meinungsführer aus den Medien selbst stammen, wird der Entdeckungszusammenhang der Two-Step-Flow-Hypothese – überspitzt formuliert – auf den Kopf gestellt. Wenn die einflussreichen Personen in den Medien das Wort führen, seien es Politiker oder Journalisten, dann ist von publizistischen Meinungsführern zu sprechen, die gegenüber allen nachfolgenden Einflussinstanzen zunächst einmal vorgeben, was es gegebenenfalls zu kommentieren, kritisieren, diskutieren gilt. Pfetsch konnte im Rahmen einer Analyse von Kommentaren in überregionalen Presseerzeugnissen zeigen, dass es Meinungsführermedien gibt, die sich gegenseitig sehr intensiv wahrnehmen (vgl. Pfetsch et al. 2004, S. 71). Damit bestätigt sich, dass der Journalismus sein eigenes und bestes Publikum ist (siehe hierzu auch die Arbeit von Reinemann 2003). Dort aber ist der Ursprung der Meinungsführerforschung nicht anzusiedeln. Gedacht wurde primär an den Informationsfluss in nicht-professionalisierten Kontexten.

Neue Herausforderungen für den Journalismus

Aber auch in professionalisierten Kontexten hat die Medienentwicklung neue Gegebenheiten und Herausforderungen für den Journalismus hervorgebracht, der sich, so Jarren, gerne noch als Einheit wahrnimmt und Debatten über die Rolle von Publizistik und Journalismus zögerlich aufgreift (vgl. Jarren 2017, S. 181). Das Ende eines publizistischen Monopols äußert sich in vielen Veränderungen, die sich zunächst in neuen Aufgabenfeldern widerspiegeln.

Dies betrifft beispielsweise die Leistungsrollen und die Arbeitsteilung innerhalb des Journalismus. Wurde anfänglich beispielsweise der professionelle Online-Journalismus eher belächelt und als Einstiegsbereich angesehen, etablieren sich Online-Redaktionen längst als eigenständige Abteilungen. Dortige Mitarbeiter sind in der Regel auch jünger und verfügen überdurchschnittlich oft über Hochschulabschlüsse. In den meisten Fällen werden derartige Redaktionen jedoch weiterhin als Unterabteilungen geführt. Darüber hinaus gibt es viele Journalisten, die sowohl auf klassischem und auf digitalem Vertriebswege publizieren (vgl. Neuberger/Quandt 2010, S. 63 f.). Wenn die Verschlankung von Redaktionen Recherchen außerhalb von Redaktionsräumen selten werden lassen, wenn die unbearbeitete Übernahme von Agenturmeldungen zunimmt und Suchalgorithmen an die Stelle von Investigation treten, kann der Begriff Qualitätsjournalismus zu einem Euphemismus mutieren. Aus der besonderen Struktur des Internets ergeben sich jedoch auch Vorteile, die Redaktionen nutzen und auch Leserinnen und Leser in Anspruch nehmen, weil eine größere Informationstiefe realisiert werden kann und weitergehende Verknüpfungen und Bezugnahmen hergestellt werden (vgl. ebd.). Ohne neue Verwertungsketten (Online-Werbung, Apps für Mobilgeräte, kostenpflichtige Archive zur Generierung von Long Tail-Effekten usw.) aber werden die finanziellen Spielräume immer enger. Die Entwicklung in den kommenden Jahren wird auch verdeutlichen, was der modernen Gesellschaft guter Journalismus noch wert ist. Marie-Luise Kiefer hat in einer ausführlichen Analyse deutlich festgestellt: „Eine mediale Querfinanzierung des Journalismus aus dem Werbemarkt wird offenbar immer schwieriger." (2011, S. 5). Sieben Jahre später ist zu konstatieren, dass sich das beschriebene Finanzierungsproblem weiter verschärft hat.

Zu einer anderen Bewertung muss man gelangen, wenn der Blick auf die heutige Arbeitsweise des investigativen Journalismus fällt. Das Bild des Reporters, der, ausgestattet mit Adressbuch und Telefonbuch, Hintergründe eines (undurchsichtigen) Sachverhalts aufdecken möchte, ist das eine. Die Zunahme von Fällen, in denen Informationsmaterial umfänglich und zumeist digital an Redaktionen gespielt wird, ist das andere. Letzteres löst neue Formen der Recherche aus, die sich vermehrt in einer Schutzzone vollziehen und Redaktionen in IT-Sicherheitstrakte verwandeln kann.

Nach wie vor wird die Auffassung vertreten, dass Journalisten ihre Gatekeeper-Position angesichts der Informationsfülle, die täglich gesichtet, bewertet und überprüft werden muss, in einem positiven Sinne wahrnehmen müssen. Das zeigt sich unter anderem an einem Problem, das aus dem Feld der klassischen Verbreitungsmedien bekannt ist: Die Notwendigkeit von Meta-Medien. Die „Suchmaschine" des Fernsehzuschauers ist ein Programmguide, der Internetnutzer verlässt sich im Allgemeinen auf „Google" oder entsprechende Konkurrenten. Die traditionellen Medien stellen zwar nicht mehr die „zentrale Filterinstanz, die jede Nachricht passiert haben muss" (Neuberger/Quandt 2010, S. 62), dar, übernehmen dafür jedoch weiterhin die Rolle von solchen Orientierungshelfern und ‚Lotsen'.

Wenn es um Orientierung geht, spielt der Mengenfaktor nach wie vor eine bedeutende Rolle. „Wer" erscheint dann als die Summe von Aussagen ähnlichen Zuschnitts, die, wie im Falle einer themenbezogenen Inhaltsanalyse, gezählt werden. Im Ergebnis werden daraus „Trending Topics", die dann nicht mehr nur den klassischen Leitmedien entnommen, sondern aus dem Kommunikationsfluss in sozialen Medien abgeleitet werden. Hashtag-Rankings sollen eine Leitfunktion übernehmen. Gleiches gilt für Video-Portale. Das Grundmuster eines Sender-Empfänger-Modells wird angereichert durch Kommentar- und Vernetzungsmöglichkeiten. Auch hier entsteht eine Parallelwelt zu den Massenmedien mit ähnlichen Erfolgsfaktoren. So sind Reichweitenvergleiche solcher Informationsangebote mit der „Tagesschau" als Gradmesser der Akzeptanz in jungen Zielgruppen zu verstehen.

Angesichts dieser Diversifizierung und Vielstimmigkeit bleiben auch die Hinweise auf einen qualitativen, professionellen Journalismus existent, wenngleich die Zahlungsbereitschaft eine kritische Größe darstellt (vgl. Ruß-Mohl 2009; Jarren 2017, Überall 2018). Nur in professionellen Redaktionen sieht man auf Dauer die Möglichkeit, Fortbestand und Qualität der diversen Nachrichten-Angebote sicherzustellen und entsprechende Prüfungen und Gewichtungen der Inhalte durchführen zu können Die Anforderungen und das Tempo sind allerdings gestiegen und durch die zunehmende wechselseitige Beobachtung, die sich auf Sender- und Empfängerebene vollzieht, wird die Themenauswahl voraussetzungsreicher. Die Beobachtungsintensität auf Sender- und Empfängerebene bleibt eine markante Differenz (Baecker 2004, S. 9). Diese Asymmetrie zwischen Anbietern und Nachfragern wird weiterhin eine treibende Kraft dieser Medienentwicklung bleiben. Es muss aber auch vermehrt ein Auge darauf geworfen werden, was Empfänger, die zu Sendern werden, zu berichten haben. Die Zuspitzung einer Vertrauenskrise durch Infragestellung einer der Objektivität verpflichteten Sichtweise hat in dem Vorwurf der „Fake News" eine semantische Verankerung von diffuser Tragweite erhalten. Vorwürfe dieser Art lassen sich in der Geschichte des Journalismus vielfach finden. Dieser Begleitfaktor alleine ist aber kein Anlass, diesen Entzug von Anerkennung zu bagatellisieren. Vertrauen wurde in der amerikanischen Soziologie vielfach als „lubricant" (Schmiermittel) sozialer Systeme bezeichnet. Es geht mithin auch um die Wahrung von Minimalstandards verständigungsorientierter Kommunikation. Das hat mit Konsenspflicht wenig zu tun, wohl aber mit der Bereitschaft, aus enggeführten Filterblasen auszubrechen.

Leseempfehlungen

Blöbaum, Bernd (2008): Wandel redaktioneller Strukturen und Entscheidungsprozesse. In: Bonfadelli, Heinz et al. (Hg.): Seismographische Funktion von Öffentlichkeit im Wandel. Wiesbaden, S. 119–129.

Jarren, Otfried (2017): Auf dem Prüfstand. Was will eigentlich Journalismus. In: Kappes, Christoph/Kappes, Jan Krone, Jan/Novy, Leonard (Hg.): Medienwandel kompakt 2014–2016. Netzveröffentlichungen zu Medienökonomie, Medienpolitik & Journalismus. Wiesbaden, S. 181–187.

Shoemaker, Pamela J./Reese, Stephen D. (1996): Mediating the Message. Theories of Influences on Mass Media Content. 2nd Edition. New York.

Weimann, Gabriel (1994): The Influentials. People who influence People. Albany.

4 Was? Ein Blick auf die Inhalte

Agenda Setting

Mediennutzung ist zu einer Gewohnheit geworden, die von Abwechslungen lebt. Die ihr zugrunde liegenden Angebote (z. B. TV-/Radio-Programme, Online-Medien, etc.) werden auf Dauer gestellt, unterliegen einer gewissen Dynamik und strukturieren den Alltag in zeitlicher Hinsicht mit. Zugleich lenken sie die Aufmerksamkeit des Publikums und nehmen Einfluss auf die öffentliche Tagesordnung (Agenda). Um in diesem permanenten Wechselspiel von Produktions- und Rezeptionsprozessen Strukturen identifizieren zu können, sind gute und flexible Beobachtungs- und Messintrumente notwendig. Das folgende Kapitel richtet den Blick auf die Inhalte. Im Fokus steht die Agenda Setting-Hypothese, die zugleich zu den publikationsstärksten Ansätzen in der Medienwirkungsforschung zählt. Das Kapitel greift die Entstehungs- und Modell-Geschichte des Agenda Setting-Ansatzes auf und betrachtet einige methodische Besonderheiten sowie Herausforderungen.

Was ist unter der Agenda Setting-Hypothese zu verstehen? In den 1960er Jahren charakterisierte Bernard Cohen die Agenda-Setting-Forschung in Bezug auf die Presse wie folgt: „[…] the press is significantly more than a purveyor of information. It may not be successful much of the time in telling people what to think, but it is stunningly successful in telling its readers what to think about." (Cohen 1963, S. 13) Der Grundgedanke besteht demnach in der Einflussnahme der Medien auf die Inhalte, mit denen sich die Rezipienten auseinandersetzen (Thematisierunggsfunktion der Medien) – wie sie darüber denken und was das Ergebnis dieser Auseinandersetzung ist, ist aus dieser Perspektive erst einmal ausgeklammert. Konkret stehen mediennutzungsbedingte Aufmerksamkeits- und Lernprozesse und die daraus resultierende Strukturierung des Denkens im Vordergrund (Bulkow/Schweiger 2013, S. 172). Deshalb wird im Zusammenhang mit Agenda-Setting auch von den kognitiven Effekten der Massenkommunikation gesprochen (vgl. Schenk 2007, S. 432). Ob sich die Begrenzung des Medieneinflusses auf die reine Themensetzung in der weiteren Forschung bestätigen lässt, wird am Ende dieses Kapitels noch einmal zu fragen sein.

Mit der Thematisierungsfunktion geht eine Strukturierungsleistung einher, welche die soziale Wirklichkeit in einer bestimmten Art und Weise erfahrbar macht. Diese Funktion und damit einhergehende Probleme hat insbesondere der amerikanische Publizist Walter Lippmann (1889–1974) analysiert, der als ein Vordenker der Agenda-Setting-Forschung gilt. Unter dem Eindruck des Ersten Weltkriegs hatte er im Jahr 1922 sein Buch ‚Public Opinion' veröffentlicht. Während das erste Kapitel des Einleitungsteils in der deutschen Übersetzung mit „Äußere Welt und innere Vorstellungen" (Lippmann 1990, S. 9) überschrieben wurde, erscheint das amerikanische Original in seiner Aussagekraft diesbezüglich wesentlich pointierter: „The World Outside and the Pictures in Our Heads." (zit. nach McCombs/Reynolds 2002, S. 2) Lippmann beschrieb in sehr anschaulicher Form, dass Vorstellungen über die Wirklichkeit vom Zugang bzw. Nicht-Zugang zu bestimmten Informationen abhängig sein können. Zugleich vermittelte er unbequeme Einsichten in Routinen der Informationsverarbeitung. Medien erweitern den Blick auf die Welt, können aber nicht die Nähe der unmittelbaren Erfahrung ersetzen.

Dass die Medien mit ihren Angeboten den Rahmen bestimmen, innerhalb dessen sich zahlreiche Anschlusskommunikationen vollziehen, blieb unbestritten und die Fixierung auf politische Kommunikation in diesem Kontext dominierend. Das Interesse an diesen Medienangeboten umschrieben Lang und Lang im Jahr 1959 wie folgt:

> „All news that bears on political activity and beliefs – and not only campaign speeches and campaign propaganda – is somehow relevant to the vote. Not only during the campaign, but also in the periods between, the mass media provide perspectives, shape images of candidates and parties, help highlight issues around which a campaign will develop, and define the unique atmosphere and areas of sensitivity which mark any particular campaign." (Lang/Lang 1959, S. 226)

Obwohl der Begriff ‚Agenda-Setting' erst Ende der 1960er Jahre eingeführt wurde, war die theoretische Idee dahinter somit bereits mehrfach skizziert worden. Die empirische Umsetzung jedoch wurde insbesondere von Forschern mit einem journalistischen Hintergrund als Herausforderung angesehen (vgl. hierzu auch Eichhorn 1996, S. 12). Die sogenannte ‚Chapel Hill'-Studie[7] von McCombs und Shaw repräsentiert in diesem Zusammenhang eine kleine Pionierarbeit mit großer Wirkung.

---

7 Studie zur Thematisierungsfunktion der Tagespresse für die Wohnbevölkerung in Chapel-Hill (North Carolina) zum Präsidentschaftswahlkampf 1968 zwischen dem späteren Präsidenten Nixon und seinem Kontrahenten Humphrey. In dem für die Präsidentschaftswahl bezeichneten Swing State wurden 100 unentschlossene Wähler nach den für sie bedeutsamsten Wahlkampfthemen befragt.

Ein wesentliches Fazit dieser Arbeit lag in der Beobachtung: „Yet the evidence in this study that voters tend to share the media's composite definition of what is important strongly suggests the agenda-setting function of the mass media." (McCombs/Shaw 1972, S. 184) Neun Jahre nach der Durchführung der ‚Chapel Hill'-Studie konnten McCombs und Shaw bereits auf eine Vielzahl weiterer Studien zurückblicken und den Stellenwert der Agenda Setting-Hypothese im Rahmen der Massenkommunikationsforschung genauer spezifizieren. Beiden Autoren geht es dabei nicht um die Zurückweisung anderer Theorien, sondern um die Platzierung von Medieneffekten in einem mehrstufigen Wirkungsprozess, der insbesondere auch das Verhältnis von Medienaufmerksamkeit und öffentlicher Aufmerksamkeit (Politik, Bevölkerung) berücksichtigt. Im „transfer from the news media to the public" (McCombs 2004, S. 143) differenziert McCombs (1977) drei Wirkungsmodelle:

1) Ein Systematisierungsvorschlag differenziert diesbezüglich ein Awareness-Model (Aufmerksamkeitsmodell), das die Medienwirkung auf der Ebene der Wahrnehmung lokalisiert und an unterschiedlichen Graden der Aufmerksamkeit festmacht. Im Vordergrund steht demnach die Themenkenntnis des Rezipienten, die i. d. R. in einer offenen Abfrage erhoben wird.
2) Aufmerksamkeitsdifferenzen sind nicht nur abhängig von Interesse und/oder Betroffenheit, sondern auch von dem Ausmaß der Hervorhebung des jeweiligen Themas. Im Salience-Model (sog. Hervorhebungs-Modell) wird angenommen, dass die Medienberichterstattung Einfluss auf die Beurteilung der Wichtigkeit von Themen durch die Rezipienten nimmt. Die Erfassung erfolgt mittels Rating-Skalen.
3) Schließlich ist eine Hierarchisierung/Rangfolge der relevanten Themen zu erwarten. Das Priorities-Modell geht von der Erwartung aus, dass Medien- und Publikumsagenda in einer engen inhaltlichen, und somit auch statistischen Beziehung stehen.

Agenda-Setting bedeutet demzufolge zunächst Thematisierung, zugleich aber auch Strukturierung von Themen (vgl. hierzu auch die Hinweise bei Schenk 2007, S. 449 f.). Die Berichterstattung unterscheidet sich in Präsentation und Persistenz der Themen. Diese Gewichtung wird von den Rezipienten wahrgenommen und als Indikator für die gesellschaftliche Relevanz in die eigene Bewertung integriert (vgl. Rössler 2005, S. 11 f.).

Während sich ein Teil der bisherigen Forschung in der Regel direkt mit Fragen der Meinungs- oder Einstellungsänderung auseinandersetzte, wird mit dem Blick auf die Themenagenden die Ausgangsbasis potenzieller Veränderungen beschrieben. Medienwirkung wird im Sinne einer Aufeinanderfolge mehrerer Schritte verstanden, was von Lowery und DeFleur wie folgt beschrieben wird: „First, the media provoked among its audiences an awareness of the issues. Second, it provided a body of information to the members of that audience. Third, this information provided the basis for attitude formation or change on the part of those who acquired it. And fourth, the attitudes shaped behavior among those involved in the sequence." (Lowery/DeFleur 1995, S. 275)

Dearing und Rogers unterscheiden drei Hauptagenden, die im Rahmen des Agenda-Setting-Prozesses wirksam werden können: ‚Media Agenda', ‚Public Agenda' und ‚Policy Agenda'. Auf der Ebene der Messung gilt es dabei zu beachten, dass für jede Agenda Indikatoren vorhanden sind, die gleichwohl von unterschiedlicher Güte sind bzw. sein können:

- Media Agenda (Tagesordnung der Medien): Grundlage der Messung sind inhaltsanalytische Verfahren, die insbesondere quantitative Aspekte der Berichterstattung erfassen. Anzahl und Umfang der Berichterstattung in Presse, Fernsehen oder Hörfunk sowie eine damit verbundene Strukturierung des Inhalts werden vorgenommen.
- Public Agenda (Tagesordnung der Öffentlichkeit): Welche Themen die Bevölkerung als wichtig betrachtet, wird in der Regel im Rahmen von Umfragen ermittelt. Die Gallup[8]-Frage ermittelt beispielsweise die als am wichtigsten wahrgenommenen Probleme eines Landes und schließt daraus auf die relative Bedeutung der Thematik.
- Policy Agenda (Tagesordnung des politischen Lebens): Die Analyse von Parlamentsdebatten hinsichtlich Inhalt und Dauer, verabschiedeter Gesetze und Budgetverteilungen sind nur einige Beispiele aus dem Indikatorenspektrum, das Schlussfolgerungen auf die politische Agenda gestattet. Zugleich ist die Messung dieser Agenda weniger standardisiert.
- Real-World-Indikatoren: Hier handelt es sich um Versuche der exakten Abbildung der Wirklichkeit. Das weite Feld der amtlichen Statistik sowie zahlreiche darüber hinaus gehende Berichtssysteme informieren über den Zustand der Umwelt, das Gesundheitsverhalten der Bevölkerung, das Ausmaß der Kriminalität, die wirtschaftliche Entwicklung usw.

Die Public Agenda repräsentiert in dieser Systematisierung einen Bereich von Nutzungswirkungen. Hierzu legten McCombs und Zhu (1995) inhaltlich und methodisch interessante Ergebnisse einer Längsschnittanalyse vor, in deren Rahmen die Antworten auf die Gallup-Frage („What do you think is the most important problem facing this country today?") im Zeitraum von 1954 bis 1994 in den USA betrachtet wurden. Den Ausgangspunkt bildeten folgende Hypothesen zur Publikumsagenda:

---

8   Die Gallup Organization ist ein U.S. amerikanisches Markt- und Meinungsforschungsinstitut, das im Jahr 1935 von George Gallup gegründet wurde. Es gehört zu den weltweit führenden Instituten in der Branche.

- Aufgrund eines allgemeinen Anstiegs des Bildungsniveaus wird auch ein Anstieg der ‚Public Agenda' erwartet. Gemeint ist damit eine Zunahme der als relevant eingestuften Themen zu einem bestimmten Zeitpunkt (‚issues' im quantitativen Sinne, also: Wie viele Themen werden genannt?).
- Es wird des Weiteren vermutet, dass sich das Themenspektrum insgesamt ausdifferenziert hat und die Wahrscheinlichkeit der Identifizierung weniger ‚major issues' zurückgeht.
- Die Zeit, die ein bestimmtes Thema auf der ‚Public Agenda' verweilt, verkürzt sich im betrachteten Zeitraum.

Dabei erfordert die Überprüfung dieser Hypothesen methodische Sorgfalt einerseits und theoretische Festlegungen andererseits: Zwar wurde die Gallup-Frage seit 1939 kontinuierlich eingesetzt, allerdings basierte die Stichprobenziehung anfänglich auf einem Quotenverfahren, das zu Verzerrungen führte (weitere Einzelheiten bei McCombs/Zhu 1995, S. 499). Daher begann die betrachtete Zeitreihe erst in den 1950er Jahren. Alle Hypothesen erfordern eine Antwort auf die Frage: „What is an issue?" Je differenzierter die Themenliste, desto wahrscheinlicher wird insbesondere eine Bestätigung von Hypothese 2 und Hypothese 3. Die Themenliste umfasste 179 Kategorien, die 18 Hauptkategorien zugeordnet wurden. Diese bildeten sodann die Basis der Längsschnittbetrachtung. Die Hauptkategorie „Money" umfasste beispielsweise Einzelthemen wie „Food prices", „Savings and Loans" oder „Gasoline Price" (vgl. ebd., S. 518). Schließlich musste ein Schwellenwert festgelegt werden, der überschritten sein musste, damit ein Thema als Teil der ‚Public Agenda' betrachtet wird. In Anlehnung an eine Untersuchung von Neuman (1990, S. 169) wurden die Themen berücksichtigt, auf die in den Umfragen mehr als zehn Prozent der Nennungen entfielen. Das zentrale Ergebnis dieser Untersuchung lautete:

- Es konnte kein signifikanter Anstieg in der Summe der als relevant erachteten Themen festgestellt werden. Allerdings erhöhte sich die Varianz der Themen.
- Die Themenwechsel im Zeitablauf nahmen zu, wodurch sich der Zeitraum verkürzte, in dem ein Thema die öffentliche Agenda dominierte.

McCombs und Zhu reflektierten ihre Ergebnisse kritisch und gelangten zu der Schlussfolgerung: „The public agenda has been transformed from an era where one or two overriding issues dominated to the current stage where many voices compete for attention. This issue competition, in the absence of significant expansion of carrying capacity, leads to a faster rate of issue turnover on the public agenda." (McCombs/Zhu 1995, S. 517) Die Autoren beenden ihren Beitrag mit dem Hinweis, dass Fragen der ‚issue volatility' angesichts einer zu erwartenden TV-Kanalkapazität von über 500 die Agenda Setting-Forschung vor neue methodische Probleme stellen werde (vgl. ebd., S. 518). Jedenfalls dürfte es schwierig werden, den Agenda-Setting-Effekt nur auf der kognitiven Ebene zu verankern.

Priming und Framing

Mit der Unterscheidung von ‚First Level' (klassisches Agenda-Setting-Modell) und ‚Second Level' Agenda Setting hat sich daher vor allem in der englischsprachigen Literatur (siehe hierzu Rill/Davis 2008; Neuman et al. 2014; Kim et al. 2016) eine andere Herangehensweise durchgesetzt. Während sich ‚First Level' Agenda Setting auf die Objekte und Inhalte bezieht und die Frage nach dem Einfluss der Themengewichtung und -salienz aufwirft, fokussiert ‚Second Level' Agenda Setting den Einfluss konkreter Attribute und Eigenschaften der Objekte oder Personen. Interessant ist hier vor allem die Art und Weise, wie diese präsentiert werden (vgl. Wu/Coleman 2009; Shah 2009). Neben der Vielfaltsproblematik bleibt die ebenfalls von McCombs angedeutete Mehrstufigkeit und die von Brosius (1994) bezeichnete Kettenwirkung erklärungsbedürftig. Weaver hat Letzteres am Beispiel der politischen Kommunikation wie folgt erläutert: „For voters with a high need for orientation about politics, mass media do more than merely reinforce. In fact, mass media may teach these voters the issues and topics to use in evaluating certain candidates and parties." (Weaver 1977, S. 117)

Der Begriff ‚Priming' nimmt auf diese Feststellung Bezug und illustriert, dass etwas an die erste Stelle gerückt wird und dadurch eine besondere Wichtigkeit erfährt. Es handelt sich mithin um eine unbewusste Aktivierung von Denkstrukturen. Über diese Voraktivierung werden entsprechende Schemata leichter zugänglich. Wird bestimmten Ereignissen bzw. Themen eine hohe Medienpriorität zuteil, resultiert daraus in der Summe für die Bevölkerung ein Bewertungsraster mit unterschiedlichen Schwerpunkten. Iyengar und Kinder (1987) haben diesen Effekt experimentell überprüft. Der Grundgedanke nimmt Bezug auf kognitionspsychologische Erkenntnisse, wonach zur Beurteilung von Sachverhalten oder Personen nicht alle verfügbaren Informationen herangezogen werden, sondern vor allem solche, die gerade verfügbar sind. Diese Verfügbarkeit kann durch die Berichterstattung der Medien beeinflusst werden. Dominieren dort beispielsweise wirtschaftspolitische Themen, werden Bewertungen von Politikern in stärkerem Maße unter Berücksichtigung dieser Informationsangebote erfolgen. Diese Annahme impliziert, dass die Medien zugleich die Bewertungsmaßstäbe bzw. die Grundlagen von Bewertungen verändern können, indem sie von sich aus die Themenschwerpunkte variieren. Diese theoretischen Voraussetzungen bilden die Grundlage für empirische Untersuchungen, in denen systematische Manipulationen der Bewertungsgrundlagen vorgenommen werden.

‚Framing' hingegen meint die Einbettung der Berichterstattung in einen bestimmten Interpretationsrahmen, also die Darstellung in Abhängigkeit von einer Bezugsgröße. Entman et al. (2009) beispielsweise verstehen Frames als Sinnhorizonte, die einen Interpretationsrahmen für das Publikum bieten. Frames dienen der Strukturierung von Informationen und beeinflussen so deren Interpretation. Iyengar und Simon illustrierten, dass eine an Episoden orientierte Berichterstattung die öffentliche Unterstützung für eine militärische Lösung eines Konfliktes erhöhte. Die Berichterstattung war gekennzeichnet durch die Erläuterung der Vorbereitung, Durchführung und Umsetzung militärischer Operationen in einer Krisenregion.[9] Nach Iyengar und Simon wurden den Zuschauern wenige Informationen über den Hintergrund des Konfliktes und Möglichkeiten einer diplomatischen Lösung präsentiert. Für sie steht außer Frage, dass das Fernsehen einen wesentlichen Einfluss auf die öffentliche Meinung nimmt: „As Walter Lippmann noted nearly seventy years ago, we tend to know little about ‚what is happening, why it happened and what ought to happen'. But in modern times we do have ‚pictures in our heads', courtesy of ABC, CBS, CNN, and NBC." (Iyengar/Simon 1997, S. 256) Iyengar (1991) unterscheidet in diesem Zusammenhang episodisches und thematisches Framing. Während die episodische Variante auf das Fallbeispiel, den Einzelfall, das Ereignis setzt, dominiert im Falle der zweiten Variante die Einordnung eines oder mehrerer Ereignisse in größere, daher in der Regel auch abstraktere Zusammenhänge. Daraus resultieren unterschiedliche Verantwortungszuschreibungen für ein Problem und dessen Lösung: hier der einzelne Akteur oder eine bestimmte Institution, dort die Gesellschaft (vgl. ausführlich zu der Beurteilung von Framing-Effekten den Beitrag von Scheufele (2004), zur Genese des Paradigmas Wicks (2005), das Schwerpunktheft des Journal of Communication (2007) sowie den Beitrag von Schemer (2013)).

Diese Formen der Aufmerksamkeitslenkung enden nicht auf der individuellen bzw. intrapersonalen Ebene. In einem anderen Zusammenhang ist der folgende Satz formuliert worden: „Interaktive Kommunikation und ‚Massenkommunikation' beziehen sich aufeinander und partizipieren aneinander: Man spricht über das Fernsehen, und das Fernsehen spricht, worüber man spricht." (Schmidt 1994, S. 65) Diese Feststellung impliziert keine Gleichgewichtigkeit der beteiligten Kommunikationspartner. Gleichwohl werden die Medien nicht dauerhaft in der Lage sein, die Alltagskommunikation der Menschen durch Themen zu dominieren, die mit der Realität des Lebens kaum oder wenig zu tun haben. In diesem Kommunikationszyklus bleibt die Wahrscheinlichkeit groß, dass Medienthemen auch Eingang in die Alltagskommunikation finden.

---

9   Bewusstes ‚Framing' lässt sich auch am Beispiel des dritten Golfkrieges im Frühjahr 2003 aufzeigen. So wurden z. B. die Interventionsarmeen von der US-Administration durchgehend als ‚coalition forces' und die irakischen Fejadhin-Kämpfer als ‚death squads' bezeichnet. Diese Begriffe wurden dann in der Medienberichterstattung häufig übernommen (siehe hierzu Szukala 2003).

Medienthemen und Alltagsthemen

Wenngleich der amerikanische Soziologe Richard Sennett in Bezug auf das Fernsehen von einem elektronisch befestigten Schweigen gesprochen hat (vgl. Sennett 1983, S. 319), weiß eine darauf bezogene Forschung mittlerweile von zahlreichen Formen der ‚inneren Rede' zu berichten (siehe zu diesem Begriff Charlton/Klemm 1998, S. 713 ff.). Obwohl viele Medieninformationen in einer kommunikationsarmen Situation wahrgenommen werden, ergeben sich in anderen Zusammenhängen vielfältige Möglichkeiten, sich auf die Medieninformationen zu beziehen – sei es im Gespräch mit Freunden, Verwandten, Arbeitskollegen oder im Rahmen zufälliger Begegnungen in der Kassenschlange. Die Agenda Setting-Funktion der Massenmedien kann sich hier im Erkennen von Gemeinsamkeiten, aber auch in der Wahrnehmung von Differenzen widerspiegeln.

Die mittlerweile zahlreichen Studien zu diesem Feld der Nachwirkungen medial verbreiteter Inhalte verweisen auf die Inhalte von Tischgesprächen, auf die Bedeutung persönlicher Betroffenheit oder auf die Korrekturfunktion interpersonaler Kommunikation gegenüber ausschließlich medienvermittelter Themenkenntnis. Unter bestimmten Bedingungen kann es auch der interpersonalen Kommunikation gelingen, einen Einfluss auf Thematisierungsprozesse zu nehmen. Dieser Einflussmöglichkeit trägt der Begriff des ‚Agenda Melding' Rechnung, mit dem Shaw et al. (1999) die Mitwirkung von Medien- und interpersonaler Kommunikation an der Wahrnehmung öffentlich relevanter Themen verdeutlichen wollten. Hierbei geht es um die Frage, wie sich die Agenda eines Individuums bei Anschluss an eine größere Gruppe verändert und mit der allgemeinen, geteilten Agenda verschmilzt. Der Gruppenanschluss erfolgt mithin gerade durch diese Übernahme der Gruppenagenda, auch wenn die Individuen durchaus unterschiedliche Hintergründe aufweisen (vgl. Ragas/Roberts 2009). Yang und Stone untersuchten daher im Rahmen einer Telefonbefragung, ob diejenigen, die in ihrem Informationsverhalten vorwiegend an den Massenmedien orientiert sind, eine andere Agenda aufweisen als jene, die ihre Informationen zu öffentlich relevanten Themen eher aus Gesprächen mit anderen erhalten. Die wichtigsten Fragestellungen in diesem Zusammenhang lauteten:

> „Some people rely on the mass media such as television, radio, magazines and newspapers for their news and public affairs information. Others rely more on friends and family members. Which do you rely on most for news and public affairs information: mass media or friends or family?" sowie: „About what percentage of your news and public affairs information do you get from: friends and family; the mass media?" (Yang/Stone 2003, S. 62)

Im Hinblick auf die Public Agenda wurden zwischen der „interpersonal group" und der „media-reliant group" keine signifikanten Unterschiede festgestellt. Die Schlussfolgerung der Autoren lässt sich mit den mehrstufigen Wirkungsmodellen, die McCombs, Brosius und Weaver (siehe oben) bereits vorgeschlagen haben, in Einklang bringen. „This study suggests that two-step flow about news and public affairs is a powerful influence in setting public agendas: […]." (ebd. 2003, S. 71) Überraschend ist im vorliegenden Fall, dass die Agenden sich kaum unterscheiden. Angesichts einer Stichprobengröße von n = 408 sollte man aber vorerst von einer möglichen Wirkungskonstellation ausgehen.

Idealtypisch lassen sich nach diesen Ausführungen das Zusammenwirken von Massen- und interpersonaler Kommunikation im Kontext der Agenda Setting-Tradition wie folgt veranschaulichen.

Abb. 4.1 Agenda Setting: Massen- und interpersonale Kommunikation

Agenda Setting vorwiegend durch …			
		Interpersonale Kommunikation	
		Ja	Nein
Massen-kommunikation	Ja	„Doppelte Dosis" vs. „competing message"	Medienagenda beeinflusst Public Agenda
	Nein	Interpersonale Kommunikation beeinflusst Public Agenda	Keine Wahrnehmung öffentlicher Kommunikation

Quelle: Eigene Erstellung

Die Agenda Setting-Forschung lenkt den Fokus nicht nur auf Aufmerksamkeitsprozesse, sie sensibilisiert auf ihre Art auch für Mediatisierungsprozesse, Vorgänge also, in denen sich die Dominanz bestimmter Erfahrungswelten zur Geltung bringen. In Erweiterung eines Modells von Whetmore (1991) schlägt Weimann (2000, S. 11) eine Unterscheidung von drei Ebenen vor: die Realität, die konstruierte mediatisierte Realität und die wahrgenommene mediatisierte Realität. Die Art und Weise, wie wir unsere Umwelt wahrnehmen, ergibt sich somit aus einem Mixtum mehrerer Selektionsschritte, wobei Weimann mit Mills von einer Zunahme von ‚second hand'-Welten ausgeht:

„The first rule for understanding the human condition is that men live in second-hand worlds. They are aware of much more than they have personally experienced, and their own experience is always indirect. […] Their images of the world, and of themselves, are given to them by crowds of witnesses they have never met and never shall meet." (Mills 1967, S. 405 f.)

Das Modell lässt sich wie folgt darstellen:

Abb. 4.2 Drei Realitäten – Das ‚Double Cone'-Modell von Weimann

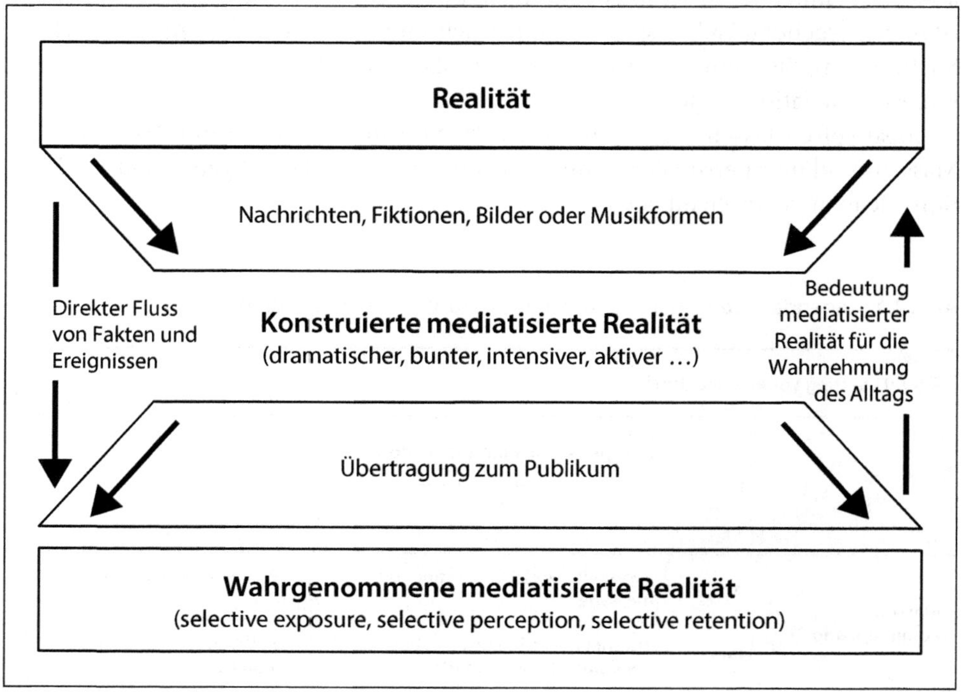

```
                                    Realität

         ↓          Nachrichten, Fiktionen, Bilder oder Musikformen         ↖ ↑

Direkter Fluss                                                         Bedeutung
von Fakten und       Konstruierte mediatisierte Realität              mediatisierter
Ereignissen         (dramatischer, bunter, intensiver, aktiver …)     Realität für die
                                                                      Wahrnehmung
                                                                      des Alltags
         ↓                   Übertragung zum Publikum                       ↘

                         Wahrgenommene mediatisierte Realität
                (selective exposure, selective perception, selective retention)
```

Quelle: Eigene Erstellung nach Weimann 2000, S. 11

In allen Konzeptionen von ‚Realität' geht es um die Beurteilung eines Kräfteverhältnisses und letztlich immer auch um eine Einschätzung der Publikumsaktivität. Auch für diesen Bereich der Medienwirkungsforschung gilt, dass jede Generalisierung eine de facto vorhandene soziale Differenzierung vernachlässigt, die mit unterschiedlichen Kompetenzen einhergeht. So findet sich bei de Beer eine äußerst umfangreiche Liste mit potenziellen Einflussfaktoren (vgl. de Beer 2004, S. 189 f.). Sehr eindeutig vorgetragene Auffassungen erfreuen sich gleichwohl einer größeren Popularität und müssen durchaus nicht ohne Berechtigung sein. Eine differenziertere Betrachtung ihrer Annahmen und vorgelegten empirischen Belege aber führt oft zu einer Ernüchterung bezüglich der zunächst vermittelten, klaren Ursache-Wirkungs-Beziehung.

Mit „trending topics", „Twitter Monitor" und „google analytics" treten seit einigen Jahren weitere Neuentwicklungen auf der Indikatorebene in Erscheinung, die ebenfalls Auswirkung auf Medien- und Alltagsthemen haben. Wenn in diesem Zusammenhang von „keywords found in messages" gesprochen wird, dient dies als potentielle Quelle für Agenda Setting-Effekte, aber auch für die Rekonstruktion von Themenkarrieren. „Who sets the agenda in the digital age?", lautete eine zentrale

Fragstellung in dem Beitrag von Neuman et al. (2014). Eine erste Antwort der Autoren folgt sogleich zu Beginn ihres Beitrags: „To posit the power of the public agenda has swung from media elites and establishment institutions to the citizenry would be naive." (ebd., S. 194) Diese Naivität kann viele Ursachen haben: Zunächst bedeutet die Zunahme von öffentlicher Kommunikation nicht, dass sich die Aufmerksamkeit gleichmäßiger auf diese vielen Stimmen verteilt. Seit der Deregulierung des Rundfunkwesens ist die Debatte über Vielfalt ein wiederkehrendes Thema; seit Onlinemedien zunehmende Verbreitung finden, wird die Zahl von Blogs registriert, ebenso die Zahl täglich neu hinzukommender Posts. Nutzerzahlen im Millionenbereich auf sozialen Medien führen unweigerlich zu der Frage, ob die dort kommunizierten Inhalte Aufschluss über Themen geben, die die Teilnehmer beschäftigen. Gleiches gilt für die Häufigkeit von Begriffen, die in Suchmaschinen eingegeben werden. Dabei handelt es sich bei diesen Handlungen oftmals um eine Reaktion auf „mainstream media content" (ebd., S. 196). Erstaunlich ist jedoch, dass trotz der Vielzahl an Verbreitungsmedien außerhalb der wachsenden Onlinewelt noch immer ein Mainstream identifizierbar zu sein scheint. Die Analysen von Neuman et al. legen nahe, dass die Vorstellung einer Kausalität im Sinne von Nachrichten, die aufeinanderfolgen, ersetzt werden sollte durch parallel verlaufende Reaktionszeiten des Journalismus und der Nutzerinnen und Nutzer, die, sofern sie zu Weiterleitungen oder Kommentierungen im Netz tendieren, eine ganz bestimmte Dynamik auslösen, die für diese Netzwerke kennzeichnend ist.

Interessante Beobachtungen diesbezüglich haben Leskovic et al. (2009) hervorgebracht. Danach unterscheidet sich die ,Lebenszeit' von Themen in klassischen Medienangeboten und Blogs signifikant. Wenn neue Meldungen in der ,Blogosphäre' auftauchen, werden sie dort über einen längeren Zeitraum erneut aufgegriffen und diskutiert, während sie von der Agenda einer Tageszeitung oder Nachrichtensendung bereits durch neue Nachrichten verdrängt werden. Die Nachrichtenberichterstattung nimmt in den klassischen Medien zwar einerseits schneller zu und erreicht dort letztlich einen größeren Umfang als in den Blogs, nimmt jedoch ebenso schnell wieder ab. Dagegen ist für Blogs ein langsamer Anstieg und ein noch langsamerer Rückgang typisch (vgl. ebd., S. 7 f.). Die Nachrichten werden, bildlich gesprochen, also an die Blogs übergeben. Hier werden sie dann weiter und länger diskutiert bzw. verarbeitet, während die herkömmlichen Verbreitungsmedien sich bereits wieder anderen Ereignissen zuwenden. Die Anschlusskommunikation durch interpersonale Kommunikation findet also nicht mehr nur face-to-face, sondern auch blog-to-blog statt (vgl. zu weiteren Details Leskovec et al. 2009). Dieses Ergebnis deckt sich durchaus mit den Beobachtungen von Neuman et al. (2014), denn auch hier leben Themen in Blogs länger, während der Wechsel in Tageszeitungen und Nachrichtensendungen durch eine Art Diktum der Diskontinuität eher ein gewisses Element der Überraschung und damit den Wechsel erfordert.

Medien beobachten einander gegenseitig. Ausstrahlungseffekte treten dabei in unterschiedlicher Form auf. Wenn es einem Meinungsführermedium gelingt, ein

Thema zu besetzen, können „Nachahmungstäter" beobachtet werden. Das Thema wird durchgereicht („carrying the issue over into other types of media"), bis auch in den Redaktionen und bei den Empfängern die Frage „Gibt es denn nichts anderes mehr auf dieser Welt?" die Oberhand gewinnt. Eine andere Variante dieser selektiven Aufmerksamkeit ist, dass ein Ereignis die Suche nach ähnlichen Ereignissen verstärkt. Durch die Vielstimmigkeit ist die Einordnung der Qualität bestimmter Ereignisse generell schwieriger geworden. Insbesondere solche, die die Weltaufmerksamkeit auf sich ziehen und die Allgemeinheit erschüttern, lösen gewaltige Frage- und Kommentarwellen sowie Beobachtungen von Amateuren aus, die innerhalb der „established institutions", das heißt unter anderen den klassischen Qualitätsmedien, eingeordnet werden (müssen). Das Beobachten von Beobachtern gehört hier schon immer, aber nun zunehmend zu den Aufgaben. Die entscheidende Frage lautet, wie sich das Nebeneinander der alten und neuen Strukturen auf die Themensetzung und Themenkarrieren auswirkt. Für Neuman et al. ist die Frage „Who sets the media agenda?" in diesem Konkurrenzumfeld falsch gestellt. Von einer „mechanical linkage" sollte man nicht sprechen. Die traditionellen und die sozialen Medien operieren offenbar nach ihren eigenen Regeln und nehmen nach nicht vorhersagbaren Mustern aufeinander Bezug (vgl. Neuman et al. 2014, S. 211). Im Original heißt es: „The relationship between political discussion in traditional commercial media and social media [.] is better characterized as an interaction and differentiated resonance as each in its own way responds to the events of the day rather than a mechanical causal linkage." (ebd., S. 211)

Kultivierungsprozesse

Im Folgenden wird eine weitere Theorietradition beschrieben, die sich mit dem Verhältnis von Medienwirklichkeit und sozialer Wirklichkeit bzw. Publikumsrealität beschäftigt und als mögliche Sozialisationsinstanz insbesondere das Medium Fernsehen in den Mittelpunkt der Betrachtung stellt. Die Kultivierungsthese geht auf den amerikanischen Kommunikationswissenschaftler George Gerbner zurück und postuliert, dass insbesondere Vielseher durch das Fernsehprogramm kultiviert werden und die soziale Wirklichkeit so wahrnehmen, wie diese im TV vermittelt wird. Im Jahr 1967 erhielten Gerbner und sein Forschungsteam den Auftrag, die Gewaltdarstellungen im amerikanischen Fernsehen zu untersuchen. Während sich die Forschungsgruppe zunächst vorwiegend mit diesem Teil der Medienwirklichkeit beschäftigte, erweiterte sich das beobachtete Themenspektrum insofern, als auch die Reaktionen des Publikums systematisch integriert wurden. Das Fernsehen stellt, so ein Ergebnis der Studie, ein verzerrtes Bild der Realität dar, so dass beispielsweise TV-Programminhalte mit Gewaltdarstellungen überrepräsentiert sind. In der Folge lässt sich der Effekt beobachten, dass Vielseher und Wenigseher signifikant unterschiedliche Annahmen über das tatsächliche Ausmaß der Gewalt in der realen Welt treffen. Die nachfolgenden Ausführungen konzentrieren sich auf die Darstellung der sogenannten ‚Message System Analysis'[10] zur Untersuchung der Kultivierungsthese.

Bis zum Jahr 1980 wurde in regelmäßigen Abständen ein Gewaltprofil (‚Violence Profile') des amerikanischen Fernsehprogramms erstellt. Ursprünglich begann dieses auch als ‚Cultural Indicators Project' bezeichnete Vorgehen mit einem Auftrag der ‚National Commission on the Causes and Prevention of Violence'. Es sollte analysiert werden, welche Bilder der Wirklichkeit das amerikanische Fernsehen seinen Zuschauern präsentiert. Die weitere Forschung wurde durch zahlreiche amerikanische Institutionen unterstützt und resultierte in einem umfangreichen Datenbestand, der Informationen über Programme und darin präsentierte Charaktere bereithält. Hinsichtlich der Auswahlmethode ist beispielsweise zu lesen: „The Violence Index is based on the analysis of week-long samples of prime-time and weekend-daytime network dramatic programming broadcast from 1967 through 1979." (Gerbner 1980, S. 11) Das praktizierte Auswahlverfahren ist nach Auffassung von Burdach als „mehr oder weniger willkürlich" (1987, S. 349) zu bezeichnen. Diesen methodischen Einwänden wird in der Regel mit Hinweisen auf die allgemeine Zielsetzung dieser Forschung begegnet. Für Gerbner ist das Fernsehen das zentrale Medium der modernen Kultur und entfaltet aufgrund seiner Omnipräsenz einen kumulativen Effekt auf die Wahrnehmung der Welt. Wenn es, so seine These, einen gemeinsamen Faktor gibt, der die Sozialisation der Menschen begleitet, dann ist es das Fernsehen.

Da das Fernsehen als eine die amerikanische Kultur dominierende Instanz bezeichnet wurde, lag es nahe, das Themenspektrum nicht auf den Bereich der Gewaltdarstellungen zu begrenzen. Seit Mitte der 1970er Jahre wurden vermehrt auch bestimmte Altersstereotype, Darstellungen bestimmter Berufsgruppen, des Familienlebens usw. analysiert. Kultivierung, so wurde immer wieder behauptet, sei mehr als bloße Verstärkung bestimmter Prädispositionen (vgl. Gerbner 1994, S. 24). Es sei vielmehr die Folge einer Entwicklung, die am ehesten als ein „gravitational process" (ebd., S. 24) verstanden werden müsse. Alle Mitglieder einer Gesellschaft werden von dieser Entwicklung erfasst, gleichwohl in unterschiedlichem Ausmaß. Hier endlich wird eine Differenzierung erkennbar, die jedoch durch eine einfache Umsetzung realisiert wird. Zur zentralen Variable, die eine Kultivierung von Meinungen und Einstellungen der Bevölkerung bestätigen sollte, wurde das Ausmaß der Fernsehnutzung. Wenn Menschen die Fernsehangebote regelmäßig und überdurchschnittlich lang nutzen, dann ist nach allem bislang Gesagten eine Internalisierung dieser Wirklichkeitsvorstellungen sehr wahrscheinlich. Aus diesem Grund hat die Gruppe der Vielseher eine besondere Aufmerksamkeit erfahren. Gerade dort muss sich das Fernsehen als „the central and most pervasive mass medium in American culture" (Gerbner 1980, S. 14) erweisen. Dieser Zielsetzung folgend, wurde eine Reihe von Kultivierungs-In-

---

10 Im Zuge der Message-System-Analysis werden zunächst die Dekodierungsanweisungen des Fernsehens herausgearbeitet und anschließend mit Realitätsdaten verglichen. Ziel ist es, Unterschiede zwischen der vom TV vermittelten und der tatsächlichen Realität zu identifizieren.

dikatoren entwickelt, die in Bevölkerungsumfragen eingesetzt wurden. Die jeweils erhaltenen Antworten wurden nach dem Ausmaß der Fernsehnutzung differenziert, wobei sich die Interpretation letztlich auf eine Prozentpunktdifferenz konzentrierte, die die Bezeichnung ‚Kultivierungsdifferential' erhielt. Diese Differenz resultierte aus der Subtraktion der Anteilswerte von Viel- und Wenigsehern. Die insbesondere von Hirsch vorgetragene Kritik (vgl. Hirsch 1980 und 1981), nach der ein exakter Nachweis eines Kultivierungseffekts die Berücksichtigung der Nichtseher erforderlich mache, wurde mit dem Hinweis zurückgewiesen, dass es nur sehr wenige Nichtseher gebe und diese in demografischer Hinsicht auch eine sehr uneinheitliche Gruppe darstellen würden (vgl. Gerbner 1994, S. 22; für Deutschland die Arbeit von Sicking 1998). Grundsätzlich lässt sich eine Vielzahl von Indikatoren heranziehen, um einen Kultivierungseffekt nachzuweisen. Einige häufig verwendete Fragestellungen diesbezüglich lauten:

- Sind Sie der Auffassung, dass man den Menschen vertrauen kann?
- Wie hoch ist der Anteil der Menschen, die in Amerika für die Einhaltung von Recht und Ordnung sorgen?
- Wie hoch schätzen Sie die Gefahr ein, selbst Opfer eines Gewaltverbrechens zu werden?
- Haben Sie zum Schutz gegen Verbrechen neue Schlösser an Fenster und Türen anbringen lassen?

Hinzu kam eine Ergänzung um Einstellungen zu politischen und sozialen Themen, wobei diese inhaltliche Ausdehnung der Perspektive nur noch gelegentlich durch entsprechende Inhaltsanalysen begleitet wurde. Insofern arbeitete man hinsichtlich der ‚Fernsehantwort' mit einer Unterstellung bzw. Gleichsetzung: Die Äußerungen der Vielseher entsprechen einer Reaktion auf die „potential lessons of the television world" (Gerbner 1994, S. 22).

Wenngleich sich die von Gerbner und seinem Forschungsteam an der ‚Annenberg School of Communication' vertretene Sichtweise des Fernsehens großer Popularität erfreut, ist doch ein deutliches Missverhältnis zwischen den dem Medium zugeschriebenen Einflüssen und den präsentierten empirischen Ergebnissen zu konstatieren. Die skizzierte Fragestellung bleibt dennoch interessant und aktuell (vgl. insbesondere das Schwerpunktheft des European Journal of Communication Research, Heft 3/2004, van den Bulck 2004, Signorielli 2005, Rossmann 2013), weil ein Prozess, der mittlerweile häufig mit dem Begriff ‚Mediatisierung' beschrieben wird, zunimmt (vgl. Krotz 2001, siehe hierzu auch Kepplinger 2008) – die Verschmelzung von Medienwirklichkeiten und sozialen Wirklichkeiten. Die Aktualität der Kultivierungsanalyse lässt sich beispielhaft an weiteren Studien belegen:

- Der ‚CSI-Effekt' – das zunehmende Verlangen nach forensischen Beweisen durch Geschworene seit Beginn der Fernsehserie „CSI: Den Tätern auf der Spur" – ist

ein Indiz für eine genrespezifische Kultivierung. Und auch die Vorliebe für bestimmte Berufe kann durch die Präferenz bestimmter Programminhalte verstärkt oder sogar durch spezifische Angebote hervorgerufen werden. Osterland konnte bereits 1970 feststellen, dass in 12,6 % aller Kinofilme (n = 2281) der Jahre 1949 bis 1964 der Beruf zum Hauptthema, in 9,5 % zum Nebenthema gemacht wurde (vgl. 1970, S. 78). Bereits Andrew Abbott beschäftigte sich mit der Wahrnehmung des beruflichen Status. Vor allem für Fachkräfte zeigte sich, dass die Wahrnehmung in der öffentlichen Sphäre eine andere ist als in der fachlichen. Unter Kollegen spielen objektive Indikatoren eine wesentlich größere Rolle. Das Fernsehen dagegen stelle die Berufe so dar, „wie Amerika sie sehen möchte" (Abbott 1981, S. 829; Übers. d. Verf.) und bringe auf diese Weise den Kindern den Status der Berufe bei. In einer im Jahr 2005 vorgelegten Analyse stellte Krüger fest: „Ähnlich wie für andere Lebensbereiche trägt das Fernsehen durch Auswahl und Gestaltung der gezeigten Berufe im Rahmen von Informations- und Unterhaltungsangeboten dazu bei, dass bestimmte Vorstellungsbilder von der Berufswelt entstehen und sich verbreiten können." (Krüger 2005, S. 21) So taucht das Berufsfeld „Ordnung und Sicherheit" im Fernsehen mit einem Anteil von 17,3 % auf, nach den Ergebnissen des Mikrozensus 2001 arbeiten in diesem Berufsfeld 3,7 % der Beschäftigten; im Berufsfeld „Technik und Naturwissenschaften" arbeiten 7,9 % der Beschäftigten, in der Fernsehwelt sind es 0,8 % (vgl. ebd. 2005, S. 133). Dennoch darf aus solchen empirischen Konstellationen kein Automatismus abgeleitet werden. Ein Nachfragemangel in bestimmten Berufen lässt sich nicht allein durch gezielte Imagepflege in einem unterhaltenden Rahmen beseitigen. Zwischen Gefallen an und Entscheidung für einen Beruf operieren weitere Institutionen und Auswahlinstanzen.
- Ein weiteres Beispiel stammt aus einer Studie zum TV-Phänomen „Scripted Reality"[11]. Die Forschergruppe um Schenk et al. (2015) ging unter anderem der Frage nach dem Einfluss von Scripted Reality-Formaten auf junge Zuschauer (n = 650) im Alter zwischen 10 und 20 Jahren nach. Insbesondere im Rahmen episodischer Formate zeigte sich, dass es bei jungen Vielsehern, die den Inszenierungscharakter (die Produktion basiert auf den Darstellungen von Laienschauspielern und entspricht daher nicht real abgefilmten Situationen) nicht erkannten, zu einer Kultivierung kommen kann – wenn auch auf niedrigem Niveau. Gründe für diese schwachen Effekte können laut Forschergruppe in der ausschnitthaften Betrachtung eines Genres sowie in der Nichtberücksichtigung weiterer Größen (z. B. Medienkompetenz, Wissens- und Persönlichkeitsaspekte etc.) und einer fehlenden Längsschnittbetrachtung liegen (vgl. Niemann/Gölz 2015, S. 257).

---

11 Die Produktionen können dem Bereich Reality-TV zugeordnet werden „[...] und bilden eine Mischform aus Fiktion und nicht fiktionaler Dokumentation." (Schenk et al. 2015, S. 21) Weiterhin führen die Autoren der Studie aus: „Das Genre macht es aufgrund der Alltagsnähe der Geschichten sowie der eingesetzten Stilmittel und Techniken den jungen Zuschauern teils schwer, die Medienrealität von der Realität zu unterscheiden. Es besteht die Gefahr, dass die jungen Rezipienten in ihrer subjektiven Realitätskonstruktion durch die jeweilige Mediendarstellung beeinflusst werden." (ebd.)

Bezüglich der Kultivierungsforschung lenkt Rossmann (2013) den Blick auf die neuen Herausforderungen und stellt das Fernsehen als „centralized system of storytelling" sowie „primary common source of socialization and everyday information" im Sinne Gerbners (1986, S. 18) in Frage:

> „Angesichts der Veränderungen in Medienangebot und -nutzung wird sich die zentrale unabhängige Variable, die Fernsehnutzung, nicht mehr ohne weiteres erfassen lassen. Fernsehangebote werden zunehmend zeitversetzt genutzt, Fernsehserien unabhängig vom aktuellen Programmschema auf DVD oder über YouTube gesehen, Nachrichten werden von Internetportalen oder iTunes gestreamt. Das Fernsehgerät verliert als Übertragungsmedium für audio-visuelle Inhalte an Bedeutung und wird von Computer und mobilen Endgeräten abgelöst. Dies stellt nicht nur die gegenwärtige Operationalisierung der Fernsehnutzung in Frage, da die bloße Abfrage der Fernseh- oder Genrenutzungsdauer nicht mehr ausreicht, sondern auch die Erfassung seiner Metabotschaften." (Rossmann 2013, S. 219)

Die Antwort auf die Frage „Welche Inhalte?" fällt also nach Lage der Dinge nicht leicht, weil der Blick auf das Ganze letztlich nicht geleistet werden kann.

Inhaltsanalyse als Auswahlverfahren

Inhaltsanalysen, ob quantitativ und/oder qualitativ, sollten auf nachvollziehbaren Auswahlen beruhen und damit klare Vorstellungen über den Wirkungsgrad der Aussagen vermitteln. Beispielsweise analysierten Neidhardt et al. (2004) im Zeitraum zwischen 1994 und 1998 Kommentare in verschiedenen Tageszeitungen. Untersuchungsgegenstand bildeten Ausgaben der Frankfurter Allgemeinen Zeitung, der Frankfurter Rundschau, der Süddeutschen Zeitung, der tageszeitung (taz) und Die Welt. Man ging von der Annahme aus, dass sich die zur Politik veröffentlichte Medienmeinung am eindeutigsten in den Kommentaren ausdrückt und dass die Position der Medien in den Akteursfeldern der Politik hierüber am zuverlässigsten bestimmt werden kann (Page 1996). An dieser Stelle können nicht alle Einzelanalysen angemessen gewürdigt werden. Interessant ist aber die Schlussfolgerung, die hinsichtlich der Kommentare gezogen wurde:

> „Die öffentliche Meinungsbildung, zu der die Medien unter anderem durch Themenbildungen und Positionsbestimmungen beitragen, welche in Pressekommentaren wahrnehmbar sind, vollzieht sich in liberalen Demokratien unter Bedingungen relativer Offenheit für Akteure unterschiedlichster Interessen und Überzeugungen, und sie steht nicht unter Entscheidungszwang." (Neidhardt et al. 2004, S. 33)

Auch das wäre dann durchaus auch eine Wirkung der Inhalte, allerdings ohne direkten und unmittelbaren Effekt.

Die Vielfalt der Angebote lässt sich des Weiteren an der deutlichen Ausweitung von Hörfunkangeboten und der schnellen Verbreitung des Internets veranschaulichen. Merten et al. stellten beispielsweise die Veränderungen im dualen Hörfunksystem (Merten et al. 1995) in den Mittelpunkt ihrer Studie und fragten, ob die Installation des dualen Rundfunksystems tatsächlich zu der erwünschten Informationsvielfalt geführt hat. Hierzu wurden im Zeitraum von August bis Oktober 1994 bzw. Januar bis Februar 1995 vergleichende Inhaltsanalysen zweier öffentlich-rechtlicher und insgesamt sechs privater Hörfunkprogramme in Norddeutschland durchgeführt. Die Programmstruktur der zwei öffentlich-rechtlichen Sender unterschied sich danach nur geringfügig von dem privaten Hörfunkangebot in Norddeutschland. Insbesondere im Hinblick auf Wort- und Musikanteil, aber auch in Bezug auf den Anteil redaktioneller Beiträge wichen öffentlich-rechtliche und private Hörfunksender nicht voneinander ab. Die Autoren kamen 1995 zu dem Schluss, dass diese Ergebnisse auf eine Fehlentwicklung des dualen Systems hinweisen. Thematisch ähnlich angelegte Untersuchungen hat es immer wieder gegeben und sie haben in der Regel medienpolitische und methodische Debatten ausgelöst. Erstere konzentrierten sich auf die Notwendigkeit des regulierenden Eingriffs in Medienentwicklungen, letztere auf die Angemessenheit von Auswahlverfahren, Kategoriensystemen und Schlussfolgerungen (Merten et al. 1995, S. 19 ff., 75 f.). Dabei wurde auch problematisiert, ob damit dem raschen Wechsel von Themen auf der inhaltlichen Ebene selbst gerecht werden konnte.

Nicht nur die Inhalte selbst sind selektive Beschreibungen der Wirklichkeit, auch die wissenschaftliche Analyse muss selektiv vorgehen und begründen, welche Beschreibungen sie aus anderen Beschreibungen ableitet. Ob Themenkarrieren, Stereotype, Verhaltensweisen, Personen oder Ereignisse im Vordergrund stehen: Es handelt sich nicht um wirklich ruhende „Gegenstände". Die regelmäßige Präsenz dieser Angebote hat dafür gesorgt, dass Märkte für Themen und Moden entstanden sind, die sich auf subtile Weise mit dem Alltag verbünden und so zu einem Teil des öffentlichen Lebens werden. Diese gegenseitige Durchdringung von Angeboten und Wirklichkeiten ist ein wesentlicher Grund für die Karriere des Begriffs ‚Mediengesellschaft'.

Leseempfehlungen

Bulkow, Kristin/Schweiger, Wolfgang (2013): Agenda Setting – zwischen gesellschaftlichem Phänomen und individuellem Prozess. In: Schweiger, Wolfgang/Fahr, Andreas (Hg.): Handbuch Medienwirkungsforschung. Wiesbaden, S. 171–190.

McCombs, Maxwell E./Shaw, Donald L. (1972): The Agenda-Setting Function of Mass Media. In: The Public Opinion Quarterly 36, S. 176–187.

Weimann, Gabriel (2000): Communicating Unreality. Modern Media and the Reconstruction of Reality. Thousand Oaks.

In welchem Kanal? Besonderheiten der Trägermedien

Kanäle und Medien

In diesem Kapitel sollen Theorien im Vordergrund stehen, welche nicht primär die Inhalte der Medien in den Fokus stellen, auch nicht ihre Sender und Empfänger, sondern die ihr ganzes Augenmerk auf den Kanal legen, über den die Botschaft übermittelt wird. Mehr noch: Mediumtheoretiker wie Marshall McLuhan oder Joshua Meyrowitz vertreten vielmehr die These, dass die Botschaft selber von ihrem Übertragungskanal mitbestimmt und geprägt wird. Wenn vom Kanal bzw. „channel" die Rede ist, weckt das vielleicht Assoziationen an kommunizierende Röhren, die, miteinander verbunden, Botschaften (auch im Sinne von Zustandsänderungen) unmittelbar von einem Ort zum anderen übertragen. Bewegung und Ortswechsel gelten nun aber keineswegs für alle medialen Kanäle, die hier zu behandeln sind. Höhlenmalereien beispielsweise bleiben ortsgebunden, die Gesetze des Hammurabi (1792–1750 v. Chr.) wurden unter anderem auf einer Stele festgehalten. Brieftauben transportieren zwar eine Botschaft, sind aber nicht das eigentliche Trägermedium, das bleibt der Brief. Die reitenden Postboten wiederum hatten Botschaften im Gepäck, konnten aber auch selbst als Träger mündlicher Informationen dienen. Im Falle der Rohrpost tritt die Unschärfe noch deutlicher zutage: Die Rohrpost nutzt im technischen Sinne einen Kanal, in dem eine Nachricht in einem Container (Rohrpostbüchse) durch Einsatz von Druckluft an einen Empfänger weitergeleitet wird. Die Nachricht selbst kann wiederum auf einem Trägermedium sein, das ein weiteres Medium benötigt, um sichtbar zu machen, was denn eigentlich vermittelt werden sollte usw. So komplex diese Gemengelage im Einzelfall auch sein mag: Medien dienen dem Transport von Symbolen, eine eindeutige Vermittlung der jeweiligen Bedeutung (also des gemeinten Sinns) ist damit aber alles andere als gewährleistet.

Man unterscheidet hinsichtlich dieser engeren Zweck-Mittel-Relation

- primäre Medien, deren Wahrnehmung die Anwesenheit von Sender und Empfänger voraussetzen. Abgesehen von menschlichen (und daher körpergebundenen) Wahrnehmungsfähigkeiten (z. B. Sehen, Hören, Riechen) und dem Medium Luft ist keine zusätzliche Technik erforderlich. Hierunter fällt beispielsweise das Gespräch inklusive Mimik oder Gestik während eines Gesprächs unter Freunden, aber auch die Rollenverteilung eines Theaterstücks
- sekundäre Medien, die Technik auf Seiten des Senders, aber nicht auf Seiten des Empfängers erfordern, z. B. Schriftzeichen, Rauchzeichen, Gemälde, bis hin zu Zeitungen oder Flugblättern
- tertiäre Medien, die auf beiden Seiten Technik erforderlich machen, z. B. das Fernsehstudio und den Fernsehapparat oder das Telefon (Jäckel 2007, S. 547 f.)
- quartäre Medien – eine Sonderform tertiärer Medien, bei denen zwischen dem Senden und Empfangen noch eine technisch bedingte Verarbeitung des Gesendeten stattfindet – hierunter fällt digitale Kommunikation, aber auch Programme und Algorithmen (vgl. Fröhlich 2018, S. 140 ff.).

Eine Vielzahl von Menschen zu erreichen ist demzufolge sowohl mit sekundären als auch mit tertiären und quartären Medien möglich, während die primärmediale face-to-face-Kommunikation ohne Mikrofon und Verstärker schnell an ihre Grenzen gerät. Erst Sekundär-, Tertiär- und Quartärmedien geben der Massenkommunikation ihre Form.

Obwohl die Möglichkeit, eine Vielzahl von Menschen innerhalb eines relativ kurzen Zeitraums mit Informationen zu versorgen, seit dem Aufkommen der ersten Tageszeitungen fasziniert, begann die systematische Auseinandersetzung mit der ‚Massenkommunikation' erst in den 1930er Jahren. Diese verspätete Diskussion begünstigte eine aus heutiger Sicht unrealistische und vor allem einseitige Interpretation dieses Begriffs: Dass die Entstehung der sogenannten Massengesellschaft und die Verbreitung der Massenmedien parallel verliefen, beförderte eine sehr negative Auslegung dieses Phänomens.

Eine Zerlegung des Begriffs ‚Massenkommunikation' in seine Bestandteile, nämlich Masse und Kommunikation, kann verdeutlichen, welche inhaltlichen Probleme diese Verknüpfung mit sich bringt. Denn häufig haben Begriffe selbst im wissenschaftlichen Sprachgebrauch keine rein neutrale Funktion, sondern rufen immer auch zusätzliche Assoziationen hervor. Diese zwei Bedeutungsebenen werden mit der Unterscheidung Denotation und Konnotation angesprochen. Im Falle der ‚Masse' sind die negativen Konnotationen besonders dominant – sie erscheint als ein Aggregat, in dem jegliche Individualität verloren geht. Dieser Beigeschmack resultierte aus einer überwiegend pessimistischen Einschätzung der Folgen von Urbanisierung und Industrialisierung. Die Massengesellschaft wurde als Konsequenz der Auflösung traditioneller Sozialformen betrachtet. An die Stelle von Überschaubarkeit tritt in der Massengesellschaft Unüberschaubarkeit, an die Stelle von Gemeinschaft die Zunahme von Isolation, die vormalige Verschmelzung von Wohn- und Arbeitsplatz wird durch eine Zunahme der Arbeitsteilung seltener. Die damit einhergehenden Bindungsverluste münden in ein wachsendes Gefühl von Entwurzelung und Entfremdung. Die neuen Anforderungen an die Lebensführung werden als Überforderung erlebt und bedingen eine Zunahme von Desorientierung. All dies schwingt mit, sobald von *Massen*kommunikation die Rede ist – ob diese Konnotation nun im Einzelfall beabsichtigt ist oder nicht.

Massenkommunikation

Die Versuche, den Begriff ‚Massenkommunikation' etwas differenzierter und neutraler zu fassen, befreien ihn ein stückweit von diesen negativen Konnotationen. Einer der Ersten, der in dieser Hinsicht einen Systematisierungsversuch unternommen hat, war Herbert Blumer (1946, S. 178 ff.). Er unterschied zwischen der Masse, der Menge, der Gruppe und der Öffentlichkeit (‚mass', ‚crowd', ‚small group' und ‚public'). Blumer definiert ‚Masse' als eine in modernen Gesellschaften neue soziale Erscheinung (‚social formation'). Seine Definitionsvorschläge lassen sich wie folgt zusammenfassen:

- Gruppe: Face-to-Face-Beziehungen liegen vor und die Mitglieder kennen sich untereinander. Es besteht eine Form von Wir-Gefühl sowie gemeinsame Interessen und Ziele. Die Beziehungen sind stabil und dauerhaft und es kommt zur Ausbildung von Strukturen (Führer, Gefolgschaft).
- Menge: Die Menge versammelt sich an einem bestimmten Ort und überschreitet die Größe einer Gruppe deutlich. Sie kennt keine Mitgliedschaft und konstituiert sich spontan. Das Handeln in der Menge wird häufig von Affekten und Emotionen geleitet und weist irrationale Züge auf. Damit werden der Menge jene Charakteristika zugeschrieben, die man nach dem bislang Gesagten eher der Masse attestieren würde.
- Öffentlichkeit: Öffentlichkeit bezeichnet eine eher politische Kategorie. Sie formiert sich anlässlich eines gemeinsamen Ziels, zum Beispiel der Arbeit an politischen Reformen. Öffentlichkeit ist nicht ortsgebunden, aber von einer gewissen Dauerhaftigkeit, die sich aus der Themenfixierung ergibt.
- Masse: Der Begriff ‚Masse' wird hier im Sinne von ‚mass audience' verwandt. Es wird ein Publikum beschrieben, dessen Konstituierung ebenfalls nicht an das Kriterium der Anwesenheit gebunden wird. Dieses Publikum kann im geografischen Sinne weit verstreut sein. Es finden keine Interaktionen statt und die Mitglieder kennen sich auch nicht. Daraus resultiert eine heterogene Struktur, die als Ergebnis der Offenheit der sekundär-, tertiär-, oder quartärmedialen Kommunikationsform verstanden werden kann.

Der Begriff ‚mass audience' bzw. ‚Masse' soll somit aus Blumers Perspektive veranschaulichen, dass sich eine Vielzahl von Menschen in einem überschaubaren Zeitraum durch ähnliche Verhaltensweisen auszeichnet. Diese eher technische Definition lässt die Frage nach den Wirkungen zunächst außen vor, womit ein deutlicher Kontrast zu dem ursprünglichen Verständnis des Begriffs ‚Masse' gesetzt wird. Die kulturkritisch-emotionale Konnotation entfällt, ohne diese unbedingt durch eine Verharmlosung zu ersetzen.

Dies gilt auch für den Definitionsversuch von Gerhard Maletzke (1922–2010), der im Jahr 1963 eine umfassende Studie zum Begriff ‚Massenkommunikation' vorgelegt hat. Um eine unpräzise Vermengung von Massenkommunikation mit anderen Massenphänomenen zu vermeiden, schlägt Maletzke den Begriff des ‚dispersen Publikums' vor. Zu den Medien der Massenkommunikation zählen bei Maletzke: Film, Funk, Fernsehen, Presse, Schallplatte. Das disperse Publikum konstituiert sich von Fall zu Fall jeweils neu. Je nach Angebot wendet sich eine unterschiedliche Anzahl von Menschen den jeweiligen Medienangeboten zu. Je nach Situation und thematischer Spezialisierung können die Aussagen der Massenkommunikation unterschiedliche Publika erreichen. Das Publikum des sonntäglichen *Tatorts* zerfällt sofort nach dessen Ende wieder in seine Bestandteile, die sich in neuen Konstellationen anderen Produkten oder Formaten zuwenden. Man könnte sich die „Medienwelt" Maletzkes also etwa wie folgt vorstellen: Die einen bleiben auf dem Sender, die anderen schalten aus, wechseln auf einen anderen Kanal oder legen eine Schallplatte auf. Entscheidend ist darüber hinaus, dass zwischen den Mitgliedern des dispersen Publikums keine direkte Kommunikation erfolgt, zumindest nicht während der Mediennutzung: Jeder schaut den *Tatort* zunächst einmal isoliert – oder höchstens in der Kleingruppe – von einem anderen Ort aus. Der Kommunikationsprozess zwischen dem Sender und den Empfängern ist rückkopplungsarm. Daraus resultiert für Maletzke die folgende Definition:

> „Unter Massenkommunikation verstehen wir jene Form der Kommunikation, bei der Aussagen öffentlich (also ohne begrenzte und personell definierte Empfängerschaft) durch technische Verbreitungsmittel (Medien) indirekt (also bei räumlicher oder zeitlicher oder raumzeitlicher Distanz zwischen den Kommunikationspartnern) und einseitig (also ohne Rollenwechsel zwischen Aussagendem und Aufnehmendem) an ein disperses Publikum […] vermittelt werden." (Maletzke 1963, S. 32)

Obwohl Kommunikation nicht nur in Primärmedien wie face-to-face-Situationen vorliegt, hat das weitgehende Fehlen von Rückkopplungsmöglichkeiten zwischen den Empfängern der Massenkommunikation und dem jeweiligen Sender häufig zu Hinweisen geführt, dass der Begriff der Kommunikation hier unangenemessen sei (vgl. insb. Merten 1977). Um den Begriff der Massen*kommunikation* dennoch zu retten, schlägt Merten vor, an die Stelle der reflexiven Wahrnehmung die „Reflexivität des Wissens" (Merten 1977, S. 147) zu setzen. Diese Reflexivität resultiert aus der Erwartung, dass das Kommunikationsverhalten der Rezipienten gleich oder zumindest ähnlich sein *würde*, wenn man ihre Reaktion denn wahrnehmen *könnte*. So spricht der Radiomoderator trotz aller Isolation dennoch immer so, als würde er ein Gespräch führen. So wird zugleich das Aufeinanderbezogensein von Massenkommunikation und interpersonaler Kommunikation integriert. Ebenso wird daraus ersichtlich, dass mögliche Wirkungen zunächst Erreichbarkeit voraussetzen. Angesichts der Erweiterung und Ausdifferenzierung des Medienangebots hat Schmidt vorgeschlagen, zwischen unspezifischer und spezifischer Massenkommunikation zu unterscheiden. Damit soll dem unterschiedlichen Zielgruppencharakter von Medienangeboten Rechnung getragen werden (vgl. Schmidt 1994, S. 88).

Interaktion und Kommunikation

Interaktion und Kommunikation sind soziologische Grundbegriffe, die unterschiedliche Sachverhalte beschreiben. Interaktion meint im soziologischen Sinne die Wechselbeziehung zwischen Handelnden. Nimmt man beispielsweise eine dyadische Interaktion als Bezugsrahmen, so beschreibt der Begriff den Prozess aufeinander bezogenen Handelns zweier Akteure. Kommunikation hingegen beschreibt die Mittel, derer man sich im Rahmen von Interaktionen bedient. Wenn von Interaktion gesprochen wird, bedeutet dies somit immer auch Kommunikation. Wenn dagegen von Kommunikation gesprochen wird, muss nicht auch Interaktion stattfinden. Wenn beispielsweise Person A Person B einen Brief schreibt, findet zeitversetzte Kommunikation ohne Anwesenheit statt. Einen Brief als „schriftliche[n] Besuch" (Steinhausen 1898/1968, S. 258) zu bezeichnen, ist in diesem Zusammenhang aufschlussreich. Und auch wenn Moderator A Rezipient B eine Nachricht vorliest, werden Informationen vermittelt, ohne dass Interaktion stattfindet. Dass auch im letzteren Fall dennoch der Begriff der Kommunikation gebraucht wird, ist ein Grund für den eingangs erwähnten Vorwurf der unglücklichen Wortschöpfung. Wenn aber zunächst das Kriterium der Anwesenheit der Interaktionspartner als Grundvoraussetzung definiert wird, dann gilt der folgende Sachverhalt: „Interaktion und Kommunikation fallen dann zusammen, wenn die Interaktionspartner anwesend sind, also zugleich auch Kommunikationspartner füreinander sein können." (Merten 1977, S. 65) Auch Watzlawick et al. stellen fest: „Ein wechselseitiger Ablauf von Mitteilungen zwischen zwei oder mehreren Personen wird als Interaktion bezeichnet." (1969, S. 50 f.)

Folgt man diesen Feststellungen, dann wird der Begriff der Interaktion an das Vorliegen von Face-to-Face-Beziehungen geknüpft. Um ihn aber dennoch auch auf Kommunikationsformen anwenden zu können, bei denen Technik zwischengeschaltet ist, wurde bereits in den 1950er Jahren der Begriff der parasozialen Interaktion geprägt. Horton und Wohl (1956) haben mit diesem Terminus ursprünglich die Identifikation des Zuschauers mit einer auf dem Bildschirm sichtbaren Figur beschreiben wollen – das Gefühl, den Moderator, der einen jeden Abend „persönlich" begrüßt, irgendwie zu kennen, mit ihm zu interagieren. Im Zuge der Ausweitung audiovisueller Medienangebote ist dieses Konzept, auch bekannt als ‚Intimität auf Distanz', aber zu einem konstitutiven Moment von Medienkommunikation deklariert worden (vgl. Mikos 2001, S. 125). Diese Vorgänge suggerieren dem Zuschauer eine Begegnung von Angesicht zu Angesicht, bleiben aber letztlich intrapersonal.

Kornelia Hahn vertritt wiederum die These, dass eine dichotome Unterscheidung zwischen face-to-face und Medienkommunikation grundsätzlich weder halt- noch fruchtbar ist. Damit wird auch die Gegenüberstellung von ‚realer' Interaktion und durch Medientechnologien unterstützte Kommunikation hinfällig. Nach ihrem Verständnis sind Medienkulturen solche, deren sämtliche Kommunikations- und eben auch Interaktionsprozesse „durch die Erfahrung von neuer Medienkommunikation beeinflusst sind" (Hahn 2009, S. 14). Für fortgeschrittene Medienkulturen ist eine ‚hybride' Kommunikationssituation charakteristisch, also eine Situation abseits der Dichotomie von face-to-face und nach klassischem Verständnis davon abgeleiteter, in irgendeiner Weise ‚minderwertigerer' Medienkommunikation. Prägend ist eher eine Koexistenz der verschiedenen Formen. Die Alltäglichkeit der Medienkommunikation beeinflusst heutzutage sämtliche Kommunikationssituationen. Die Überbrückung räumlicher Distanzen durch Medien ist nämlich nur eine ihrer Funktionen, und keineswegs die primäre. Auch bei Anwesenheit der Akteure können Medientechnologien unterstützend eingesetzt werden – beispielsweise im Rahmen einer Powerpoint-Präsentation –, und weiterhin finden sie allgemein nicht bloß dann Verwendung, wenn eine direkte Interaktion nicht möglich ist. Sinn kann dank des Doppelaspektes in einer ‚entfernten' Kommunikation sowohl ‚näher gebracht' und so vergegenwärtigt werden oder für eine analytisch orientierte Betrachtung distanziert vergegenwärtigt werden. Eine entscheidende Funktion der Medienkommunikation ist gerade die repräsentative Vergegenwärtigung von abwesendem Sinn. Dass mediale Kommunikation von der Face-to-Face-Kommunikation abgeleitet ist, oder ihr gegenüber defizitär erscheinen müsse, wird aus dieser Perspektive also bestritten.

Das Medium ist die Botschaft

„The Medium is the Message" – diese viel zitierte Aussage des kanadischen Kommunikationswissenschaftlers Marshall McLuhan meint, dass das jeweils verwandte Kommunikationsmittel ein zentrales, vielleicht das zentrale Element der Kommunikation ist, und damit Inhalt sowie Wirkung der Botschaft entscheidend mitprägt. Es kann also niemals das gleiche Erlebnis sein, einen Film im Kino oder im Fernsehen zu sehen; ein Buch und seine Verfilmung können nicht dieselbe Botschaft enthalten; und eine Mitteilung handgeschrieben auf feinem Briefpapier entfaltet nicht die gleiche Wirkung wie derselbe Inhalt als Whatsapp-Nachricht. Diese Entschiedenheit provoziert selbstverständlich Kritik. Lässt man aber diese provokatorischen Absichten beiseite, dann soll mit dem Satz ‚Das Medium ist die Botschaft' insbesondere Folgendes ausgedrückt werden: „[...] daß die persönlichen und sozialen Auswirkungen jedes Mediums – das heißt jeder ‚Ausweitung unserer eigenen Person' – sich aus dem neuen Maßstab ergeben, der durch jede Ausweitung unserer eigenen Person oder durch jede neue Technik eingeführt wird." (McLuhan 1968b, S. 13).

Aber was bedeutet in diesem Zusammenhang die Formulierung „Ausweitung unserer eigenen Person"? Jede neue Technologie erweitert den menschlichen Körper und seine Sinne – die Kamera beispielsweise das Auge, das Telefon den Mund und das Radio das Ohr (vgl. Macrone 1996, S. 242). Wahrnehmung ist das Resultat des Zusammenspiels dieser Sinne und jede neue (Medien-)Technik erzeugt somit neue Wahrnehmungsmuster. Wenn diese Medien zu Bestandteilen des Alltags werden, verändert diese Technik nicht nur das Wahrnehmungsspektrum, sondern auch die Art und Weise, wie wir uns in unterschiedlichsten Situationen verhalten. Eine sehr anschauliche Beschreibung dieses Grundanliegens der Medium-Theorien findet sich im Roman ‚The Book of Illusions' von Paul Auster.

Mit oder ohne Ton?

„I liked them [the movies] in the way that everyone else did – as diversions, as animated wallpaper, as fluff. No matter how beautiful or hypnotic the images sometimes were, they never satisfied me as powerfully as words did. Too much was given, I felt, not enough was left to the viewer's imagination, and the paradox was that the closer movies came to simulating reality, the worse they failed at representing the world – which is in us as much as it is around us. That was why I had always instinctively preferred black-and-white pictures to color pictures, silent films to talkies. Cinema was a visual language, a way of telling stories by projecting images onto a two-dimensional screen. The addition of sound and color had created the illusion of a third dimension, but at the same time it had robbed the images of their purity. They no longer had to do all the work, and instead of turning film into the perfect hybrid medium, the best of all possible worlds, sound and color had weakened the language they were supposed to enhance." (Auster 2002, S. 14)

Die angedeutete Wechselwirkung von Medium – in diesem Beispiel sogar die Frage, ob ein Film schwarz-weiß oder in Farbe gedreht ist – und Wahrnehmung führt bei McLuhan in eine historische Systematisierung und Periodisierung der Menschheitsgeschichte. In seinem Modell unterscheidet er drei wichtige Perioden der Medientechnologien, die jeweils mit verschiedenen Zuständen des Bewusstseins und verschiedenen Formen der sozialen Organisation einhergehen:

- Die Phase der mündlichen Überlieferung: In dieser als ‚oral' bezeichneten Gesellschaft dominiert eine geschlossene Wahrnehmung der Umwelt. Informationsaufnahme ist in der Regel das Resultat unmittelbarer Kenntnisnahme, die sich auf-

grund der eingeschränkten geografischen Mobilität durch eine hohe Homogenität auszeichnet. Die Mitglieder dieser Gesellschaften sind in starkem Maße voneinander abhängig; Individualität kann sich kaum entfalten, Auge und Ohr sind die wichtigsten Sinnesorgane. Erinnerung ist (fast) ausschließlich auf das Gedächtnis und seine mündliche Weitergabe angewiesen, Speichermedien fehlen weitgehend.
- Die Phase des Schreibens und Druckens: Mit der Erfindung der Schrift und der Entwicklung von Drucktechniken entstehen nicht nur neue Formen der raumübergreifenden Mitteilung, sondern auch neue Formen des Denkens: das systematische Nachdenken, die Introspektion, die Abstraktion. Mit der Erfindung der Drucktechnik werden neue Möglichkeiten der Speicherung von Informationen bereitgestellt, zugleich wird das körpergebundene Gedächtnis zusätzlich unterstützt und entlastet. Indem Erfahrungen dokumentiert werden, werden zudem die Voraussetzungen für einen rationaleren Umgang mit der Welt geschaffen und der Grundstein für die Entfaltung des Individualismus gelegt.
- Die Phase der Elektronik: Die Elektronik führt zur konsequentesten Erweiterung unserer Sinnesorgane. Für das elektronische Zeitalter gilt, dass sich in einem globalen Kontext eine neue Unmittelbarkeit ergibt. Medien übernehmen die Funktion elektronischer Sensoren und verstärken das Gefühl der Gleichzeitigkeit. Die Metapher des ‚globalen Dorfes' beschreibt eine Verdichtung von Raum und Zeit, mit der Konsequenz, dass sich alles für alle zur gleichen Zeit ereignet (vgl. McLuhan 1968a, S. 40 f. sowie 51 ff.).

Wie man sieht, beschreibt diese Einteilung der Geschichte die Auswirkung von Kommunikationstechnologien auf die Formen der menschlichen Kommunikation, ohne konkret auf die spezifischen Inhalte der Kommunikation einzugehen – diese ergeben sich erst im Nachgang und sind zumindest teilweise als Effekt dieser Technologien zu verstehen. Auch die meisten neueren Untersuchungen zu dem Thema beschäftigen sich mit Übergängen von einem dominierenden Medium zu einem anderen. Beispiele wären hier die zunehmende Bedeutung von Netzwerken oder der Einfluss mobiler elektronischer Medien auf die Strukturierung unseres Alltags und die soziale Integration. Um die Effekte der Medien erklären zu können, wird auch hier der Fokus oft nicht auf den Inhalt gelegt, sondern stattdessen auf die Charakteristika, Potenziale und Einschränkungen des Mediums selbst – also diejenigen physikalischen, sozialen und physikalischen Besonderheiten, durch die sich ein Medium auszeichnet und durch die es sich von anderen unterscheidet (vgl. Meyrowitz 2009, S. 518 ff.). Meyrowitz hat diesen Grundgedanken wie folgt veranschaulicht:

„[...] wenn wir uns in der öffentlichen wie der wissenschaftlichen Aufmerksamkeit vor allem auf den Inhalt von Kommunikationen konzentrieren, gleicht das dem hypothetischen Versuch, die Bedeutung des Automobils zu verstehen, indem man ignoriert, daß es ein neues Transportmittel gibt, und sich statt dessen auf eine detaillierte Untersuchung der Namen und Gesichter von Passagieren konzentriert." (Meyrowitz 1990, S. 56)

Im weiteren Sinne ist das die Vorstellung, die Medium-Theorien miteinander verbindet.

Während die Phase des Schreibens und Druckens das lineare Denken und damit auch eine lineare Welt hervorgebracht haben, die sich entlang der Kategorien Ursache und Wirkung strukturiert hat, führt das im elektronischen Zeitalter dominierende Medium Fernsehen zu einem Verlust dieser Weltsicht. Diese Feststellung hat etwas mit McLuhans Unterscheidung von ‚heißen' und ‚kühlen' Medien zu tun. Das Grundprinzip, das diese Unterscheidung möglich macht, wird wie folgt beschrieben:

> „Ein ‚heißes' Medium ist eines, daß nur einen der Sinne allein erweitert, und zwar bis etwas ‚detailreich' ist. Detailreichtum ist der Zustand, viele Daten oder Einzelheiten aufzuweisen. Eine Fotografie ist optisch ‚detailreich'. Eine Karikatur ist ‚detailarm', und zwar einfach, weil wenig optisches Informationsmaterial zur Verfügung steht. Das Telefon ist ein kühles Medium oder ein detailarmes, weil das Ohr nur eine dürftige Summe von Informationen bekommt. Und die Sprache ist ein kühles, in geringem Maße definiertes Medium, weil so wenig geboten wird und so viel vom Zuhörer ergänzt werden muß." (McLuhan 1968b, S. 29)

‚Kühle' Medien präsentieren somit keine fertigen Produkte, sondern verlangen vom Rezipienten eine Ergänzung der detailarmen Informationen. ‚Heiße' Medien präsentieren detailreiche Informationen und erfordern infolgedessen nur einen geringen Grad an persönlicher Beteiligung. Im Zitat von Paul Auster (2002, S. 14) heißt es hierzu: „too much was given" (s. o.). Daraus folgt: „Jedes heiße Medium läßt weniger persönliche Beteiligung zu als ein kühles, wie ja eine Vorlesung weniger zum Mitmachen anregt als ein Seminar und ein Buch weniger als ein Zwiegespräch." (McLuhan 1968b, S. 30)

Die Informationsstruktur – beispielsweise im direkten Gespräch – ist so dicht, dass der Benutzer vereinnahmt wird. Ein ‚kühles' Medium ist dagegen durch Lücken in seiner Informationsstruktur gekennzeichnet, die Präzision ist geringer, es geht mehr von demjenigen verloren, was der Sender aussagen wollte, und wird der Interpretation des Empfängers überantwortet. Gerade deshalb verlangt es nach Vervollständigung durch das Publikum und begünstigt somit eine andere, aktivere Form der Rezeption. Auch wenn das Medium detailarm ist, kann es dennoch als untrennbare Einheit erscheinen. Im Falle des Fernsehens beispielsweise sind alle Informationen in einem Augenblick präsent und nicht – wie beispielsweise im Falle des Buches – linear angeordnet. Umberto Eco (1932–2016) spricht in diesem Zusammenhang von einer „Art Totalität und Gleichzeitigkeit aller vorhandenen Daten." (Eco 1985, S. 255).

In bewusster Absetzung von einer inhaltsorientierten Medienforschung, die die Bedeutung des Fernsehens für das politische Leben an der Dauer der Fernsehnutzung und den Themen der Debatten ablesen möchte, zitiert McLuhan die Analyse eines britischen Journalisten, der die Auftritte von Nixon und Kennedy im amerikanischen

Fernsehen im Sinne seiner Medium-Theorie interpretierte. Nixon habe danach in einem detailarmen Medium detailreich zu wirken versucht. Während Kennedys zurückhaltendes Auftreten die Wahrnehmung seiner ganzen Persönlichkeit begünstigt habe, glich Nixon „mit seiner raffinierten Weitschweifigkeit mehr dem Eisenbahn-Juristen [...], der Pachtverträge abschließt, die nicht im Interesse der Kleinstadtbürger sind." (McLuhan 1968a, S. 359) In einem ‚heißen Medium', zum Beispiel dem Hörfunk, ist eine solche Form der Präsentation nicht möglich. Dort würden Schweigen und Zurückhaltung als negative Eigenschaften interpretiert. Das ‚kühle' Medium Fernsehen dagegen gewinne an Überzeugungskraft, wenn man die Lücken in der Informationsstruktur nicht durch ein übertriebenes Agieren zu füllen versuche. Insofern sei das Fernsehen auch ein „schüchterne[r] Riese" (McLuhan 1968b, S. 336), in dem sich ‚heiße Eisen' nicht in geeigneter Weise behandeln lassen.

Wer diese Zuordnung einmal probeweise selber vornehmen möchte, stößt schnell auf Schwierigkeiten. Die Unterscheidung heiß/kühl ist schon analytisch nicht leicht nachzuvollziehen und auch in der Anwendung auf Einzelfälle alles andere als klar und eindeutig. Das zeigt sich auch daran, dass ein Medium diese Eigenschaften nicht unabhängig von historischen und kulturellen Kontexten aufweist, sondern ein ehemals ‚heißes' Medium wie die Schrift erkaltet, sobald andere Medien die Bühne betreten, die wesentlich mehr Details erfassen können. Seit der Einführung des Fernsehens wird es immer unwahrscheinlicher, Gedrucktes mit gesamtpersönlicher Beteiligung zu lesen: „Sie [die Kinder] bringen dem Druck alle ihre Sinne entgegen, und der Buchdruck weist sie ab. Der Buchdruck verlangt das losgelöste, nackte Sehvermögen, nicht alle Sinnesorgane gemeinsam." (ebd.) Von diesen Problemen abgesehen soll die Unterscheidung in heiße und kalte Medien aus der Perspektive McLuhans wohl verdeutlichen, dass jedes Medium unabhängig vom Inhalt bestimmte Wahrnehmungsmechanismen in Gang setzt.

Situativer Ansatz

Auf McLuhans Analysen aufbauend, hat Joshua Meyrowitz einen theoretischen Entwurf entwickelt, der als situativer Ansatz bezeichnet wird, weil er eine soziologische Theorie über situationsabhängiges Verhalten mit der Medium-Theorie McLuhans verknüpft: „Die elektronischen Medien haben die Bedeutung von Ort und Zeit für die zwischenmenschliche Interaktion total verändert." (Meyrowitz 1990, S. 10 f.) Meyrowitz will verdeutlichen, wie sich das Vorhandensein elektronischer Medien auf die Antizipation von Verhaltenserwartungen und das tatsächliche Verhalten auswirkt. Im Sinne McLuhans werden elektronische Medien auch von ihm als Erweiterungen unserer Sinnesorgane bezeichnet. Eine entscheidende Folge dieser Erweiterung besteht in der Vermischung vormals getrennter Erfahrungs- und Informationswelten. Vor dem Aufkommen elektronischer Medien sei eine klare Identifikation verschiedener, voneinander getrennter Lebensbereiche möglich gewesen, die sich insbesondere durch eine Ortsgebundenheit der Erfahrung auszeichneten und zur Herausbildung unterschiedlicher sozialer Identitäten und sozialer Rollen beigetragen hatten. So war beispielsweise das Leben im Haushalt von der Arbeitswelt getrennt, der Bereich der Kindheit von den Themen der Erwachsenen oder die Privatsphäre der Politiker und Prominenten von der Öffentlichkeit. Elektronische Medien aber sind nunmehr in der Lage, „viele verschiedene Klassen von Menschen am selben ‚Ort'" (ebd., S. 31) zu versammeln und schaffen damit eine neue „Situations-Geographie" (ebd.). Diese lässt sich an zahlreichen Beispielen veranschaulichen: Meyrowitz illustriert diesen Gedanken an dem Modell eines großen Hauses, in welchem plötzlich alle Wände verschwinden und ehemals getrennte Situationen und Lebensbereiche für alle Anwesenden zugänglich werden. Frauen, die eine ganze Zeit lang von der Arbeitswelt ausgeschlossen waren, können nun zunächst über Medienprodukte Einblick in diese Sphäre erlangen und werden zunehmend motiviert, sich auch dieses Leben anzueignen. Kinder sehen nun im Fernsehen, wie Erwachsene handeln, wenn sie unter sich sind. Und die Öffentlichkeit kann einen Blick hinter die Fassade politischer Inszenierungen werfen. Dadurch werden öffentliche Personen nun vermehrt auch in für diese unvorteilhaften oder ungewohnten Situationen gesehen.

Unter Bezugnahme auf die Arbeiten von Harold Adams Innis (1894–1952) beschreibt Meyrowitz, wie sich die Möglichkeiten der Informationskontrolle oder der Abschottung von Beobachtern in Abhängigkeit von den jeweils vorhandenen Medien gestalten. Dabei spielen die Mobilität sowie die Flexibilität der Medien eine zentrale Rolle: Stein als Informationsträger (z. B. als Träger von Hieroglyphen) war ein eher stationäres Kommunikationsmittel mit geringer räumlicher Beweglichkeit und hat dementsprechend zur Bildung kleiner, stabiler Gesellschaften geführt. Die Erfindung der Druckerpresse führte dagegen langfristig zu einem Aufbrechen des Monopols der Kirche über religiöse Informationen (vgl. Meyrowitz 1990, S. 47 f.). Je mehr der Wahrnehmungsradius von Informationen zunimmt (durch Vervielfältigung, durch Förderung von Lese- und Schreibfähigkeit usw.), desto schwieriger wird es, Kommunikation in Grenzen zu halten. Insofern deuten Veränderungen des Kommunikationsrahmens immer auch sozialen Wandel an. Die Situations-Geografie lässt sich aber auch anhand sehr alltäglicher Ereignisse beschreiben. Wenn ein und derselbe Sachverhalt, der normalerweise verschiedenen Gruppen an verschiedenen Orten erklärt wird, nunmehr den verschiedenen Publika an einem Ort erklärt werden soll, tritt das Problem auf, dass die typischen Ausdrucksformen und Erklärungen, die für eine Kommunikation mit Zielgruppe A geeignet sind, Zielgruppe B in Erstaunen versetzen können. Wenn man Freunden gegenüber die Eindrücke eines gerade gesehenen Films schildert, werden andere Schwerpunkte gesetzt als im Falle einer Diskussion mit Schülern. Wenn Richter in einem juristischen Kontext Feinheiten ihrer Entscheidungen erläutern, werden sie dabei andere Worte wählen, als wenn sie in aller Öffentlichkeit für ein Laienpublikum formulieren. Und wenn Jugendliche mit anderen Jugendlichen über Beziehungsprobleme sprechen, können sie sich anders ausdrücken, als wenn die Eltern mithören oder -lesen, wie es nun in sozialen Netzwerken immer häufiger vorkommen kann. Wenn diese Möglichkeiten der Trennung von Situationen nicht mehr gegeben sind, stehen die jeweiligen Kommunikatoren vor neuen Herausforderungen.

Meyrowitz konzentriert sich auf die Frage, welche Konsequenzen aus einem Verlust dieser Sicherheit resultieren können. Warum die Medium-Theorie und der Situationismus in dieser Hinsicht hilfreiche Theorien sind, begründet er wie folgt: „Die Situationisten sagen etwas darüber aus, wie unsere spezifischen Handlungen und Worte geprägt werden durch unser Wissen darüber, wer Zugang zu ihnen hat, und die Medium-Theoretiker sind der Ansicht, daß neue Medien solche Zugangsmuster verändern." (Meyrowitz 1990, S. 82) Im Einzelnen lassen sich die folgenden Veränderungen beobachten:

- Durch elektronische Medien verändern sich – wie bereits angedeutet – die Zugangsmuster zu Informationen und zu dem Verhalten anderer Menschen. Neue Erfahrungen mischen sich mit alten Erfahrungen.
- Die Vermischung ehemals getrennter Situationen erschwert nicht nur eine angemessene Ansprache des Publikums (Zielgruppenkonflikte), es begünstigt auch die Entstehung eines Verhaltens im ‚mittleren Bereich'. Dies ist zunächst darauf zurückzuführen, dass die Trennungslinie zwischen dem Bereich der Bühne und dem Hintergrund unschärfer wird und infolge dessen „Proberaum verloren geht" (ebd., S. 108). Je mehr sich die Akteure aber an die Beobachtung durch die Augen der elektronischen Medien gewöhnen, desto häufiger treten Situationen ein, in denen die Trennung zwischen dem öffentlichen und nicht-öffentlichen Bereich verschwindet. Man bemüht sich weiterhin um das Verbergen von Informationen, die nicht für das Publikum bestimmt sind. Die Dauerbeobachtung kann jedoch dazu führen, dass sich das Verhalten in diesem ‚mittleren Bereich' gelegentlich mit dem Verhalten auf der Hinterbühne vermischt. Juristen beispielsweise könnten immer häufiger so formulieren, dass sowohl der juristischen Fachsprache als auch den Bedürfnissen der Laien Genüge getan wird – mit dem Ergebnis, dass keine dieser beiden Gruppen ganz zufrieden ist. Jugendliche könnten ihre Unterhaltungen untereinander immer häufiger so führen, als würden potentiell Lehrer und Eltern mitlesen. Dieses Verhalten im mittleren Bereich tritt insbesondere ein, wenn lange Live-Übertragungen stattfinden. Hierzu nennt Meyrowitz ein anschauliches Beispiel: „[...] bekamen die Zuschauer bei einer Fernseh-Sondersendung über Präsident Carter und das Weiße Haus mit, wie Jimmy Carter dem ägyptischen Präsidenten Anwar el Sadat mitteilte, es werde sich um eine lange Konferenz handeln und Sadat möge doch vielleicht zuerst die Toilette aufsuchen." (Meyrowitz 1990, S. 111)
- Daraus folgt: „Je länger und genauer Menschen beobachtet werden, entweder persönlich oder per Kamera und Mikrofon, desto mehr wird ihr Verhalten von seinen Symbolen und ‚zur Schau getragenen' Einstellungen ‚freigelegt'." (ebd.) Zugleich wird diese Bühne zum Ort der Inszenierung privater Lebensverhältnisse für die

Öffentlichkeit. Dazu zählt auch, dass Politiker über ihr Familienleben Auskunft geben – mittlerweile insbesondere über Facebook, Twitter und andere digitale Medien.

Insgesamt versucht die Theorie also auf ihre Weise zu illustrieren, dass die ‚elektronischen Sinnesorgane' in Verbindung mit neuen Übertragungstechniken zu einer Vielzahl von Veränderungen in modernen Gesellschaften geführt haben. Sie beschreibt keine kurzfristigen Wirkungen, sondern langfristige und kumulative Effekte und lässt sich nicht als eine reine Medium-Theorie klassifizieren, weil das Medium mehr als die Botschaft ist. Es stellt Kommunikatoren und Rezipienten vor neue Herausforderungen. Für die einen verändert sich die Struktur der Bühne, für die anderen der Zugang zu Informationsbereichen. In einer weiteren Publikation spricht Meyrowitz – in Anspielung an Meads Vorstellung eines generalisierten Anderen – von einem „generalisierten Anderswo" (Meyrowitz 1998, S. 177) und verortet damit die Rolle der Medien in einem weltgesellschaftlichen Kontext (siehe hierzu auch Stichweh 2000). Die Kommunikationsumwelt erweitert sich, zugleich steigt aber auch das Bedürfnis nach Orientierung.

Die Ausführungen in diesem Kapitel haben gezeigt, dass es neben eher technisch inspirierten Vorstellungen von „Kanälen" auch solche gibt, die eine Botschaft bereits sehen, bevor es um konkrete Inhalte geht. Besser sollte man sagen: Jedes Medium entfaltet für sich eigene Qualitäten. Wer einer elektronischen Nachricht den Brief in handschriftlicher Form vorzieht, will damit dem eigentlichen Inhalt noch ein Element hinzufügen und dem Sender etwas mitteilen – beispielsweise, dass er einem den Mehraufwand wert ist und eine persönliche Note verdient. Und – wie immer es sich im Einzelnen zugetragen haben mag – der Lauf nach der Schlacht von Marathon verdankt seine Berühmtheit auch dem Schicksal des Boten.

Leseempfehlungen

Maletzke, Gerhard (1963): Psychologie der Massenkommunikation. Theorie und Semantik. Hamburg.

McLuhan, Marshall (1968b): Die magischen Kanäle. „Understanding Media". [Aus d. Amerik.]. Düsseldorf, Wien

Meyrowitz, Joshua (2009): Medium Theory: An Alternative to the dominant Paradigm of Media Effects. In: Nabi, Robin L./Oliver, Mary Beth (eds.): The SAGE Handbook of Media Processes and Effects. Thousand Oaks, S. 517–530.

6 Zu Wem? Das Publikum

Publikum

Zu einem Publikum gehört grundsätzlich ein Ereignis, das die Aufmerksamkeit einer kleineren oder größeren Personenzahl auf sich zieht. In einem leeren Theater finden keine Aufführungen statt, eine Zeitung, die von niemandem gelesen wird, verschwindet vom Markt. Die Idee der Marktregulierung tritt in historischer Hinsicht relativ spät auf die „Bühne", weil entweder die Beteiligung an diesen Ereignissen ausgeschlossen wurde (Standesprivilegien) oder schlicht die Voraussetzungen fehlten, weil man beispielsweise des Lesens nicht mächtig war. Integriert wurde das Publikum insofern, als man den Ereignissen, zum Beispiel einer Theateraufführung, bestimmte Wirkungen zuschrieb. Aristoteles (384–322 v. Chr.) versuchte die Wirkung der griechischen Tragödie mit dem Begriff Katharsis zu beschreiben, während des antiken Roms dienten Großereignisse eher der Unterhaltung der Massen, während der Gegenreformation betonte man die Propagandafunktion und im Zeitalter der Aufklärung die moralische Funktion (vgl. Sauter 2005, S. 253).

Eine signifikante Veränderung vollzieht sich insbesondere in der zweiten Hälfte des 18. Jahrhunderts. Der abstrakte Begriff *publicum* (= Gemeinwesen) wird zu einem Begriff, der zunächst nur bestimmte Teile einer Gesellschaft adressiert. Zaret (1996) konnte bereits für das England des 17. Jahrhunderts zeigen, dass das Verbot der Veröffentlichung von Petitionen im englischen Parlament dadurch umgangen wurde, dass man sich zunächst auf ein Publikum berief, das gar nicht anwesend war, und damit versuchte, den Bereich der politischen Öffentlichkeit auszuweiten. Ohne diese anderen Menschen explizit zu benennen, wurde das eigene Anliegen auch im Namen einer Vielzahl anderer Menschen vorgetragen. Ebenso zeigt Wilke für die erste Hälfte des 18. Jahrhunderts, dass sich ein allmählicher Aufbruch der Parlamentsschranken durch politische Berichterstattung beobachten lässt. Das „London Magazine" und das „Gentleman's Magazine" betteten ihre Berichterstattungen in fiktionale Handlungen ein. Dadurch entstanden Sprachrohre, die die öffentliche Meinung artikulieren sollten (vgl. Wilke 2000, S. 24 ff.).

Der Einsatz des literarischen Genres begrenzt sich nicht auf die Artikulation einer öffentlichen Meinung, sondern findet ebenso Nachahmung in den Feldern des „Geschmacks, der Mode und der allgemeinen Sitten" (Hölscher 1978, S. 433). Obwohl das Publikum nicht schreibt, wird es zu einer richtenden Instanz, es erhält durch Herausgeber ein Forum der Artikulation. Besonders deutlich wird dies an der literarischen Zeitschrift „Die vernünftigen Tadlerinnen". Durch dieses Medium „beanspruchte Gottsched 1725 ein *öffentliches* Richteramt über die Tugenden und Laster seiner Leser; denn in dieser Zeitschrift sollte das Publikum gewissermaßen über sich selbst zu Gericht sitzen." (ebd., S. 433) Die Rolle des Publikums wird somit idealisiert, es ist nicht immer tatsächlich vorhanden, sondern wird fiktiv angesprochen. Dass das Publikum richten kann, wird jedenfalls zu einem zentralen Topos (vgl. ebd., S. 435). Habermas stellt hierzu fest: „Das *publicum* entwickelt sich zum Publikum, das *subjectum* entwickelt sich zum Subjekt, der Adressat der Obrigkeit zu deren Kontrahenten." (Habermas 1990, S. 84). In sozialer Hinsicht handelt es sich hierbei um eine spezifische Entwicklung. Sie erfasst nicht alle Teile der Gesellschaft. Auch die Idee des politischen Diskurses, die hier als Idealtypus eingeführt wird, dient eher als Gradmesser für politische Realitäten. Richard Butsch äußert sich zum frühen amerikanischen Theater wie folgt: „The spirit of revolution in the United States created theater as a sphere for political discourse, but one much more robust and raucous than the rational deliberation envisioned by Habermas." (Butsch 2008, S. 24)

Neben das Räsonnement treten mehr oder weniger kultivierte Formen des Austauschs, das politische und unterhaltende Element vermischen sich, und mit dem Aufkommen der Tagespresse werden nicht nur die Ansprüche einer literarischen Elite bedient, sondern der breite Publikumsgeschmack. Unterschiedliche Publikumsinteressen wurden antizipiert: „Newspaper publishers of the 19th century obviously catered to different social strata, and even early audience ratings noted demographic differences among listeners." (Webster 1997, S. 11) Je größer das lesende Publikum wurde, desto differenzierter wurden auch seine Ansprüche.

Aktivität und Passivität

Fest steht, dass die Diskussion um die Verhältnisse von Quantität und Qualität sowie Angebot und Nachfrage mit einer Ausweitung des Medienangebots an Bedeutung gewonnen hat. Während Adolf Grimme in seiner Eigenschaft als Generaldirektor des damaligen Nordwestdeutschen Rundfunks das Ziel der Programmverantwortlichen wie folgt beschreiben konnte: „Wir senden, was die Leute sehen wollen sollen." (zit. nach Hallenberger 1997, S. 9), müsste man im Zuge der wachsenden Bedeutung von Zuschauer- und Programmforschung heute zu dem Ergebnis kommen, dass das „Sollen" gestrichen werden muss. Bezüglich des Fernsehens hatte Bourdieu die Einschaltquoten als ein „göttliches Gericht" (Bourdieu 1998, S. 36) für die Journalisten beschrieben. Die Sorge, dass ein eher durchschnittlicher Geschmack zu einer entscheidenden Messlatte wird, bringt den kulturellen Maßstab hier erneut ins Spiel. Das Publikum artikuliert seine Interessen und Vorlieben, indem es Entscheidungen trifft, die über die Struktur des Gesamtangebots mit entscheiden. Ob diese Entscheidungen im Sinne der Konsumentensouveränität immer wohl durchdacht und gut reflektiert sind, ist den Ergebnissen (Auflagen von Zeitschriften, Marktanteilen von Fernsehsendern, Hörerkreise von Radiosendungen sowie Klickzahlen) nicht zweifelsfrei zu entnehmen. Dennoch ist davon auszugehen, dass diese Indikatoren widerspiegeln, was das Publikum offensichtlich will. Die Indikatoren vermitteln etwas Reelles, von einer fiktiven Bezugnahme ist kaum noch die Rede.

Neben die Frage der Wirkung von Medienangeboten tritt die Möglichkeit an ihrer Mitwirkung. Bereits in den 1930er Jahren formulierte Bertolt Brecht den Wunsch nach einem Rückkanal im Radio für das Publikum. In der Gegenwart schafft das Universalmedium Internet mitsamt seiner Infrastruktur und facettenreichen Nutzungsoptionen in Form von Softwareprogrammen, Plattformen, Diensten und sozialen Medien zusätzliche Schnittstellen zum und zwischen dem Publikum (vgl. Taddicken/ Schmidt 2017, S. 4). Social TV beispielsweise, das parallele Nutzen sozialer Medien (z. B. Twitter oder Facebook) entlang einer Fernsehsendung, erweitert das klassische Rezeptionserlebnis um einen zusätzlichen Kommunikationskanal. Bestandteil dieser kommunikativen Gelegenheiten ist es auch, dass sie im Kontext sozialer Medien losgelöst von Programmverantwortlichen stattfinden können, sichtbar werden und Anschlusskommunikation ermöglichen. Das Publikum schafft sich über das Vehikel der sozialen Medien eigene und mitunter themenspezifisch vernetzte Kommunikationsräume (z. B. auf Twitter durch den Hashtag #tatort). Die Erwartung, dass diese Rolle des Empfängers zugleich ein neues und kollektiv wahrnehmbares Publikum mit sich bringt, wäre aber ebenso idealistisch gedacht, wie es auch zu den Anfangszeiten der hier beschriebenen Entwicklung der Fall war. Nicht jede Reaktion des Publikums ist zugleich auch eine Medienkritik.

Das richtende Publikum, von dem bereits das 18. Jahrhundert sprach, kann sich launische und impulsive Reaktionen leisten. Unter den Bedingungen eines vielzähligen Angebots ist der Kunde auch deshalb König, weil er den Wunsch nach guten

Angeboten in das Feld der Medienkonkurrenz zurückgeben darf. Er kann sich dabei engagieren, kann aber auch in der Perspektive des Betrachters verharren. Denn, so Schulze: „Daß die Karten immer wieder neu gemischt werden, liegt vor allem am Wandel der technischen Basis. Innovationen sorgen immer wieder für Unruhe. Die Technik definiert den operativen Rahmen des Spiels; sie legt für eine begrenzte Zeit Möglichkeiten, Chancen und Risiken der Akteure fest." (Schulze 1995, S. 365)

Als Robert Ezra Park im Jahr 1904 seine deutschsprachige Dissertation an der Universität Heidelberg vorlegte, grenzte er das Publikum explizit von der Masse ab, indem er ihm eine kritische Fähigkeit zuschrieb. In der Masse herrsche der Instinkt, im Publikum komme dagegen die Vernunft zur Geltung, „wodurch das Publikum eine höhere Gesellschaftsform als die Masse zu sein scheint." (Park 1904, S. 107 f.) Die wesentliche Differenz zwischen Masse und Publikum resultiert für Park aus den Bedingungen, an die die Zugehörigkeit zu einer dieser sozialen Gebilde gekoppelt wird: Im Falle der Masse genügt das gemeinsame Fühlen und Mitfühlen, im Falle des Publikums wird zusätzlich das Denken und Mitdenken gefordert. Die dadurch gewonnenen Einsichten können ein Publikum beherrschen und werden von Park als „öffentliche Meinung" bezeichnet (vgl. ebd., S. 106 f.).

Auch Maletzke hat in seiner umfangreichen Systematisierung des Begriffs und in bewusster Abgrenzung der Begriffe Masse, Massenkommunikation und disperses Publikum auf die Besonderheiten dieser sozialen Erscheinungsform hingewiesen (vgl. Maletzke 1963, S. 24 ff.). Im Vordergrund standen die räumliche Dimension und die Differenz zum Präsenzpublikum sowie die Konsequenz für Rollenspezialisierung und arbeitsteilige Differenzierung unter den Empfängern der Aussagen der Massenkommunikation. Im Hinblick auf eine kategoriale Bestimmung des Phänomens sind seine Anfang der 1960er Jahre vorgelegten Systematisierungen bis heute sehr hilfreich. Konstitutiv für ein disperses Publikum sind: Massenkommunikative Aussagen erreichen, weil öffentlich, eine Vielzahl von Menschen, die in der Regel räumlich voneinander getrennt sind oder relativ kleinen, an einem Ort versammelten Gruppen entsprechen. In der Mehrzahl handelt es sich nicht um ein stabiles soziales Gebilde, das sich durch eine Organisation oder eine Rollenspezialisierung auszeichnet. Die Empfangssituation ist in zeitlicher Hinsicht synchronisiert, kann aber auch zu unterschiedlichen Zeiten stattfinden (man denke an die Lektüre der Tageszeitung oder zeitversetztes Fernsehen). Letzteres – und grundsätzlich alle neueren Entwicklungen, die sich nach den 1960er Jahren im Hinblick auf Distribution und Speicherung von Medienangeboten entwickelt haben –, sind in Maletzkes Arbeit nicht berücksichtigt. Dennoch bleibt dieser Vorschlag wichtig, was sich unter anderem auch an dem Versuch ablesen lässt, das Feldschema der Massenkommunikation auf das Zeitalter des Internets auszuweiten. Burkart und Hömberg sprachen explizit vom heuristischen Potential seines Feldschemas (vgl. 2007, S. 265) und skizzierten ein „Modell elektronisch mediatisierter Gemeinschaftskommunikation" (ebd.).

Zur Entwicklung der Massenkommunikation gehört die Auseinandersetzung mit der Entfremdungs-Metapher. Die Massengesellschaft schafft ihre Massenkultur. Massenkommunikative Produkte zielen somit nicht auf soziale Differenzierung, sondern auf kulturelle Standardisierung und den „Durchschnittsgeschmack eines undifferenzierten Publikums" (Wilensky 1985, S. 288), das sich seiner Bedürfnisse nicht mehr bewusst ist. Liest man vor diesem Hintergrund die einleitenden Sätze von Adornos Essay „Kann das Publikum wollen?", wird die eher negative Rahmung des Publikums zur Zeit des Aufkommens von Massenmedien und -kommunikation noch einmal deutlich:

> „Lassen Sie mich mit dem Geständnis beginnen, daß ich den formalen Aspekt der Frage ‚Kann das Publikum wollen?', Fernsehen überhaupt beeinflussen, für einigermaßen gleichgültig halte. Auf die sogenannte Einbahnstruktur der Massenmedien ist immer wieder hingewiesen worden; man weiß auch, dass das Publikum allerhand Möglichkeiten hat, ihr entgegenzuwirken: Briefe zu schreiben, zu telefonieren, wohl auch selber, mehr oder minder symbolisch, an Sendungen aktiv sich zu beteiligen. All das hält sich in engen Grenzen." (Adorno 1986, S. 342).

Adorno weiß also um die Möglichkeiten der Einflussnahme, aber auch um deren Rahmenbedingungen, und sieht verstärkt Querulanten oder ohnehin Medienaffine am Werk. Sehr prägnant formuliert er:

> „Je dichter das Netz der Vergesellschaftung geflochten und womöglich ihnen über den Kopf geworfen ist, desto weniger vermögen ihre Wünsche, Intentionen, Urteile ihm zu entschlüpfen. Gefahr ist, daß das Publikum, wenn man es animiert, seinen Willen kundzutun, womöglich noch mehr das will, was ihm ohnehin aufgezwungen wird." (ebd., S. 343)

Gut 30 Jahre später äußerte sich Luhmann weniger kritisch, aber ebenso eindeutig, indem er die Interaktionen zwischen Sender und Empfängern als Ausnahme beschrieb:

> „Entscheidend ist auf alle Fälle: dass keine Interaktion unter Anwesenden zwischen Sender und Empfängern stattfinden kann. Interaktion wird durch Zwischenschaltung von Technik ausgeschlossen und das hat weitreichende Konsequenzen, die uns den Begriff der Massenmedien definieren. Ausnahmen sind möglich (doch nie: mit allen Teilnehmern), wirken aber als inszeniert und werden in den Senderäumen auch so gehandhabt." (Luhmann 1996, S. 11)

Für Adorno ist es also das gesellschaftliche Sein, dass das Bewusstsein bestimmt; für Luhmann sind es die Grenzen der Partizipation, die nun einmal in den technischen und organisatorischen Möglichkeiten verankert sind und Beteiligung begrenzen.

Bis in die jüngste Vergangenheit dominierte daher eine Vorstellung, die in dem Publikum eher eine soziale Kategorie sah, etwas, das „an sich" ist, nicht aber ein „Publikum für sich". Die Einwände und Widerstände gegen eine Sichtweise, die dem

Publikum im Feldschema der Massenkommunikation mehr als die Rolle des Rezipienten zugestand, sind Ausdruck einer Tradition, die der Senderseite den größeren Einfluss auf die inhaltlichen Angebote und die Verfügbarkeit einräumte. Vor allem zweifelte man am Vorliegen echter Entscheidungen. Versuche, in der Fernsehforschung zwischen „watching television" und „watching programs" zu differenzieren, sollten zumindest verdeutlichen, dass auch die Wahl zwischen Programmen nicht belanglos ist, Publikumsaktivität also ein Kontinuum mit vielen Abstufungen sein kann. Noch 1982 stellte Cantor zu dem Einfluss des Publikums fest: „Also, it is clear that, regardless of one's opinion that the audience is manipulated, helpless, or very powerful, the industrial structures define the audience and in turn the audience has the power to accept or reject the product." (Cantor 1982, S. 332)

Weibull hat vorgeschlagen, zwischen „habits of media use" und „actual media use" zu unterscheiden (1985, S. 144). Damit werden langfristige Gewohnheiten und kurzfristige Entscheidungen differenziert. Ebenso muss die Idee des aktiven Publikums keineswegs auf eine ökonomische Lesart reduziert werden. Wer sich über bestimmte Inhalte ärgert und diesen Unmut artikuliert, signalisiert damit sowohl ein Ungleichgewicht von Kosten und Nutzen als auch ein qualitatives Urteil. Der Vorwurf, dass die Idee des Homo Oeconomicus ein Konstrukt ohne inhaltlichen Bezug sei, baut auf dieser Verengung auf. Im Kontext einer Explosion der Wahlmöglichkeiten ist dabei von einem markanten Gegensatz gesprochen worden: „König Kunde hat zwei Möglichkeiten: Er kann sein Zepter dem Hofnarren übergeben oder seine Rolle annehmen. Dieser Dualismus beschreibt den Markt der Zukunft." (Schulze 1995, S. 372) Das träge Publikum, das die Macht der Gewohnheit walten lässt, mag im Sinne des bereits erwähnten „Gottesgerichts der Einschaltquote" (Bourdieu) mehr Einfluss auf Entscheidungen auf der Senderebene ausüben als der Rezipient, der punktuell vergleicht und wählt und gegebenenfalls mehr als eine Abstimmung am Kiosk, mit der Fernbedienung usw. praktiziert. Dass Passivität also mehr bewirken kann als Aktivität, gehört zu den Eigenheiten einer Zuschauerdemokratie. Wer die Publikumsrolle mit wenig Engagement erfüllt, ist leichter zu haben als jemand, der seine Bedürfnisse stärker artikuliert.

Vielfalt und Entscheidung

Vorstellungen von Publikumsaktivität sind häufig auch an die Differenziertheit von Auswahlentscheidungen aufseiten der Rezipienten gekoppelt worden. „Even though one might wish to explore all the variables before selecting one product from among many, often people ‚satisfice' rather than maximize their information." (Neuman 1991, S. 96) Diese Feststellung aus dem Jahr 1981 soll verdeutlichen, dass Akteure in ihren zweckgerichteten Handlungen die Ökonomie quasi noch einmal walten lassen. Der Entscheidungsaufwand wird gegen die Folgekosten abgewogen, man entscheidet auch nicht ständig neu, sondern orientiert sich an aus subjektiver Sicht bewährten Heuristiken. Meta-Medien wie Fernsehzeitschriften oder Linksammlungen sind daher Hilfsmittel, die ein Gefühl des Zeitgewinns verschaffen. Letzteres ließe sich als eine Daueraufgabe der Informationsgesellschaft beschreiben. So befördert auch die Informationsfülle des Internets den Einsatz einer Vielzahl von Diensten und Programmen, „[…] die automatisch, kontinuierlich und teils in Echtzeit die Informationswelten des Internet erfassen, systematisieren, kategorisieren, katalogisieren und archivieren." (Schmidt 2018, S. 51) Mediennutzung erschöpft sich nicht in Auswahl und Rezeption. Die Zeit, die auf Informationsrecherche verwandt wird, steigt zuungunsten der Zeit an, die mit der Lektüre von Informationen verbracht wird. Das Wissen darüber, wie und wo etwas zu finden ist, wird perfektioniert, das eigentliche Lesen, Hören und Sehen tritt dagegen zurück und verliert an Bedeutung. Bereits Mitte des 19. Jahrhunderts prognostizierte Renan (1890), dass die Menschen in Zukunft nicht mehr lesen, sondern nur noch nachschlagen werden. Jedenfalls beschreibt das folgende Zitat von Hampaté Bas eher das Gegenteil der Informationsgesellschaft, die sich immer mehr unseres Alltags bemächtigt: „[W]enn in Afrika ein alter Mann stirbt, dann ist dies so, als würde eine ‚Bibliothek niederbrennen' […]." (Augé 1994, S. 15). Heute sind solche symbolischen Bibliotheken in Form virtueller Datenbanken mittels Suchmaschinen allgemein zugänglich. Aufgrund der technischen Entwicklungen sind sie außerdem global vernetzt und dramatisch angewachsen. Google etwa benötigt separate Kraftwerke zum Betreiben der unternehmenseigenen Serverparks. Als Folge hat die Mediennutzung erster Ordnung, also das Lesen, Hören und Sehen im klassischen Sinne, zugunsten der Mediennutzung zweiter Ordnung abgenommen. Diese besteht hauptsächlich aus der Organisation der Daten, also Prüfen und Löschen, aus Bewertung und Verlinkung, Browserwartung, Strukturierung und Wartung von Dateisystemen und ähnlichen eher technischen Tätigkeiten. Betrachtet man die Zeit, die auf verschiedene Internetanwendungen entfällt, zeigt sich, dass solche Tätigkeiten nicht nur deutlich vor dem eigentlichen Lesen von Nachrichten liegen, sondern diese Differenz bei den 14–29-Jährigen sogar noch weiter ansteigt (vgl. Breunig/van Eimeren 2015). Man könnte hier im weiteren Sinne auch an Neil Postman erinnern, der das Missverhältnis von ‚Bescheid wissen' und ‚gehört haben' im Gegensatz zu ‚verstehen' bemängelte (Postman 1985, S. 91).

Im Allgemeinen kann eine Übertragung von drei zentralen Wissensbedürfnissen angenommen werden: erstens ein grobes Überblickswissen, das vor allem über das eher offene, ungerichtete ‚Browsing' erlangt wird, zweitens das Bedürfnis nach Orientierungswissen, um sich Meinungen und Urteile bilden zu können, dem stärker durch gerichtetes Suchen nachgegangen wird, und drittens schließlich das Aktionswissen, mit dessen Hilfe gezielt Handlungen durchgeführt werden sollen. Folglich dominieren hier auch das gezielte Suchen und Gewichten von Informationen. Schweiger schlägt daher ein Ablaufmodell für die Betrachtung von Websitebesuchen vor, in dem sich Rezeption und Selektion abwechseln (vgl. Schweiger 2010, S. 196 f.). Ähnlich angelegt ist auch das Clickstream-Modell von Wirth und Brecht, in dem, von einem Selektionsziel ausgehend, eine Orientierung stattfindet, um sich anschließend gezielt durch die Angebote navigieren und die gewünschten Informationen auffinden zu können. Beide Modelle machen deutlich, dass eine Vorselektion, beispielsweise über grobes ‚Textscannen', getroffen wird und erst im Anschluss daran eine wirkliche Aufnahme und Nutzung der Inhalte erfolgt. Da auf diese Selektionsvorgänge mittels entsprechender Überschriften (‚Clickbaiting'), mit Bildern oder der Platzierung eines Links am Anfang einer Linkliste Einfluss genommen werden kann, wird deutlich, dass in den Angeboten selbst immer häufiger Hinweise enthalten sind, die ein Ablenkungspotenzial enthalten. Statt zu Ende zu lesen, was man gerade begonnen hat, springt man zu anderen Seiten. Damit wird jedoch selten auch tatsächlich die gesamte Website wahrgenommen (vgl. ebd., S. 197 ff.). Daher wird zunehmend analysiert, was genau die Mediennutzung als solche beeinflusst und wie geeignete Strategien aussehen könnten, um ein effektives Navigieren durch die ständig anwachsende Informationsmenge unter gleichzeitig möglichst objektiver Berücksichtigung der Alternativen zu ermöglichen.

Daniel Bell beschrieb im Jahr 1973 die Konturen der nach-industriellen Gesellschaft mittels neu entstehender Knappheitsformen, die paradoxerweise aus der Zunahme der Ressource ‚Information' hervorgingen (vgl. Bell 1976, S. 352 ff.). Man kann darin einen Beleg für die Beobachtung sehen, dass Knappheitsbewusstsein Hand in Hand mit Alternativenreichtum geht beziehungsweise sogar dessen Folge darstellt (vgl. Hahn 1987, S. 122). Daher kann auch die Informationsgesellschaft durch die zunehmende ‚Produktion' von Informationen Knappheiten nicht beseitigen, sondern sie sogar verschärfen. Bell sah diese insbesondere in drei Bereichen (vgl. Bell 1976, S. 353 ff.):

- Informationskosten: Ein Mehr an Information erfordert ein Mehr an Selektionsleistungen, will der Nutzer nicht zu einem Opfer von Inflationen werden. In diesem Zusammenhang sah Bell nicht eine schwindende, sondern eine wachsende Bedeutung des Journalismus bzw. der Journalisten, die in unterschiedlichsten Spezialgebieten „mehr und mehr als Vermittler und Übersetzer fungieren" (ebd., S. 354). Mit anderen Worten: In einer funktional differenzierten Gesellschaft sind bestimmte Arbeitsteilungen unerlässlich. Darauf ist in der Diskussion von Leistungsrollen und der Zukunft des Qualitätsjournalismus bereits hingewiesen worden (siehe oben).
- Koordinationskosten: Die Informationsgesellschaft ist durch ein Spiel zwischen Personen gekennzeichnet, weil ein wachsendes Bedürfnis nach Partizipation einen Anstieg von Interaktionen mit sich bringt. Diese wiederum müssen aufeinander abgestimmt werden. Was Bell für den Bereich der Politik konstatierte, dürfte auch für andere Entscheidungsfelder zutreffend sein. Je mehr sich der Kreis der Beteiligten ausweitet, desto schwieriger werden die Aushandlungsprozesse: „So löst das erhöhte Mitspracherecht paradoxerweise meist nur das Gefühl einer größeren Frustration aus." (ebd., S. 355) Für die Zahl der Interaktionen stellte er ebenso deutlich fest: „Entweder man begnügt sich mit oberflächlichen

Beziehungen oder man stößt an eine ‚obere Grenze' des zu bewältigenden Ausmaßes von Interaktionen." (ebd.) Trotz der prinzipiellen Erreichbarkeit und der unendlichen Möglichkeiten, die vernetzte Technologien eröffnen, scheint hier die ‚Small Worlds'-These von Milgram (small worlds = alle Menschen kennen jeden Menschen „um sechs Ecken herum", vgl. Milgram 1967) ebenso Unterstützung zu erfahren.

- Zeitkosten: In der Informationsgesellschaft steigt das Bedürfnis nach produktiver Zeitverwendung. Nicht nur die Anhäufung von Konsumgütern aus dem Dienstleistungsbereich (z. B. Fernseher, Computer) bindet Zeit, auch die Instandhaltung bindet zeitliche und/oder finanzielle Ressourcen. Die Vielfalt der Angebote führt zu einer verstärkten Suche nach zeitsparenden Strategien. Diese Behauptung wurde bereits vor Bell durch Staffan B. Linder (1931–2000) ausführlich erörtert (vgl. Linder 1970). Für beide wird „Zeit zu einem wichtigen Faktor bei der Verteilung der einzelnen Tätigkeiten und der Mensch durch den Grenznutzen zum Sklaven der Zeitmessung." (Bell 1976, S. 360)

Während auf Seiten der Medien Aufmerksamkeitsheuristiken und Flaschenhalsprobleme als eine Art Filter fungieren, ist umgekehrt auch der kognitive Aufwand, den Leser, Hörer, Zuschauer oder Internetnutzer an den Tag legen, ungleich verteilt. Von sich selbst sagen zu können, einigermaßen gut informiert zu sein, war immer auch eine Frage des persönlichen Anspruchs. Der „gut informierte Bürger", von dem eingangs bereits die Rede war, strebt auch in Gebieten nach gut begründeten Meinungen, die ihm nicht unmittelbar von Nutzen sind, während der Experte ein klares Wissen innerhalb eines abgegrenzten Bereichs besitzt und der ‚Mann auf der Straße' sich in vielen Bereichen mit vagen Einsichten beziehungsweise „Rezeptwissen" begnügt. Bei dem ‚Mann im Internet' verwischt diese Trennung zunehmend, die Unterscheidung zwischen Experten- und Rezeptwissen wird erschwert. Zusätzlich führt die Wahrnehmung immer neuer Kanäle und Verbindungen – sei es die gestiegene Frequenz der Nachrichten auf Online-Portalen, seien es die Äußerungen der mittlerweile durchschnittlich 150 Kontakte innerhalb verschiedener sozialer Netzwerke, der unaufhörliche Bewusstseinsstrom des Twitterschwarms – zu ambivalenten Reaktionen. In vielen der zuletzt geführten Debatten rund um Informationsflut und Überforderung durch medialen Dauerkonsum wird die Verfügbarkeit einer zu großen Vielzahl von Informationen im Sinne eines „Paradox of choice" eher als Fluch denn als Segen verstanden. Als prominente Vertreter dieser Position lassen sich unter anderem Frank Schirrmacher (1959–2014) und Nicholas Carr anführen, denen gemein ist, dass sie in den Denk- und Handlungsweisen des Internets Überforderungen unterschiedlicher Art und Ausprägung wahrnehmen. Nach Schirrmacher ändern sich unsere Köpfe zu „Plattformen eines Überlebenskampfes von Informationen" (Schirrmacher 2009, S. 19). Im 19. Jahrhundert, so Nicholas Carr, fand eine Industrialisierung dessen statt, „was menschliche Hände machen können" (Carr/Dedekind 2010, S. 9), im 20. Jahrhundert eine Industrialisierung der menschlichen Fortbewegungsorgane – und nun vollziehe sich eine „Industrialisierung des Gehirns" (ebd.).

Das Gefühl, eine Information zu verpassen, wechselt sich beinahe nahtlos ab mit dem Gefühl, zwischen zu vielen Informationen die Übersicht zu verlieren und entscheiden zu müssen. „Wissen erzwingt Entscheidungen, öffnet Handlungssituationen" (Beck 1996, S. 290). Wo zwischen einer nahezu beliebig großen Vielfalt an Wissensvorräten und Informationskanälen Entscheidungen getroffen werden müssen, scheinen Daten und Informationen per se entweder in zu geringer oder zu großer Zahl verfügbar zu sein – niemals jedoch in der richtigen Dosis. Bereits zu Beginn der 1980er Jahre ließ Stanislaw Lem (1921–2006) seinen Helden Ijon Tichy über die Notwendigkeit einer Wissenschaft namens „Allgemeine Ariadnologie" sinnieren, die, nachdem die „chronische Datenverstopfung" (Lem 1987, S. 102) als „gravierendste Unpäßlichkeit" des Computers erkannt wurde, verdeckte Informationen im Wissenslabyrinth zutage bringen sollte. Wie bei Lem zu erwarten, entstand neben diesen Experten für Suchkunde unmittelbar eine weitere Forschungsdisziplin, die der „Insperten", welche sich der Entdeckung von Informationen widmete, die von den entdeckten Informationen ihrerseits verdeckt worden waren (ebd., S. 103). Vor dem Hintergrund des Überangebots an Informationen erscheint die zunehmende Verbreitung von Tablet-PCs, die neben einem sozialen Mehrwert (z. B. im Rahmen der Second-Screen-Nutzung) in der Regel vor allem für die Konsumtion von Informationen geeignet sind, verständlich (vgl. Gleich 2014). Die Geräte laden dazu ein, sich eher passiv durch Internetseiten zu klicken – das Erstellen längerer Texte hingegen ist eher unbequem. Auch die Tatsache, dass einige der Geräte von vornherein nicht auf Multitasking ausgelegt sind, sondern immer nur eine Anwendung zur gleichen Zeit im Vordergrund stehen kann, wurde in der Regel nicht als technischer Mangel, sondern als Attraktivitätssteigerung wahrgenommen.

> „Das iPad kann viel, aber sein Reiz besteht paradoxerweise auch in der Reduktion. Das strahlt schon das Gerät selbst aus, das demonstrativ mit einem einzigen Knopf auskommt. […] Wer auf seinem iPad eine Zeitschriften-App liest, wird dabei in der Regel nicht durch parallel laufende Chats oder aufklappende Browserfenster gestört." (Niggemeier 2010, S. 33)

Durch technische Vereinfachung werden so Ruheräume vor Informationsflut und Interaktionszwang geschaffen.

Wenn die Zukunft von Medien, beispielsweise des Fernsehens, mit der Frage verknüpft wird, wie viele Angebote der Mensch denn eigentlich braucht, darf zunächst die lapidare Antwort folgen, dass er das selber gar nicht genau weiß. Die empirische Beobachtung bestätigt, dass Vielfalt gewünscht wird, aber Dauerselektion aus allen vorhandenen Optionen nicht stattfindet. Das „relevant set" bleibt überschaubar. Die Anzahl der gesehenen Fernsehsender nahm zwischen 2008 und 2011 sogar kontinuierlich ab, wie Peters et al. (2012, S. 75) zeigen konnten. Im Jahr 2011 lag der Wert bei 5,3 Kanälen, drei Jahre zuvor noch bei 6,1. Es zeigt sich, „dass die nach wie vor ansteigenden Fernsehnutzungsdauern und die höhere Senderempfangbarkeit nicht automatisch zur Nutzung einer höheren Anzahl an Sendern führt." (ebd.) Diversifizierung vollzieht sich zum Teil auch über eine Ausweitung von Senderfamilien, die komplementär agieren. Darüber hinaus gewährleisten neue Empfangsmöglichkeiten den sendezeitunabhängigen Abruf ihrer Angebote (z. B. Mediatheken und reine Online-Formate). Zu guter Letzt „lagern" Stammsender, wie RTL oder das ZDF, Inhalte aus und erzeugen damit eine Verschiebung von Marktanteilen (siehe hierzu Zubayr/Gerhard 2018, S. 104 ff.). Die Kenntnis der Situation und der Rahmenbedingungen ist offensichtlich insgesamt ein Aspekt, der ökonomische Überlegungen in Gang setzt und spezifische Formen der Nutzenmaximierung nahelegt. Daher ist dem folgenden Vorschlag von Reinhard Zintl zuzustimmen: „Die Figur des homo oeconomicus sollte nicht als Behauptung über die Eigenschaften von Menschen im Allgemeinen wahrgenommen werden, sondern als Behauptung über ihre Handlungsweisen in bestimmten Situationen. Die Frage ist dann nicht, ob der Mensch so ist, sondern vielmehr, in welchen Situationen er sich verhält, als sei er so." (1989, S. 60 f.)

Der Aufwand, der in eine Entscheidungsfindung investiert wird, orientiert sich an den Folgekosten einer nicht-optimalen Entscheidung. Diese Folgekosten dürften in der Praxis der Mediennutzung kurzfristig hoch, aber eben nur kurzfristig sein, da unter Umständen schon im Zuge der Nutzung korrigiert werden kann. Für diese Niedrigkostensituationen gilt – wie bereits angedeutet –, dass auch mit idiosynkratischen, das heißt individuell sehr spezifischen Verhaltensweisen gerechnet werden muss. Detailprognosen gestalten sich daher schwierig. Die Freiheit der Wahl sowie ihre vergleichsweise geringfügigen Konsequenzen erhöhen die Unbestimmtheit des Ausgangs. Aus diesem Grund mag die Bezugnahme auf Strukturmerkmale des Publikums zur Vorhersage spezifischer Programmwahlen auch enttäuschende Resultate hervorbringen.

Im Großen und Ganzen dürfte die Strategie des Zuschauers auf für ihn hinreichendem Wissen beruhen. Ob 30, 70 oder 100 Programme – der Grenznutzen schlägt sich zunächst einmal in einer ‚rationality of avoiding choice' nieder. Man will nicht ständig überlegen und auswählen, sondern lässt sich – nicht ausschließlich, aber gerne – auf Überraschungen ein. Bereits in seiner 1979 erschienenen Dissertation hat Werner Müller eine medienökonomische Feststellung getroffen, die dieses Überraschungsmoment gut begründet: „Eine zu eingehende Information über eine TV-Produktion z. B. bezüglich des Handlungsablaufs, der Darbietungsform usw. könnte manchen Sendungen beim späteren Anschauen einen Teil ihres Reizes nehmen und damit zu einer Nutzeneinbuße führen." (Müller 1979, S. 162) Die hier vertretene low cost-Hypothese ist auch ein Grund dafür, dass das Fernsehen häufiger ‚melting pot'-Eigenschaften hat, sodass Differenzen hier häufiger verschwimmen können. Barwise und Ehrenberg stellten fest: „Choosing a television program to watch is not a major decision like acquiring a car or a house, where we then live with the consequences day after day." (1988, S. 123) So können eben im Falle des Fernsehens auch Situationen eintreten, die Meyrowitz als „Wildern in fremden Gebieten" (Meyrowitz 1990, S. 169) bezeichnet hat. Wer erwirbt schon ein Buch zu einem Thema, das ihn nicht interessiert. Wenn dagegen das Fernsehangebot auf Anhieb nichts Interessantes bietet, wird nicht automatisch ausgeschaltet. Im Zuge einer auch als ‚least objectionable program strategy' bezeichneten Vorgehensweise nehmen wir, wenn es nichts Gutes gibt, zunächst das weniger Schlechte. Irgendwann wird es auch der Aus-Knopf sein, aber meistens nicht sofort. Fernsehnutzung ist also nicht immer sehr selektiv und zielgerichtet, sondern häufig auch ein etwas längerer Abschied von Programmen, die einen mal mehr, mal weniger interessieren. Das intentionale Element steht in einem reziproken Verhältnis zur mit dieser Aktivität verbrachten Zeit.

Saxer betonte bereits im Vorfeld der Dualisierung des Rundfunks im Rahmen eines Gutachtens zum Thema „Selektives Rezipientenverhalten bei Programm-Mehrangebot": „Der Nutzenansatz in der Rezeptionsforschung bestätigt ja immer wieder, daß Publika höchst heterogene Reaktionspotentiale auf identische Programme darstellen und eben höchst Unterschiedliches von diesen wahrnehmen und behalten." (Saxer 1981, S. 105) Wenn man den ersten Teil dieser Feststellung auf die präkommunikative Phase bezieht, kann man darin auch einen Hinweis auf die Variabilität der Entscheidungen sehen, die ein Publikum konstituiert. Verschiedene Formen der Viewer Loyalty und die Diskrepanzen zwischen tatsächlichem Angebot und wahrgenommenem Angebot (Kanalrepertoire) rechtfertigen aber die Frage, ob man in diesem Falle von höchst heterogenen Reaktionen auf Programmvielfalt sprechen darf und eine Verwendung des Individualisierungsbegriffs angemessen ist. Nichtsdestotrotz gilt für die Publikumsaktivität: „Television is far from unique in being a low-involvement activity." (Barwise/Ehrenberg 1988, S. 126)

Zielgruppen

Die Medienforschung versucht „target audiences" so exakt wie möglich zu beschreiben oder zumindest Instrumentarien einzusetzen, die eine hinreichende Planungssicherheit vermitteln. Die Herausforderung nimmt durch neue Distributions- und Zugriffswege zu. Das Publikum, so McQuail, ist „one with a specified composition in terms of demographic and other attributes." (1997, S. 49) Er sieht Ähnlichkeiten zu Vorstellungen einer „implied audience", für die beispielsweise ein Autor schreibt. Das Zielgruppenproblem ist also medienübergreifend beobachtbar. Für eine Informationskampagne (vgl. hierzu Rogers/Storey 1987) aber sind andere Strategien erforderlich als im Falle eines Unterhaltungsprogramms im Fernsehen: „While media, such as television, that have very large potential audiences are almost certain to reach all potential target groups in some degree, there is no guarantee that any particular message will reach its goal, or be noticed when it does." (McQuail 1997, S. 50) Hasebrink hat ein Modell vorgeschlagen, das sich wie folgt darstellen lässt (vgl. Hasebrink 1997, S. 267):

Abb. 6.1 Veranschaulichung des Publikums- und des Zielgruppenbegriffs

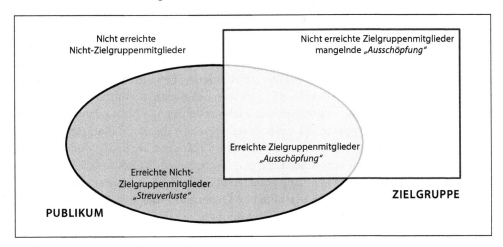

Quelle: Eigene Erstellung in Anlehnung an Hasebrink 1997, S. 267

Die in diesem Schaubild unterschiedenen Gruppen – (1) erreichte Zielgruppenmitglieder, (2) nicht erreichte Zielgruppenmitglieder, (3) erreichte Nicht-Zielgruppenmitglieder und (4) nicht erreichte Nicht-Zielgruppenmitglieder – sind auf alle Mediengattungen anwendbar. Für die Konstruktion von Zielgruppen gilt, was Coleman auf einem Kontinuum zwischen „broad" und „narrow" verdeutlicht:

> „Some life-style typologies are broad, signifying the basic thrust of a family's expenditure choices in time and money; others are narrow, referring to a single small piece of the total behavior by dividing Americans into runners, watersports enthusiasts, opera buffs, jazz fans. As such, life-style categories are of direct and obvious concern to merchandisers of products and services. Clearly, life-style research has a place in any proper sociology of consumption; ideally though, life style should not replace social class, but exist in combination with it." (Coleman 1983, S. 269)

Wenn bestimmte Kriterien erfüllt sind (Vegetarier, männlich, zwischen 30 und 40 Jahre alt, berufstätig, Abitur), gehört man dazu. Ist nur ein Kriterium nicht erfüllt, bleibt zu fragen, ob es eine Rangordnung der Kriterien im Sinne von „muss erfüllt sein", „kann erfüllt sein" etc. gibt. Im Einzelfall kann dies schwerwiegende Folgen haben, wenn beispielsweise ein Kriterium alle anderen in seiner Bedeutung überlagert (z. B. Konzentration auf soziodemographische Daten unter Außerachtlassung von wichtigen Präferenzen, die Ähnlichkeiten auf der Demographieebene belanglos machen).

Belastbare Aussagen über die Zusammensetzung des Publikums werden insbesondere von der Werbeindustrie gefordert. Gaßner begann seinen Beitrag „Werberelevante Zielgruppen im Wandel" mit dem Hinweis: „Nichts ist langlebiger als einmal etablierte Konventionen. In der Werbung gilt dies für die Zielgruppe 14 bis 49 Jahre. In Deutschland wurde sie Anfang der 1990er Jahre zur werberelevanten Zielgruppe erklärt." (Gaßner 2006, S. 16) Auch diese Zielgruppendefinition hat ihre Vorgeschichte, die Stipp in den Anfängen des amerikanischen Fernsehmarkts verortet. Die Zielgruppe der 18- bis 49-Jährigen ist vor gut 50 Jahren als Verkaufsstrategie eines unterlegenen Wettbewerbers entstanden – Leonard Goldenson, damals Chef des amerikanischen Networks ABC. Dessen Programme schnitten in der Reichweitenmessung besser ab, wenn man die Zielgruppe der 18- bis 49-Jährigen fokussierte. ABC Sales propagierte die neue Zielgruppe als „bessere" Planungsstrategie. Nach anfänglichen Widerständen setzte sich die Verkaufsstrategie in Mediaplanung und Programmstrategien aufgrund demographischer Trends und dem Sehverhalten in den 1960er Jahren durch (vgl. Stipp 2004, S. 483). Goldenson hatte somit „the right idea at the right time" (ebd., S. 483). Für die Generation, die sich in diesem Alterssegment bewegte, wurde der Begriff „Baby Boomer" geprägt (vgl. Schiffman/Kanuk 2004, S. 456). Er steht für

- zwischen 1946 und 1964 geborene Amerikaner (ca. 78 Millionen),
- die größte und wichtigste Generation in Bezug auf Politik, Wirtschaft und Kultur (Entscheidungsträger),
- wohlhabende, motivierte und konsumfreudige Menschen,
- die mit Fernsehwerbung aufgewachsen sind und dieser positiv gegenüberstehen und sich
- einem Jugendlichkeitsideal verschrieben haben.

Diese „Währung" steht seit geraumer Zeit unter Druck, weil sich sowohl der Markt als auch die demographische Struktur verändern. „An American turns 50 every seven seconds." stellte Solomon fest (2009, S. 590). In Deutschland werden es wahrscheinlich nicht sieben Sekunden sein, aber sicherlich auch nicht Stunden. Der Strukturwandel ähnelt sich. Im Jahr 2013 gab beispielsweise der deutsche TV-Privatsender RTL bekannt, die Zielgruppe der 14- bis 59-Jährigen zukünftig als Referenz auszuweisen (Schwegler 2013). Dennoch fällt die Abkehr von gewohnten Zielgruppendefinitionen schwer. Das mag auch mit den Wahrnehmungen der verschiedenen Altersgruppen zusammenhängen. Kurt Tucholsky schrieb hierzu einmal: „Die verschiedenen Altersstufen der Menschen halten einander für verschiedene Rassen. Alte haben gewöhnlich vergessen, daß sie jung gewesen sind, oder sie vergessen, daß sie alt sind, und Junge begreifen nie, daß sie alt werden können." (Tucholsky 1931/1998, S. 312)

Gaßner zeigt an verschiedenen Beispielen, dass Zielgruppendefinitionen auf der Basis von Altersdifferenzierungen in bestimmten Fällen maßgebliche Teile der Zielgruppe gar nicht erfassen. Betrachtet man die Fruchtjoghurt-Esser (mindestens mehrmals pro Woche) und definiert damit die relevante Gruppe über ein Konsummerkmal, so sind nur 57% in der Altersgruppe „14 bis 49 Jahre" zu finden, die hier als Referenzgröße noch von zentraler Bedeutung ist. Aber das spezifische Interesse des

Joghurt-Produzenten oder -Vermarkters muss sich innerhalb eines Werbeblocks oder innerhalb eines anderen Werbeträgers (z. B. Hörfunk, Illustrierte, Internet) damit arrangieren, dass die Parfümpräferenz und die für Waschmittel etc. wiederum anders segmentiert sind. Und die von Gaßner geschilderten Beobachtungen lassen sich auch auf die Gestaltung und Effektivität von inzwischen neuen Werbeplattformen wie mobile Endgeräte übertragen (siehe hierzu bspw. Goh et al. 2015 und Kim/Sundar 2016).

Bei der Betrachtung des Mediennutzungsverhaltens lohnt der Blick auf die 1997 entwickelte ARD/ZDF-MedienNutzerTypologie (MNT). Die zehn Typen umfassende Typologie entstand aus der Forderung, nicht ausschließlich demografische Kritieren heranzuziehen, um Unterschiede bei der Nutzung von Medienangeboten zu erklären. So werden hier Faktoren wie Geschmack, Einstellungen, Interessen und Freizeitbedürfnisse aufgegriffen. In einer Erweiterungsstudie wurden die MNT's um eine psychografische Dimension ergänzt. Auf Basis des „Emotional Branding Monitor"-Modells (EBM) soll die Offenlegung unbewusster Wahrnehmung erfolgen. „Mit Hilfe des EBM konnte die MedienNutzerTypologie um die unterbewusste Ebene erweitert und damit emotionale und motivationale Aspekte der Cluster ergänzt werden. So wurde die Basis für ein besseres Verständnis der Wünsche und Ansprüche der Nutzertypen geschaffen." (Eckert et al. 2017, S. 566). Grundsätzlich bleibt jedoch festzuhalten, dass Zielgruppendefinitionen immer einen Kompromiss darstellen. Häufig ist eine Abneigung gegenüber komplexen Lösungen vorhanden und begründet sich in dem bereits angesprochenen Pragmatismus.

Soziale Medien sind für die eingangs erwähnte Herausforderung nach einer exakten Beschreibung des Zielpublikums Fluch und Segen zugleich. Die dort stattfindende Anschlusskommunikation der User ist sichtbar und eröffnet weitergehende Analyseoptionen. Ob jedoch die exakte Beschreibung oder Vorhersage des Zielpublikums ermöglicht wird, spielt sich in einem Spannungsfeld von Datenmengen, -qualität und vorhandenen Analysemöglichkeiten ab.

Lebensstile

Das Bedürfnis nach einfachen Lösungen konkurriert mit immer ambitionierteren Verfahren der Publikumsdifferenzierung, die unter anderem auch durch die sozialwissenschaftliche Lebensstilforschung vorangetrieben wurden. In der seit der Deregulierung des Rundfunkwesens geführten Debatte über die Fragmentierung des Publikums (vgl. Jäckel 1996; Holtz-Bacha 1997) ist die Vorstellung, man könne inhaltliche Präferenzen (hier: für Medienangebote) und soziodemografische bzw. sozialstrukturelle Merkmale des Publikums in eine überschaubare Ordnung bringen, kontrovers diskutiert worden. Obwohl nicht jede Mediennutzung minutiös geplant ist, ergibt die Gesamtschau des in Anspruch genommenen Medienspektrums in vielen Fällen ein konsistentes Bild. Auch ein Rezipient, der konsequent alle vorhandenen Genres regelmäßig beachtet, zeigt damit ein wirkliches Interesse an Vielfalt. Letztlich beobachtet man somit unterschiedliche Grade von Homogenisierung und Differenzierung (siehe hierzu bereits Kiefer 1985), die die von Hasebrink verwandte Formulierung „Ich bin viele Zielgruppen" (1997) bestätigen.

„Ich bin viele Zielgruppen!" – Dieser Satz ist nicht nur für das Marketing, sondern insbesondere für die Soziologie und die Analyse gesellschaftlicher Strukturen zu einer Herausforderung geworden. Analog zu Georg Simmels Konzept einer *Kreuzung sozialer Kreise* wird Individualität auch hier in einem weiteren Sinne als Resultat gesellschaftlicher Differenzierung beschrieben. Simmel schrieb seinerzeit: „Der Einzelne sieht sich zunächst in einer Umgebung, die, gegen seine Individualität relativ gleichgültig, ihn an ihr Schicksal fesselt [...]. Mit fortschreitender Entwicklung aber spinnt jeder Einzelne ein Band zu Persönlichkeiten, welche außerhalb dieses ursprünglichen Assoziationskreises liegen und stattdessen durch sachliche Gleichheit der Anlagen, Neigungen, Tätigkeiten usw. eine Beziehung zu ihm besitzen; die Assoziation durch äußerliches Zusammensein wird mehr und mehr durch eine solche nach inhaltlichen Beziehungen ersetzt." (Simmel 1890, S. 100 f.) An anderer Stelle stellte er fest: „Das Individuum begehrt, ein geschlossenes Ganzes zu sein, eine Gestaltung mit eigenem Zentrum, von dem aus alle Elemente seines Seins und Thuns einen einheitlichen, auf einander bezüglichen Sinn erhalten." (Simmel 1900, S. 534) Das bedeutet: Das Individuum erschöpft sich nicht in einem sozialen Kreis, sondern seine gesellschaftliche Position ist vielmehr Ergebnis einer Umsetzung unterschiedlich breiter Interessensspektren.

Einigkeit besteht darin, dass eine „größere Differenziertheit von Erscheinungsformen von Lebensweisen" (Hradil 1990, S. 133) zu beobachten ist, es aber eine „,richtige' Milieu- oder Lebensstiltypologie derzeit nicht gibt." (ebd., S. 133) Müller betont daher zu Recht: „Die Durchsetzungsfähigkeit und damit die Zukunft des Lebensstilkonzepts in der Soziologie hängt entscheidend davon ab, ob die Einigung auf einen verbindlichen Rahmen gelingt. [...] Erst dann wird sich das Konzept von einem vage schillernden Modebegriff zu einem erklärungskräftigen Ansatz weiterentwickeln lassen." (Müller 1992, S. 376, siehe auch Otte 2005) Aber gleichzeitig muss bedacht werden, dass Lebensstil-Typologien trotz des ganzheitlichen Anspruchs, den der Begriff „Leben" nun einmal vermittelt, häufig engeren Zielsetzungen verpflichtet sind. Auf dieses Kontinuum von „broad" bis „narrow" ist bereits hingewiesen worden (vgl. Coleman 1983, S. 269). Seine Aufforderung, die Verbindung mit „social class" zu berücksichtigen, wird sehr unterschiedlich eingelöst. Aus pragmatischen Gründen wird dabei häufig auf vertikale Schichtmodelle (Unter-, Mittel-, Oberschicht) zurückgegriffen.

Dieser Wechsel zwischen „broad"- und „narrow"-Konzepten kann auch darauf zurückgeführt werden, dass mit wachsenden Optionsspielräumen auch mehr Freiräume entstehen, die zu einem Anstieg von Idiosynkrasien führen können. Die Grenzen des Handelns lassen sich auch hier nicht exakt benennen; so, wie es nicht möglich ist, Schicht A an einem bestimmten Punkt einer hierarchischen Ordnung enden zu lassen. Theodor Geiger hat dies prägnant formuliert „Hat man als Statistiker sein

Papier fein säuberlich in Spalten eingeteilt und Zahlen rechts und links vom Strich gesetzt, so muß man als Soziograph das Handgelenk locker halten: das Leben zieht keine klaren Grenzen, sondern verspielt sich in tausend Zwischenformen." (Geiger 1932, S. 14) Unter Bezugnahme auf den Schichtbegriff von Theodor Geiger hat Geißler diesbezüglich die so genannte Überlappungshypothese formuliert (Geißler 1996, S. 333): Klassen, Schichten, Milieus und alle anderen sozialstrukturanalytischen Kategorien sind „in der Realität der modernen Sozialstruktur keine Gruppierungen mit klaren Grenzen. In diesem Sinne sind sie keine ‚Realtypen' oder ‚Realbegriffe', sondern vielmehr heuristische Instrumente, deren Charakter eher an den Weberschen Idealtypus erinnert." Bezüglich schichtspezifischer Verhaltens- und Einstellungsmuster gibt die Annahme der so genannten Staffelungshypothese in besonderer Weise eine Antwort auf die Frage, wie sich soziale Strukturen auf Handlungen auswirken können: „In einem Modell der konzentrischen Kreise lässt sich diese Staffelung wie folgt denken: ein Kern von stark schichtspezifischen Segmenten ist umgeben von Zonen mittlerer und schwach schichtspezifischer Segmente und diese schließlich von einem Ring schichtneutraler Segmente" (ebd., S. 334). Am Beispiel der Mediennutzung (hier: Fernsehnutzung) ließe sich dies wie folgt verdeutlichen (vgl. Abbildung 6.2):

Abb. 6.2 Die Staffelungshypothese am Beispiel der Mediennutzung

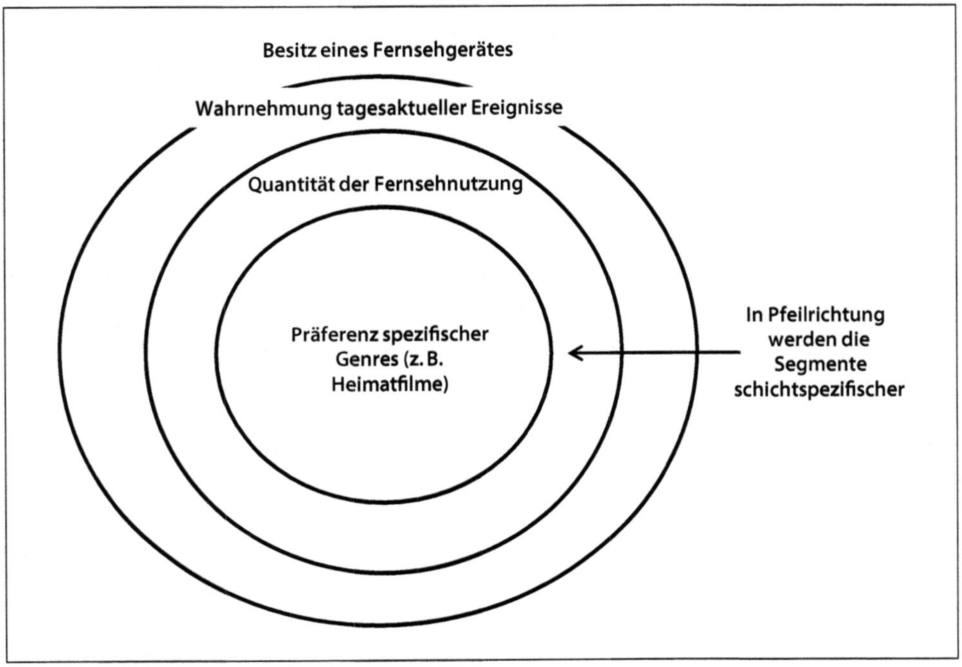

Quelle: Eigene Erstellung in Anlehnung an Geißler 1996

Diese beiden Thesen lassen sich nunmehr auch auf das engere Feld der Mediennutzung übertragen. Auch hier gibt es Angebote mit „Allesfresser"-Eigenschaften, die also schichtspezifisch wenig variieren, und Angebote, die ihr tatsächliches Publikum einer gezielten Vorauswahl verdanken. So gibt es Medienanbieter, die aus gutem Grund von ihrem Publikum behaupten, dass es sich durch eine sehr zielgerichtete Nutzung auszeichnet. Ebenso ist vorstellbar, dass auch die jeweilige Befindlichkeit (physische und psychische Verfassung) mal das eine (habituell, passiv), mal das andere (selektiv, aktiv) Verhalten nahe legt. Die Aufforderung zu differenzieren muss auch hier gelten. Gibt es nicht Viel- und Wenigseher? Ist nicht auch ein Blick auf Medienkompetenzen erforderlich, die es den einen leichter machen, eine gezielte Nutzung zu realisieren als den anderen? Aber es ist daran zu erinnern, dass hier lediglich für ein wahrscheinliches Entscheidungsmodell plädiert wird, das Varianz zulässt und keineswegs Homogenität unterstellt. Es geht um die Grenzen eines Spezialisierungs- und Individualisierungsschubs, der strukturell (‚Welche Inhalte werden angeboten?' und ‚Wie unterschiedlich können Inhalte sein?') und individuell (‚Will ich denn immer aufs Neue wählen?' und ‚Wie wird ausgewählt?') bestimmt werden können.

Zusammenfassend kann zu der Wem-Frage also festgehalten werden, dass das Konzept „mass audience", das häufig Ausgangspunkt von Diskussionen des Publikumsbegriffs war, durch „not-so-mass-audiences" erweitert werden muss. Sowohl McQuail (1997) als auch Webster/Phalen (1997) wählten im Rahmen ihrer ‚Audience Analysis' diesen Einstieg und signalisieren damit zweierlei: Historisch betrachtet war es nicht das Individuum, sondern die Masse, die Ausgangspunkt und Fokus einer vorwiegend wirkungsorientierten Forschung gewesen ist. Dabei konnte der Mythos einer undifferenzierten Masse nicht lange aufrechterhalten werden, blieb als strukturgebendes Konzept aber maßgebend. Zugleich signalisiert die heute nach wie vor bestehende Bezugnahme auf diesen Begriff, dass der Mediensoziologie nicht an individuellen Erklärungen individueller Sachverhalte gelegen ist, sondern an der Abstraktion beziehungsweise Generalisierung; mit diesem Anspruch verbindet sich sogleich die Anerkennung individueller Freiräume, die sich eben nicht verallgemeinern lassen. Die Fragestellung sollte immer so aufgebaut sein, dass sie den Ausgangsbedingungen von Entscheidungen/Handlungen Rechnung trägt, den Weg zur Entscheidung selbst thematisiert und die Konsequenzen aus einer Vielzahl von Handlungen integriert.

Das Undifferenzierte wurde also allmählich durch das Differenzierte ersetzt, beispielsweise mit dem Hinweis auf soziale Klassen/Schichten, später mit dem Hinweis auf „taste segments" (ebd., S. 10). Zugleich wird auch auf „countervailing forces" verwiesen, die einer Diversifizierung der Interessen Grenzen setzen (ebd.). Hinzu kommt der Hinweis auf historische Beispiele, die verdeutlichen, dass die Notwendigkeit der Publikumsdifferenzierung nicht erst mit der Entdeckung des widerspenstigen Publikums begann: „Newspaper publishers of the 19th century obviously catered to different social strata, and even early audience ratings noted demographic differences among listeners." (ebd., S. 11) Eine aus soziologischer Sicht sehr deutliche Kritik artikulierte Freidson bereits im Jahr 1953, indem er vor der Implikation warnte, dass die Identifikation bzw. Benennung eines sozialen Aggregats eine Homogenitätsannahme rechtfertige: „There is no justification for studying the audience as an aggregation of discrete individuals whose social experience is equalized and canceled out by allowing only the attributes of age, sex, socioeconomic status, and the like, to represent them." (Freidson 1953, S. 316) Es kommt also stets darauf an, was sich hinter den Begriffen eigentlich verbirgt.

Leseempfehlungen

Schweiger, Wolfgang (2007): Theorien der Mediennutzung. Eine Einführung. Wiesbaden.

Jäckel, Michael (2012): Das richtende Publikum. In: Filipović, Alexander/Jäckel, Michael/Schicha, Christian (Hg.): Medien- und Zivilgesellschaft. Weinheim, S. 39–56.

Schmidt, Jan-Hinrik (2018): Social Media. 2. aktualisierte Auflage. Wiesbaden.

Webster, James G. et al. (2006): Ratings Analysis: The Theory and Practice of Audience Research. 3rd Edition. Mahwah.

Für welchen Zweck? Funktionszuschreibungen

7

Information und Wissen

Aus den Anfängen des Pressewesens stammt die Beobachtung, dass die Leserschaft eine Neugier auf neue Nachrichten entwickelt. Das Motiv ist daher nicht nur, informiert zu sein, sondern die Erwartung, dass es immer etwas mehr oder weniger Wichtiges zu berichten gibt. Zutreffend ist auch, dass Gesellschaften aufgrund ihrer räumlichen und quantitativen Ausdehnung Möglichkeiten der Informationsvermittlung benötigen. Daran anknüpfend hat sich die politische Informationsfunktion der Medien als ein festes Aufgabengebiet etabliert. Von einer klassischen Dreiteilung ist die Rede: „Generalfunktion der Medien ist die Informationsfunktion, daraus ergeben sich gewissermaßen die Funktionen der Meinungsbildung sowie der Kontrolle und Kritik." (Holtz-Bacha 1997, S. 15)

Mit der Frage „For what purpose?" erweiterte Braddock die ursprüngliche Lasswell-Formel um die Komponente des Zwecks (vgl. Braddock 1958). Von den Absichten des Kommunikators war im Kapitel 3 zur Komponente „Wer?" bereits die Rede. Aber es lassen sich mindestens zwei weitere Perspektiven auf die Frage nach dem „Warum" der Kommunikation unterscheiden, die im folgenden Kapitel im Mittelpunkt stehen sollen: der Zweck, der (Massen-)Medien in modernen Gesellschaften zugeschrieben wird, und der Zweck, den die Rezeption für das Publikum zu erfüllen scheint. Ein zentrales Argument in Diskussionen über die Funktionen von Massenmedien für die Gesellschaft ist natürlich der Hinweis auf die gerade hervorgehobene politische Notwendigkeit der Informationsvermittlung und den Beitrag zur politischen Willensbildung. Dieses Argument basiert auf der Idealvorstellung eines mündigen Bürgers, der sich zum Zwecke begründeter Urteilsbildung umfassend informieren und dadurch seinen Beitrag zum Fortbestand einer informierten Öffentlichkeit leisten kann. Dieser allgemeine Anspruch verpflichtet sowohl die Geber als auch die Nehmer dafür relevanter Informationen auf ein gemeinsames Ziel.

Dabei wird die Frage außer Acht gelassen, ob dieses Ideal von allen geteilt wird und die Motivationen an dieses Programm (‚sich informieren') in der Bevölkerung gleichverteilt ist. Die sogenannte Wissenskluftforschung, die im Folgenden vorgestellt wird, verdankt ihre Popularität der Infragestellung dieses Ideals (vgl. Horstmann 1991, S. 10).

In ihrer ursprünglichen Fassung lautet die Hypothese der Wissenskluftforschung wie folgt: „As the infusion of mass media information into a social system increases, segments of the population with higher socioeconomic status tend to acquire this information at a faster rate than the lower status segments, so that the gap in knowledge between these segments tends to increase rather than decrease." (Tichenor 1970, S. 159 f.) Je mehr Informationen also zu einem Thema in den Massenmedien verfügbar sind, desto weiter schert der ohnehin schon unterschiedliche Wissensstand zwischen den Mitgliedern höherer und denen niedriger sozioökonomischer Schichten auseinander. Zwar gewinnen auch die vormals schlechter Informierten Wissen dazu – diejenigen aber, die bereits mit einem Vorsprung beginnen, eignen sich dieses Wissen noch schneller an und können es auch besser mit vorhandenem Wissen verknüpfen. Die Kluft vergrößert sich. Sowohl die Meinungsführerforschung als auch die politische Partizipationsforschung hatten zum Zeitpunkt des Erscheinens dieses, für die Wissenskluftforschung zentralen Beitrags im Jahr 1970 bereits zahlreiche Befunde zusammengetragen, die unterschiedliche Informationsniveaus und Informationsbereitschaften einerseits und Abstufungen des politischen Involvements andererseits dokumentierten (vgl. zusammenfassend Weimann 1994, S. 159 ff. und Milbrath/Goel 1977). Gegenüber diesen bereits bekannten Ungleichheiten erweitert die Wissensklufthypothese den Zusammenhang von Informationsangebot und Informationsnutzung aber insbesondere durch eine zeitliche Komponente.

Die Formulierung der Wissenskluftypothese orientierte sich zunächst vorwiegend an der Nutzung von Tageszeitungen und anderen gedruckten Medien. Die Berücksichtigung dieses Aspekts schlägt sich auch in den fünf Faktoren nieder, die Tichenor et al. (1970) als relevante Erklärungsgrößen von Wissensklüften benennen:

- Kommunikationsfertigkeiten (communication skills): Diese Fertigkeiten stellen das Ergebnis von erfahrener und praktizierter Bildung dar. Betont wird insbesondere das Vorhandensein von Lese- und Verstehensfertigkeiten, die sich positiv auf die Nutzung von Informationen aus Politik und Wissenschaft auswirken.
- Das vorhandene Wissensniveau: Wissensklüfte sind das Resultat von Lerneffekten, die aufeinander aufbauen. Die Mediennutzung spiegelt somit auch die Vorleistungen anderer Institutionen wider, insbesondere des Bildungswesens.
- Soziale Beziehungen: Mit der formalen Bildung gehen in der Regel auch unterschiedliche Interessenspektren einher, die interpersonale Kommunikation über unterschiedlichste Themen wahrscheinlich machen. Je höher die formale Bildung, desto häufiger kann die Einbindung in Diskussionsgruppen beobachtet werden,

in denen das verfügbare Wissen auch eingebracht werden kann und deshalb für das Individuum von Nutzen ist. Insofern erfolgt ergänzend zur Mediennutzung ein zusätzlicher Informationszufluss, der bei der Einordnung des Wissens helfen kann oder es weiter ergänzt.
- Selektive Mediennutzung: Je höher das allgemeine Bildungsniveau, desto wahrscheinlicher ist die gezielte Inanspruchnahme von Medienangeboten, beispielsweise der Kauf von informationsdichten Tageszeitungen.
- Das Trägermedium der Information: Obwohl in der Erläuterung dieses Faktors kein Bezug auf die Differenz zwischen Fernsehen und Zeitung bzw. gedruckten Medien genommen wird, lässt sich daraus ableiten, dass gedruckte Medien eine Form der Berichterstattung praktizieren, die eher den Interessen und Neigungen von Personen mit einem höheren sozialen Status entgegenkommt. Insofern wird auch auf formaler Ebene ein Lerneffekt unterstützt, der zu den bereits genannten kumulativen Effekten beiträgt.

Die Popularität der Wissenskluftthypothese mag also darauf zurückzuführen sein, dass sie den Massenmedien eine bestimmte Funktion in modernen Gesellschaften zuschreibt und regelmäßig den Nachweis erbringt, dass diese Funktion nicht optimal erfüllt wird. Folgt man der Einschätzung Bonfadellis, dann hat sich die Wissenskluftforschung im Laufe ihrer Entwicklung von ihrer normativen Fundierung etwas entfernt. Bereits 1987 stellte er fest:

„In der anfänglichen Wissenskluftthypothese orientierte man sich hauptsächlich an bestimmten Wissensbeständen und begriff die bestehenden Wissensunterschiede meist normativ als Defizite der Unterprivilegierten. Demgegenüber betont eine differenztheoretische Interpretation unterschiedliche Wissensverteilungen aufgrund je situativ verteilter unterschiedlicher Motivationen, entsprechende Informationsangebote zu nutzen und aufzunehmen. Nach ihr sind bestehende Wissensklüfte vor allem Resultat unterschiedlicher Motivation, Information aufzunehmen, und nicht fehlender oder mangelnder Nutzungskompetenzen." (Bonfadelli 1987, S. 312)

Während die Defizittheorie somit vorwiegend auf ‚education-based gaps' aufbaut, führt die Differenztheorie die Bedeutung von „interest-based gaps" (Viswanath/Finnegan 1996, S. 198) ein. In bewusster Orientierung an der ursprünglich von Tichenor et al. formulierten Hypothese (s. o.) lautete die 1977 eingeführte Differenzhypothese im Original zunächst wie folgt:

„As the infusion of mass information into a social system increases, segments of the population motivated to acquire that information and/or for which that information is functional tend to acquire the information at a faster rate than those not motivated or for which it is not functional, so that the gap in knowledge between these segments tends to increase rather than decrease." (Ettema/Kline 1977, S. 188)

Unter Bezugnahme auf die im vorangegangenen Kapitel beschriebenen Faktoren müsste man schlussfolgern: Es sind situationsspezifische Faktoren, die in Kombination mit der empfundenen Relevanz und dem persönlichen Interesse in der Lage sein können, die Bedeutung der sozialen Schichtzugehörigkeit bzw. der formalen Bildung zu überlagern und dem erwarteten Effekt einer wachsenden Wissenskluft entgegenwirken.[12] Anhänger der Differenzhypothese sehen ihre Auffassung insbesondere dann bestätigt, wenn sich die zu einem bestimmten Zeitpunkt gemessenen Wissensunterschiede im Zeitablauf nicht verändern und das Interesse an dem jeweiligen Thema nicht hinter die Erklärungskraft der formalen Bildung zurücktritt bzw. diese übertrumpft.

Nach Kwak lassen sich die bisherigen Studien zum Zusammenhang von Bildung und Motivation im Kontext der Wissenskluftdebatte drei konkurrierenden Modellen zuordnen (vgl. Kwak 1999, S. 386 ff.):

- Causal Association-Modell: Im Rahmen dieses Ansatzes wird der sozioökonomische Status in der Regel über den Indikator ‚formales Bildungsniveau' operationalisiert und als erklärender Faktor unterschiedlicher Motivationen betrachtet. Dabei wird gleichwohl nicht deterministisch argumentiert. Bereits Tichenor et al. haben die Wechselwirkung von Bildung einerseits und Motivation andererseits betont.
- Rival Explanation-Modell: Rivalität bedeutet in diesem Zusammenhang, dass motivationale und bildungsbezogene Variablen „as competing sources of effects on knowledge acquisition" (ebd., S. 387) interpretiert werden. Hier wird ausdrücklich betont, dass beispielsweise ein starkes themenbezogenes Involvement (auch im Sinne von persönlicher Betroffenheit) einen unabhängigen und somit eigenständigen Erklärungswert für beobachtbare Wissendifferenzen hat.
- Motivation-Contingency-Modell: Dieses Modell unterstellt, dass es einen „main effect of education on knowledge acquisition" (ebd., S. 388) gibt. Im Falle einer hohen Motivation aber wird erwartet, „that the effect of education on knowledge acquisition will be canceled out to a significant degree [...]." (ebd.) Mit anderen

---

12 In Bezug auf Informationskampagnen hat Mendelsohn 25 Jahre nach der Veröffentlichung des Aufsatzes „Some reasons why information campaigns fail" von Hyman und Sheatsley (1947) die Frage gestellt, unter welchen Umständen diese trotzdem erfolgreich sein können. Seiner Ansicht nach ist der Misserfolg vieler Kampagnen weniger dem Publikum als den Kampagnenplanern selbst anzulasten. Mit sorgfältiger Problemanalyse, Formulierung von expliziten Zielen, Segmentierung nach Zielgruppen, Mitberücksichtigung von interpersonalen Kanälen und integrierter empirischer Evaluation könne die Wahrscheinlichkeit des Erfolgs von Informationskampagnen deutlich erhöht werden (vgl. Mendelsohn 1973, S. 52 ff.). Darüber hinaus verdeutlicht der verstärkte Einsatz von Entertainment-Education-Konzepten, dass gerade auch unterhaltsamen Formaten Lerneffekte zugeschrieben werden können (vgl. den Überblick bei Singhal/Rogers 1999; Bergmann et al. 2010). Ein allgemeiner Überblick zu Entstehung und Geschichte des Info- und Edutainments findet sich bei Thussu (2007).

Worten: Die normalerweise beobachtbare Differenz zwischen Gruppen mit unterschiedlichem sozio-ökonomischen Status (Bildung, Einkommen) verringert sich signifikant, wenn ein hohes Involvement gegeben ist. Offensichtlich impliziert diese Annahme aber auch, dass dort, wo der Bildungseffekt sich als Wissensvorsprung niederschlägt, die Motivation keinen signifikanten weiteren Vorsprung entstehen lässt.

Die ‚Konkurrenz-Hypothese' hat in der Forschung eine gewisse Polarisierung begünstigt und die Neigung verstärkt, sich entweder auf die ursprüngliche oder die modifizierte Variante zu beziehen, obwohl sich die Favorisierung des Motivation-Contingency-Modells nicht auf einen überzeugenden statistischen Nachweis stützen konnte (vgl. ebd.). Darüber hinaus blieb die Frage nachrangig, ob Motivation bzw. Interesse als gegebene Größen betrachtet werden können oder nicht doch auch ein Zusammenhang zwischen der formalen Bildung und diesem Kriterium besteht. In diesem Sinne äußert sich auch Wirth, wenn er anstelle einer Entweder-oder-Konzeption für die Annahme sich gegenseitig verstärkender Faktoren (Motivation und Schulbildung) plädiert (vgl. Wirth 1997, S. 40).

Digital Divide

Das Aufkommen neuer Informations- und Kommunikationstechnologien hat zu einer Ausweitung der Wissenskluft-Debatte auf neuere Medien geführt. So liest man bei Hindman: „Whereas the ‚knowledge gap' refers to a mass media effect, the ‚digital divide' hypothesis [...] suggests that information technologies would also be expected to have a ‚function similar to that of other social institutions: that of reinforcing or increasing existing inequities.'" (Hindman 2000, S. 552) Unter dem Schlagwort ‚Digital Divide'[13] wird eine neue Spielart der Wissenskluft beschrieben, die auf den unterschiedlichen Zugang zu neuen Informations- und Kommunikationstechnologien zurückgeführt wird. Norris unterscheidet drei Bereiche, in denen diese Kluft festgestellt werden kann (Norris 2001, S. 4):

- Global Divide: Gemeint sind Makrovergleiche auf der Ebene von Kontinenten bzw. Staaten. Verglichen wird beispielsweise der Internetzugang pro 1000 Einwohner in Afrika und Amerika.
- Social Divide: Bezugsebene des Vergleichs sind einzelne Staaten und die Kluft zwischen „information rich and poor" (ebd., S. 4).
- Democratic Divide: Hier geht es um den Nachweis von Partizipationsunterschieden im politischen Sinne. Wer nutzt neue Informations- und Kommunikations-

---

13 Für einen internationalen Überblick vgl. UNESCO (United Nations Educational, Scientific and Cultural Organization) (2005): Towards Knowledge Societies. UNESCO World Report. Paris. 2005.

technologien für die Artikulation politischer Interessen und für aktives politisches Engagement?

Angesichts der raschen Diffusion neuer Technologien geht es mittlerweile nicht mehr nur diese Art von Defiziten, sondern darüber hinaus auch um Ungleichheiten in den Aneignungsformen neuer Angebote. Compaine hat für die USA bereits vor mehr als zehn Jahren von einer historischen Debatte gesprochen und betont: „[…] the digital divide is less a crisis than a temporary and normal process." (Compaine 2001, S. 326) Im Gesamtkontext der Diskussion um die sogenannte Informationsgesellschaft wird in Zukunft daher der Eigenverantwortung eine hohe Bedeutung zugeschrieben, die überall dort praktisch wird, wo es um individuellen Zugriff auf Text- und Bildangebote unterschiedlichster Art geht. Entsprechend wird es immer wichtiger, nicht nur die dichotome Unterteilung in On- und Offliner zu betrachten, sondern darüber hinaus die Internetnutzer selber stärker zu differenzieren. So hängen Verwendungsweise des Internets und Häufigkeit der Internetnutzung nicht nur von der grundlegenden Zugangsmöglichkeit und der technischen Ausstattung ab – vielmehr wird die Einbettung des Mediums in den Alltag deutlich von den jeweiligen Medienkompetenzen beeinflusst. Hier zeigt sich eine „Second-Level Digital Divide" (Marr/Zillien 2010, S. 269), die auf der „Electronic Literacy" (ebd.) basiert – also den allgemeinen Fertigkeiten bezüglich des Internets. Diese Kompetenzen können aus Wissen über die technische Bedienung, Wissen über die Strukturen des Internets, langjährigen Erfahrungen sowie auch der Computeraffinität der Umgebung verstanden werden (vgl. ebd., S. 270). Die Gruppe der Nutzer stellt sich somit als sehr heterogen heraus, was sich in verschiedenen Aneignungsprozessen und unterschiedlichen Bedarfs- und Interessensstrukturen widerspiegelt. Darauf haben mehrere Typologien der Internetnutzer hingewiesen (vgl. exemplarisch Oehmichen/Schröter 2010). Die meisten Einteilungen der Mediennutzer – beispielsweise nach Mediengenerationen – und die Betrachtung der daraus resultierenden Wissens- und Informationsunterschiede sind mittlerweile eher vereinfachend und werden der Realität daher auch weniger gerecht. Die Art und Weise, wie sich die verschiedenen Altersgruppen mit neuen Medien arrangieren und wie sie diese nutzen, folgt mitunter sehr heterogenen Strategien. In diesem Zusammenhang zeigen Hargittai und Dobransky (2017), dass sich die Gruppe der älteren Internetnutzer durch Diversität auszeichnet: Auch hier findet – neben der Alterskomponente – eine Spaltung vor allem entlang der Bildung und des Einkommens statt. „[O]nce we control for skills, age differences are much less apparent when it comes to beneficial online activities" (ebd., S. 209). So folgt also auch die gebräuchliche Einteilung in Digital Natives und Immigrants keiner strikten Einteilung nach Lebensalter. Vielmehr zeichnen sich Immigrants in erster Linie durch eine skeptischere, überlegtere Haltung dem Internet gegenüber aus. In zweiter Linie findet sich eine abnehmende Innovationsfreudigkeit, die vor allem vom Vergleich mit anderen, also bekannten Medien und Nutzungsweisen, zu rühren scheint. Dieser Vergleich kann dazu führen, dass seltener die Vorteile neuer Technologien für einen selbst gesehen werden. Doch das beschleunigte Innovationstempo wird eben nicht nur von älteren Generationen wahrgenommen – alle müssen sich arrangieren (vgl. Jäckel 2010c, S. 249 ff.).

Integration

Insofern steht der Diffusionsprozess neuer Medien stellvertretend für ein zunehmendes Bedürfnis nach Integration verschiedener gesellschaftlicher Akteure im Sinne des gemeinsamen Findens und Teilens von Wertvorstellungen. Für den amerikanischen Soziologen Talcott Parsons ist Integration die Hauptfunktion des sich aus Interaktionen zusammensetzenden Sozialsystems und damit Bedingung der Möglichkeit wechselseitig aufeinander bezogenen Handelns. In der Koordination liegt die Basis der sozialen Kontrolle, woraus folgt, dass Integration hier in erster Linie als normativ gesteuert gedacht wird (vgl. hierzu auch Gerhardt 1998). Kritisiert wurde an dieser Vorstellung beispielsweise, dass aus der Notwendigkeit wechselseitiger Orientierung nicht auch die uneingeschränkte Geltung bestimmter Normen abgeleitet werden könne. Gerade dann, wenn der Geltungsanspruch solcher Normen in Frage gestellt sei, könne, so beispielsweise Habermas (1980), Integration nicht als Konsequenz eines „value commitment" gedacht werden.

Jedenfalls kann man feststellen, dass Integration in der Soziologie häufiger als norm- und konsensbezogenes Konzept thematisiert worden ist. Insofern ergibt sich für die Frage, welche Rolle Massenmedien in diesem Zusammenhang spielen, vor allem als sozialisierende und meinungsbildende Institution. Massenmedien schaffen Zugang zu einem Themenspektrum, das sich je nach Differenziertheit des Angebots durch Homogenität oder Heterogenität auszeichnen kann. Entsprechend können sie theoretisch Konsens, ebenso aber auch Dissens evozieren. Im Hinblick auf die normative Komponente können Beiträge des Weiteren hinsichtlich ihrer inhaltlichen Kompatibilität mit gesellschaftlich dominanten Normen und Werten beurteilt werden. So wird beispielsweise eine Unverträglichkeit mit gesellschaftlich wünschenswerten Zuständen in der Regel als Förderung von Desintegrationsprozessen interpretiert (vgl. Jäckel 2011a). Parsons hat darüber hinaus auf eine wichtige Funktion von Massenmedien hingewiesen, die es den Menschen ermögliche, sich trotz eines gegebenenfalls vorhandenen Gefühls der Entfremdung auch in modernen Gesellschaften heimisch fühlen zu können. Er betont beispielsweise, dass administrative Bürokratien territoriale Integration gewährleisten, und dabei auf das Prinzip setzen, „ohne Ansehen der Person" zu entscheiden. Das mag Entfremdungstendenzen auf Seiten derjenigen hervorbringen, die durch diesen Prozess integriert werden sollen. Er stellt jedoch ergänzend fest:

> „Wir würden dagegen bemerken, dass die Bürokratisierung im negativen Sinne keineswegs droht, alles mit sich zu reißen. Darüber hinaus ist das System der Massenkommunikation

ein funktionales Äquivalent, welches gewisse Züge der Gemeinschafts-Gesellschaft trägt und welches ein Individuum in die Lage versetzt, je nach seinen eigenen Kriterien und Wünschen teilzunehmen […]." (Parsons 1985, S. 149)

Daher können Prozesse der Standardisierung durchaus von solchen der Pluralisierung begleitet werden. Kennzeichnend für diese Integrationsperspektive bleibt dennoch die wertende Komponente.

In einer eher wertneutralen Prozessanalyse wird dieser Fokus auf normative Integration hingegen ausgeklammert. Diese Sichtweise verbindet man insbesondere mit Niklas Luhmann (Luhmann 1981; 1997). Seine Theorie setzt nicht auf das Vorhandensein gemeinsam geteilter Norm- und Werthorizonte, und auch nicht auf die Erwartung, dass der wechselseitige Bezug der Individuen am Ende zu Konsens oder einem Gelingen von Abstimmungsprozessen führt. Die elementare Kategorie seiner Theorie ist nicht Rolle oder Mensch, sondern Kommunikation. Gesellschaft setzt sich aus Bündeln von Kommunikationsabläufen, den Teilsystemen zusammen (Recht, Wirtschaft, Politik usw.), die mit ihren jeweiligen Operationen Bereiche, die außerhalb ihrer Systemgrenzen liegen, gegebenenfalls irritieren können. Dabei kann jedoch nicht von vornherein festgelegt werden, ob und wie auf die Kommunikation reagiert wird. Die Politik und ihre Entscheidungen beispielsweise stellen für das Wirtschaftssystem einen Teil seiner Umwelt dar, auf den es reagieren kann oder auch nicht. Gleiches gilt für das System der Wissenschaft und die aus ihm hervorgehenden Entwicklungen, die aus der Perspektive des Wirtschaftssystems den Wert bestimmter Produkte erhöhen oder verringern können. Jedes System operiert also nach eigenen Regeln, die nicht auf einem systemübergreifenden Konsensverständnis basieren. Die Entscheidung über die Relevanz für das Systemgeschehen findet aus Luhmanns Perspektive immer nur innerhalb und nicht außerhalb des jeweiligen Systems statt. Die Chance, dass solche teilsystemübergreifenden Kommunikationen stattfinden, steigt mit dem Vorliegen von Verbreitungsmedien, die eine zeitliche und räumliche Vergrößerung des Empfängerkreises von Mitteilungen gewährleisten, und die dafür sorgen können, dass ein gewisses gemeinsam geteiltes Wissen über die Welt verfügbar ist. Daraus folgt, dass Massenmedien integrieren, weil sie gegebenenfalls für Anschlüsse in den unterschiedlichsten Teilsystemen wie Politik, Wirtschaft, Kunst, aber auch einfachen Interaktions- bzw. Kommunikationssystemen sorgen können.

Der Begriff Massenkommunikation leitet daher seine Berechtigung auch aus der Tatsache ab, dass das Angewiesensein der Massenmedien auf die Kommunikation in ihrer gesellschaftlichen Umwelt für diese wiederum die Funktion eines permanenten Inputs übernimmt. Es werden Themen hervorgebracht, gegebenenfalls auch vorstrukturiert, und damit in unterschiedlichen Bereichen der Gesellschaft Anschlusskommunikationen angestoßen, die nicht notwendigerweise im Sinne der ursprünglichen Nachricht fortgeführt werden müssen. Insofern spricht Luhmann auch von einer Desintegration, die sich an diese vorübergehende Form der Integration über Anschluss an Themen einstellen kann. Über Massenmedien und Massenkommunikation kann also vieles beobachtbar gemacht werden. Sie steigern die teilsystemübergreifende Präsenz von Themen und können gegebenenfalls in bestimmten Situationen des Face-to-Face-Kontakts auch eine ins Stocken geratene Unterhaltung wieder in Gang bringen (vgl. hierzu Bergmann/Ulmer 1993, S. 89). Die Luhmannsche Integrations-Perspektive beschreibt somit kein (normatives) Ziel, sondern über Kommunikation gesteuerte Prozesse der Ko-Orientierung zwischen Teilsystemen, die ansonsten nach ihren eigenen Regeln operieren. Massenmedien können Themen vorstrukturieren, sie können diesen eine bestimmte Rahmung geben und damit den weiteren Verlauf der Behandlung dieses Themas in unterschiedlichen Systemen zu steuern versuchen[14].

Welchem Teilsystem aber soll ich mich zurechnen, wenn ich im Zug die Tageszeitung lese, zu Hause die Nachrichtensendung verfolge oder einen Hollywood-Streifen im Kino verfolge? Gibt es mit anderen Worten jenseits der Grenzen der Teilsysteme noch Gesellschaft oder eine Institution, die den Namen „Öffentlichkeit" verdient? Zur Massenkommunikation gehört zwar definitionsgemäß ein disperses Publikum, gleichwohl wäre die doch regelmäßig zu beobachtende Konstitution von Publika für unterschiedlichste Angebote kaum vorstellbar, wenn es, wie Rühl es formuliert hat, nicht ein „Potential gemeinsamen Erlebens" (Rühl 1985, S. 23) geben würde. Rühl stellt darüber hinaus aber auch fest:

„Soll Massenkommunikation […] sekundärfunktional für das Gesellschaftsganze besondere integrative Leistungen erbringen, dann ist ein Minimum gemeinsamer Orientierung für die Massenkommunikation und für die mit ihr in Beziehung stehenden anderen gesellschaftlichen Funktionssysteme Voraussetzung. Und dabei kann es sich nicht um gefühlsgesteuerte Orientierungen handeln, wie sie für die Integration einfacher sozialer Systeme (z. B. für das Paar oder die Familie) genügen mögen. Massenkommunikation ist öffentliche, also unpersönliche Kommunikation und erfordert in erster Linie sichere soziale Mechanismen der Integration." (ebd., S. 25)

Massenmedien aber können Normen weder vorschreiben noch kann man ernsthaft die Behauptung aufstellen, dass es ihnen in erster Linie um eine Bindung ihrer Publika an übergeordnete Wertvorstellungen gehe. Im Gegenteil: Massenmedien liefern sowohl Orientierungswissen als auch vielfältige Anlässe für Kontroversen. Ohne Zweifel sind sie in vielen Bereichen auch Beförderer des Anti-Normalismus geworden. Wenn also von sicheren sozialen Mechanismen der Integration gesprochen wird, kann deren Gewährleistung keinesfalls allein auf der Seite der Massenmedien zu suchen sein. Vielmehr muss eine Gesellschaft, die auf kommunikative Leistungen der Massenmedien angewiesen ist, gleichzeitig in der Lage sein, die damit einhergehenden Herausforderungen aus eigener Kraft zu meistern. Das kann auf vielfältige Art und Weise geschehen: durch eine Binnenkonkurrenz im System der Massenmedien

---

14 Siehe hierzu auch die Ausführungen im Kapitel 4.

selbst, durch Organe der Selbst- und Fremdkontrolle (Presserat, Landesmedienanstalten usw.), durch Anschlusskommunikation in unterschiedlichsten Situationen (am Arbeitsplatz, unter Freunden usw.), oder im weitesten Sinne über die Akzeptanz auf Seiten des Publikums. Ohne diese regelmäßig wiederkehrenden Herausforderungen der modernen Gesellschaft würde sich die Kontroverse um Integration und Desintegration durch Medien kaum stellen. Schultz hat am Beispiel der Arbeiten von John Dewey gezeigt, dass die Vorstellung, moderne Gesellschaften seien homogene Einheiten mit einem umfassenden gemeinsamen Wissen, illusorisch sein muss. Bereits in Deweys Überlegungen wird ein Verständnis von Integration artikuliert, dass das Aushalten von Widersprüchen beinhaltet. Zur Idee, Menschen auf gemeinsame Werte und Traditionen zu verpflichten, stellt Schultz beispielsweise fest:

„Sowohl eine Homogenität an Wertvorstellungen als auch eine Konsonanz kommunizierter Themen können insofern Ausdruck von Desintegration sein. Sie können Verhältnisse und Zusammenhänge verdecken oder sogar tabuisieren, deren Wahrnehmung und Bearbeitung für die Lösung drängender kollektiver Probleme entscheidend wäre. Nach meiner Lesart von Dewey liegt eine zentrale Anforderung an die Massenmedien darin, alle Entwicklungen, Erfahrungen und Problemlagen über die Grenzen von Subgruppen hinaus bekannt zu machen und zur Diskussion zu bringen, von denen andere in einer relevanten Weise betroffen sein könnten." (Schultz 2002, S. 43)

Die hier vorgeschlagene Lösung lässt sich also wie folgt zusammenfassen: Integration muss durch kontinuierliche Thematisierung gewährleistet werden, die nicht Konsens, sondern Präsenz von Themen garantiert. Massenkommunikation kann also nicht mit normativer Integration gleichgesetzt werden. Eine ihre Hauptfunktionen besteht darin, den öffentlichen Dialog aufrechtzuerhalten. Dieser öffentliche Dialog stellt sich aber nicht von selbst ein, sondern bringt auch neue Herausforderungen an Mitglieder moderner Gesellschaften mit sich: Es findet eine Verlagerung der gesellschaftlichen Verantwortung von Fremdkontrolle und normativer Steuerung zur Selbstkontrolle statt. Gerade vor dem Hintergrund medialer Ausdifferenzierung und immer häufigeren inhaltlichen Experimenten bedeutet dies eine hohe Reflexionslast, die zunehmend auf Individuen verlagert wird, von denen erwartet wird, dass sie Position beziehen. Diese Liberalisierung wird häufig mit dem Hinweis auf das Ideal der Konsumentensouveränität begründet. Zugleich geraten durch diese Verantwortungsverlagerung auch jene Institutionen unter Druck, die sich aufgrund ihres historischen Auftrags in besonderer Weise der Integrationsaufgabe verpflichtet sahen.

Die Diskussion rund um den Zusammenhang von Medien und Integration wird erstaunlicherweise vorwiegend in Bezug auf den Rundfunk geführt. Das mag damit zusammenhängen, dass man der Kombination von Bild und Ton in Verbindung mit der Möglichkeit des Erreichens disperser Publika ein anderes Wirkungspotenzial zuschreibt als der seit jeher pluralistischer organisierten Presselandschaft mit ihrer Differenzierung auf der lokalen, regionalen und nationalen sowie internationalen Ebene.

Die Integrationsleistung wird dabei insbesondere an die Erfüllung bestimmter politischer Funktionen geknüpft, die Holtz-Bacha als eine klassische Dreiteilung bezeichnet hat: „Generalfunktion der Medien ist die Informationsfunktion, daraus ergeben sich gewissermaßen die Funktionen der Meinungsbildung sowie der Kontrolle und Kritik." (1997, S. 15) Holtz-Bacha ergänzt diese klassische Sichtweise um den Hinweis, dass sich die Informationsfunktion nicht nur über das Informationsformat (Nachrichten, politische Magazine) realisieren lässt, sondern ebenso durch unterhaltende Angebote, die in fiktionaler oder nonfiktionaler Form Politisches vermitteln.

Eine weitere Klassifikation schlägt Vlasic vor. Nach einer umfangreichen Diskussion der Integrationsfunktion der Massenmedien präsentiert er eine Typologie, die vermutete, ermittelte oder geforderte Einflüsse der Medien auf die Gesellschaft unterscheidet. Diese lassen sich zu fünf traditionellen Anforderungen verdichten: „1) Bereitstellung gemeinsamer Themen; 2) Ermöglichen von Repräsentation; 3) Konstituieren von (politischer) Öffentlichkeit; 4) Vermittlung gemeinsamer Normen und Werte; 5) Konstruktion von Realität." (Vlasic 2004, S. 219) Er bemängelt zugleich, dass Integrationsmodelle, die keine inhaltliche Präzisierung des Gemeinten mitliefern, ungenau bzw. unbestimmt bleiben müssen. Er stellt fest: „Jede nähere Festlegung kann nur unter Bezug auf normative Vorstellungen erfolgen. Im Hinblick auf eine rationale Diskussion über Integrationsmodelle ist folglich zu fordern, dass die Sprecher ihre jeweilige normative Position offenlegen." (ebd., S. 223) Diese Kritik betrifft auch das bereits erwähnte Verständnis von Integration als Ermöglichen von Anschlusskommunikation. In der Luhmannschen Perspektive integrieren Massenmedien, indem sie für Anschlüsse in unterschiedlichsten Teilsystemen wie Politik, Wirtschaft, Kunst oder einfachen Interaktions- bzw. Kommunikationssystemen (Gespräche unter Freunden, Small talk etc.) sorgen. Wenn diese Fortführung des Diskurses das einzige Kriterium ist, wird die Frage, wie konkrete Inhalte verarbeitet werden, sekundär: Der Fokus auf den Prozess führt zu einer Vernachlässigung der Themen.

Segmentierung

Aber auch hier muss die Unwahrscheinlichkeit der Kommunikation, die Möglichkeit des Nicht-Gelingens einkalkuliert werden, wenn man nicht zumindest implizit von einem Stimulus-Response-Modell ausgehen will. Eben diese Frage nach der Qualität des Angebots oder auch nach der Art und Weise, wie Realität konstruiert wird, möchten die wenigsten zugunsten der bloßen Prozessanalyse von Kommunikationsketten aufgeben. Dieser Vorwurf einer theoretisch begründeten Reduktion wird beispielsweise von Hömberg wie folgt formuliert: „Die systemtheoretische Reduktion auf die redaktionelle Gesamtleistung blendet manche Formen und Varianten des ‚Qualitätsjournalismus' aus, die man nur an Subjekten, Personen, Individuen festmachen kann. Als Beispiele sind der Reportagejournalismus, der Feuilletonjournalismus, der literarische Journalismus zu nennen." (Hömberg 2005, S. 199)

Die Abkehr von einer neutralen Sichtweise führt andererseits dazu, dass die Vorwegnahme von Risiken, deren Eintreten man nicht mit Sicherheit voraussagen kann, als Begründung für das Verfechten bestimmter Positionen dient. So hat Elihu Katz am Beispiel der Entwicklung des Fernsehens in Israel gezeigt, welche Konsequenz die Auflösung eines öffentlichen Monopols im Bereich des Fernsehens gehabt hat. Der symptomatische Titel seines Beitrags „And deliver us from Segmentation" verdeutlicht seine Sorge, dass sogenannte Massendemokratien durch den Verlust institutioneller Regeln ihren „last common meeting ground" (Katz 1996, S. 22) verlieren würden. Holtz-Bacha versteht unter dieser Formulierung „die Idee eines gesellschaftlichen Zentrums" (1997, S. 17), das als Meinungsforum dient, in dem sich auch politische Entscheidungsfindungen legitimieren müssen. Man könnte auch sagen: Hier wird den Massenmedien eine Agora-Funktion im Sinne der Agorai, der antiken griechischen Marktplätze zugeschrieben. Ohne Zweifel wird hier eine enge Verbindung zwischen Gemeinsamkeit und Informationsqualität hergestellt. Auch die Diskussion um den öffentlich-rechtlichen Rundfunk in Deutschland hat gezeigt, dass dessen Aufgabe in engster Verknüpfung mit der Integrationsfunktion des Rundfunks bestimmt wurde. Diese bis 1984 gültige „Programmhoheit" sollte eine wichtige gesellschaftliche und politische Funktion der Medien bewahren. Folgt man der Einschätzung von Roß, so ist diese Phase mit der Einführung des dualen Rundfunksystems Geschichte geworden (vgl. 1990, S. 81). Die Aufgabe der Integration konkurriert heute mit den Medienpräferenzen eines Publikums, das sich im Zuge einer wachsenden Wahlfreiheit in unterschiedlichem Maße an der Teilnahme öffentlicher Kommunikation verpflichtet fühlt:

> „Die Überbetonung der öffentlichen Aufgabe hat das Fernsehen mit einer Bürde belastet, die es allenfalls in einer konkurrenzfreien Situation verkraften konnte. Sobald diese große „Schutzzone" entfiel und sich Konkurrenten etablierten, denen man das Recht auf Publikumsmaximierung und kommerziellen Erfolg zugestand, musste sich die öffentliche Aufgabe als Ballast erweisen." (ebd., S. 81)

Dieses Beispiel verdeutlicht die Problematik einer Diskussion, die lange Zeit ohne erkennbaren Gegner geführt werden musste. Die Frage, ob eine Gesellschaft einen öffentlich-rechtlichen Rundfunk benötige, wurde mit Verweis auf verfassungsrechtliche Entscheidungen beantwortet. Bis weit in die 1980er Jahre hinein war die öffentliche Diskussion noch von der Frage bestimmt, ob man dem privaten Fernsehen eine Chance einräumen sollte, ob Rundfunk also auch andere Trägerschaften zulässt. Heute wagt dagegen kaum jemand die Frage zu stellen, ob eine Gesellschaft privaten Rundfunk benötige. Eher wird danach gefragt, unter welchen Bedingungen ein öffentlich-rechtlicher Rundfunk noch legitimiert werden kann. Nicht wenige vertraten die Auffassung, dass es der Verzicht auf Selektionsmöglichkeiten gewesen sei, welcher Integration gewährleistete. Auch hierzu stellte Holtz-Bacha beispielsweise fest: „Die kaum vorhandene Selektionsmöglichkeit verführte dazu, sich gelegentlich auch mit solchen Inhalten und Argumenten auseinanderzusetzen, die vielleicht nicht so sehr den persönlichen Interessen oder der eigenen Meinung entsprachen; das ist heute nicht mehr notwendig." (1997, S. 17)

Die Konkurrenz hat zu einem intensiveren Nachdenken darüber geführt, was es eigentlich heißt, eine „Public Service"-Funktion zu erfüllen. Unter Monopolbedingungen konnte dieses Ziel „allgemein und vage gehalten werden; unter seinem breiten Schirm konnten im Programm mehr oder weniger alle gewünschten Wege gegangen werden; wirklich schwere Entscheidungen mußten nur relativ selten getroffen werden." (Blumler/Hoffmann-Riem 1992, S. 406) Dennoch bedarf dieses Argument, dass im Zuge der technologischen Entwicklung ein Zusammenhang zwischen einer Ausweitung von Distributions- und Empfangsmöglichkeiten der Medienangebote einerseits und dem Verfall der Idee einer öffentlichen Kultur andererseits zu beobachten sei (vgl. Tracey 1994, S. 145), durchaus weiterer Erörterungen. Tracey zitiert einen Medienberater Rupert Murdochs mit dem Satz: „Vieles von dem, was früher im (britischen) Public Service-Duopol Programmauftrag war, wird jetzt vom Markt angeboten; es ist eine Verschwendung von Mitteln, die dem öffentlich-rechtlichen Rundfunk zur Verfügung gestellt werden, die der Markt genauso gut oder manchmal auch noch besser liefern kann." (zit. nach ebd., S. 147)

Solche Argumente werden heute weniger nachdrücklich formuliert. Das zeigt beispielsweise die verblassende Diskussion um die sogenannte Konvergenz der Programme, die eine Angleichung der Niveaus öffentlich-rechtlicher und privater Systeme behauptete. Dagegen hat sich eine neue Fernsehkultur etabliert, von der niemand wirklich glaubt, dass sie sich auf gemeinsame Ziele verpflichten könne. Stattdessen ist nun eine Situation eingetreten, in der es den jeweiligen Anbietern gelingen muss, durch das von ihnen präsentierte Themenspektrum zu integrieren. Die Qualitätsdebatte wird daher nicht mehr ernsthaft vor dem Hintergrund eines Grundversorgungsauftrags geführt, sondern vor dem einer „Ökonomie des Billigen". Angesichts eines weitgehend inhaltsindifferenten Postulats der Konsumentensouveränität wird es schwerer, Aufwand und Ertrag als Messgrößen in die Beurteilung von Medienangeboten einzubringen. Auch über die Betonung des erzieherischen Auftrags wird man kaum an Überzeugungskraft gewinnen. Das Gelingen des Anspruchs, Integration und Gemeinsamkeit zu verknüpfen, darf nicht davon abhängig gemacht werden, dass alle das Gleiche sehen, lesen oder hören. Nur die Berücksichtigung der gesamten Kommunikationsleistung eines Mediensystems kann eine angemessene Antwort auf die Frage geben, ob einer Gesellschaft das Bewusstsein über relevante Themen und Probleme verloren gegangen ist. Integration findet letztlich über diese Thementransparenz statt, ohne zu erwarten, dass alle mit der gleichen Stimme reden. Insofern bewegt sich die Integrationsdebatte auch zwischen den Polen Redundanz und Vielfalt.

Gratifikationen

Wenn nun die Absichten des Publikums behandelt werden, soll keineswegs unterstellt werden, dass es stets dessen Ziel war, ein aus seiner Sicht zu knappes Medienangebot durch permanente Artikulation eines darüber hinausgehenden Bedarfs zu beseitigen. Derart konkrete Ansprüche würde weitreichende Formen der Publikumsorganisation voraussetzen, die in historischer Perspektive nicht vorhanden und auch keine nennenswerte Rolle bei der Strukturentwicklung von Mediensystemen spielten (vgl. ausführlich hierzu Jäckel 2008). Von einer Überbetonung des Individuums in Massenkommunikationsprozessen kann ohnehin nicht gesprochen werden. Wenn von Selektionen die Rede war, dann als Ergebnis von Mediennutzung.

Wenn aber bestimmte Inhalte individuell als unangenehm empfunden werden, liegt bereits ein Effekt vor, der Ausgangspunkt für Antworten unterschiedlicher Art sein kann. Entsprechendes gilt, wenn die Kommunikationsangebote vorhandene Einstellungen verstärken. Die Theorie der kognitiven Dissonanz (vgl. Festinger 1978) und andere sozialpsychologische Modelle, die sich mit diesen Ausgleichsphänomenen beschäftigen, gehen von der Grundannahme aus, dass Konflikte als unangenehm empfunden werden und ein als harmonisch empfundener Zustand angestrebt wird. Wer also die Konfrontation mit dem Unangenehmen nicht vermeiden kann und ein inneres Ungleichgewicht verspürt, versucht die empfundene Dissonanz zu reduzieren und Konsonanz herzustellen.

Der Begriff ‚defensive Selektivität', der auf diese Forschungstradition Bezug nimmt, setzt die Vorstellung eines aktiven Eingreifens des Rezipienten an die Stelle einer rein passiven Akzeptanz. Damit wird die Vorstellung einer unmittelbaren Wirkung der Medien zurückgewiesen. Diese Gegenüberstellung legt die Anschlussfrage nahe, was unter einer passiven Akzeptanz verstanden werden soll: Warum und unter welchen Bedingungen sollte dieses ‚Opfer'-Modell zutreffen? Diese bis heute beobachtbare Kontrastierung von gegensätzlichen Auffassungen zum Verlauf von Kommunikationsprozessen dient eher der bewussten Polarisierung von Perspektiven als der Vermittlung eines adäquaten Blicks auf das Verhältnis von Medienangeboten und Publikumsreaktionen. Hasebrink und Krotz sprechen diesbezüglich von einem „Grundmuster kommunikationswissenschaftlichen Denkens" (1991, S. 117). Beispielhaft kann dieses Grundmuster an einer Auffassung illustriert werden, die die Erklärung des Zuschauerverhaltens zum Gegenstand hat:

> „Two quite different assumptions have been made about television viewers. Most critics of the medium as well als researchers working in the ‚effects' tradition generally assume that viewers are passive, simply ‚watching what is on'. In marked contrast, researchers working in the ‚uses and gratifications' tradition conceive of viewers as actively choosing what to see and what to attend to while the set is on." (Peterson 1986, S. 81)

Die Forschungstradition, die sich in besonderer Weise um den Nachweis von Publikumsaktivitäten bemüht hat, wird in diesem Zitat bereits genannt: ‚Uses and Gratifications'. Die Sichtweise auf das Publikum, die von dieser Tradition eingeleitet wurde, wurde euphorisch als ein Paradigmenwechsel gefeiert, auch wenn bedeutende Vertreter selbst eingestanden haben, dass eine solche Bezeichnung „is perhaps too grandiose as a description of what occurred." (Palmgreen et al. 1985, S. 11) Während die medienzentrierte Sichtweise den Fokus auf die Intentionen des Kommunikators legt, setzt sich die publikumszentrierte Sichtweise für eine stärkere Berücksichtigung der Funktionen und des Nutzens der Medien für die aktiven Rezipienten ein, wobei die Mediennutzung als interpretatives soziales Handeln betrachtet wird. Aus der Fragestellung ‚Was machen die Medien mit den Menschen?' wird nun ‚Was machen die Menschen mit den Medien?' Diese programmatische Formulierung verwandten Katz und Foulkes 1962 in ihrem Beitrag ‚On the Use of the Mass Media as ‚Escape': Clarification of a Concept' (Katz/Foulkes 1962). Folgt man der Einschätzung von Lowery/DeFleur, dann ist die Formulierung ‚Uses and Gratifications' im Umfeld von Forschungen entstanden, die vor allem im ‚Office of Radio Research' angesiedelt waren. Das im Jahr 1937 gegründete Forschungsinstitut war zunächst an der University of Newark angesiedelt und wurde 1939 an die Columbia University verlegt. Geleitet wurde es von Paul Felix Lazarsfeld. Dank einer großzügigen Förderung durch die ‚Rockefeller Foundation' konnten umfassende Analysen zur Bedeutung des Radios für die Hörerschaft durchgeführt werden (siehe hierzu auch Allerbeck 2003, S. 8). Nach Lazarsfeld sei es nicht so „daß die Leute einfach das akzeptieren was man ihnen zeigt oder sagt. Hier tritt eine Reihe von Bedürfnissen auf [...]" (Lazarsfeld 1975, S. 222) die eine Rezeption von ‚daytime serials' mitbestimmen. Herta Herzog analysierte an diesem Institut die Hörgewohnheiten und Funktionen, die die jeweiligen Angebote für das Publikum erfüllen. Mit Hilfe standardisierter Befragungen und ergänzender Einzelgespräche wollte man in Erfahrung bringen, welchen Gewinn diese täglich wiederkehrenden Angebote bieten. Die Gratifikationsleistungen amerikanischer Hörfunkserien wurden von Herzog in drei Bereiche klassifiziert: emotionale Entspannung, Realisation von Wunschvorstellungen und Vermittlung von Ratschlägen. Da insbesondere Frauen die Sendungen hörten, dienten diese auch hauptsächlich als Informantinnen. Herzog war sich durchaus der Tatsache bewusst, dass die in den Hörfunkserien präsentierten Wertvorstellungen und Ratschläge den Charakter von Scheinlösungen haben können. Die Wirkung solcher Angebote besteht also vorwiegend in einer kurzfristigen psychischen Entlastung. Eine Identifikation mit Serienfiguren und Serienrealitäten veranlasste Herzog nicht nur zu der Schlussfolgerung, dass diese nutzenstiftende Funktion der Medienangebote ein bedeutender Erklärungsfaktor für die Rezeption ist, sondern auch zu der Aufforderung an die Verfasser von Hörfunkserien, sich dieser besonderen Verantwortung immer bewusst zu sein (vgl. zusammenfassend Lowery/DeFleur 1995, S. 93 ff.; Drabczynski 1982, S. 96 ff.).

Damit verdeutlicht bereits diese Untersuchung, dass Nutzungswirkungen nicht allein vom Belieben der jeweiligen Rezipienten abhängen. Der Rezipient bleibt in der

Erfüllung seiner Bedürfnisse an Vorgaben gebunden, auf die er in der Regel nur einen sehr begrenzten Einfluss hat. Als Raymond A. Bauer Anfang der 1960er Jahre die Initiative des Publikums aus seiner Sicht zusammenfasste, sprach er – auch unter Bezugnahme auf die Ergebnisse von Herzog – von einem „functional approach" (Bauer 1963, S. 3). Auch Bauer ist sich der unterschiedlichen Möglichkeiten der Einflussnahme auf den Kommunikationsprozess durch Sender und Empfänger bewusst. Er sieht jedoch sowohl in der bewussten Auswahl als auch in dem Verzicht auf bestimmte Angebote eine wesentliche Chance des Publikums. Deshalb wird auch von einem ‚widerspenstigen Publikum' gesprochen: „[…] the obstinacy of the audience; it is not passively to be pushed around." (Bauer 1963, S. 7) Das widerspenstige Publikum weiß sich somit vor Medienangeboten und Einflussnahmen durchaus zu schützen. Katz und Foulkes vertraten darüber hinaus die Auffassung, dass es ein berechtigtes Interesse an der Erforschung der Gratifikationen gibt, die Menschen aus den Medienangeboten ziehen. Obwohl in dem bereits genannten Beitrag das Phänomen des Eskapimus in den Vordergrund der Analyse gestellt wurde, geriet nunmehr verstärkt der Aspekt der Publikumsaktivität ins Zentrum des wissenschaftlichen Interesses. Der Begriff ‚publikumszentriert' wird ernst genommen und die Vorstellung einer ‚active audience' erhält Gestalt. Während man Katz' und Foulkes' Ausführungen noch so interpretieren darf, dass aus Wirkungen Funktionen gemacht werden (siehe Beispieltext) werden nun vermehrt Interessen, Motive und Präferenzen des Publikums zum Ausgangspunkt der Erklärung medienbezogenen Handelns.

Eine Begründung der Gratifikationsforschung

„It is often argued that the mass media ‚give the people what they want' and that the viewers, listeners, and readers ultimately determine the content of the media by their choices of what they will read, view, or hear. Whether or not this is a valid characterization of the role of the mass in relation to the media, it is only an arc of circular reasoning unless there is independent evidence of what the people do want. More particularly, there is great need to know what people do with the media, what uses they make of what the media now give them, what satisfactions they enjoy, and, indeed, what part the media play in their personal lives." (Katz/Foulkes 1962, S. 377)

Mit dem im Jahr 1974 vorgelegten Sammelband ‚The Uses of Mass Communications' (Blumler/Katz 1974) und dem elf Jahre später erschienenen Band ‚Media Gratifications Research' (Rosengren et al. 1985) hatte diese Forschungstradition wichtige Befunde, Modelle und analytische Vorgehensweisen präsentiert, die den besonderen Stellenwert dieser Fragestellungen veranschaulichen. Ebenso hat Thomas E. Ruggiero in seinem Beitrag ‚Uses and Gratifications Theory in the 21st Century' auf die anhaltende Bedeutung dieser Perspektive hingewiesen und stellt einleitend fest: „Some mass communications scholars have contended that uses and gratifications is not a rigorous social science theory. [...] I argue just the opposite, and any attempt to speculate on the future of mass communication theory must seriously include the uses and gratifications approach." (Ruggiero 2000, S. 3) Folgt man dem Phasenmodell von Palmgreen et al., dann lässt sich die Entwicklung der Gratifikationsforschung wie folgt beschreiben (vgl. Palmgreen et al. 1985, S. 13 f.):

- Die Operationalisierungsphase: Diese Phase ist durch eine Vielzahl von Typologien gekennzeichnet, die aus den Funktionen abgeleitet werden, die Medien für die Menschen haben. Es dominieren Beschreibungen; Erklärungen sind selten. Gleichwohl hat diese relativ lange Phase (Anfang der 1940er Jahre bis Ende der 1960er Jahre) bereits einen sehr detaillierten Blick auf mögliche Gratifikationen der Medien eröffnet. In zahlreichen Varianten werden Orientierungs-, Entlastungs- und Unterhaltungsfunktionen der Medien beschrieben. Dabei lag gelegentlich eine Überbetonung des Eskapismus-Phänomens vor, also einer gesellschaftlich legitimierten Art, sich auf begrenzte Zeit von gesellschaftlichen Rollenverpflichtungen durch die Nutzung von Medien zu befreien. In dieser Zeit werden aber auch zahlreiche Studien vorgelegt, die das Konkurrenzverhältnis der Medien untereinander thematisieren.
- Die Abkehr von einer engen funktionalistischen Terminologie und Perspektive: Diese Phase kann als Übergangsphase bezeichnet werden. Der ubiquitären Verwendung des Funktionsbegriffs für alle erdenklichen Zusammenhänge zwischen Medienangeboten und Gratifikationsleistungen wird eine stärker theoriegeleitete Systematisierung entgegengestellt. Kritisiert wird eine unzureichende Ebenendifferenzierung, welche die jeweils erbrachten Funktionen mal auf der gesellschaftlichen, mal auf der individuellen Ebene verankert (siehe hierzu kritisch Rosengren 1996, S. 21 f.). Dieser Zuordnungsproblematik wird im Rahmen der Gratifikationsforschung handlungstheoretisch begegnet. In Verbindung damit rückt das Individuum noch stärker in den Mittelpunkt des Massenkommunikationsprozesses. Zugleich nimmt die Betonung des intentionalen Charakters von Mediennutzung zu. Diese Phase kann auch als eine Phase der Modellbildung bezeichnet werden, in der eine genauere Bestimmung der Elemente, die am Gratifikationsprozess beteiligt sind, angestrebt wird.
- Die Phase der Etablierung und Ausweitung: Für diese Phase, die bis in die Gegenwart reicht, ist die konsequente Umsetzung einer motivationalen Perspektive kennzeichnend. Damit verbunden ist nach Auffassung von Palmgreen et al. eine Ausweitung der Fragestellung über den Kommunikationsprozess im engeren Sinne hinaus. Man bemüht sich um eine Einbindung der Mediennutzung in einen allgemeineren Handlungsrahmen. Diese Versuche können auch als Antwort auf die Überbetonung des Individuums gelesen werden, da die Kritik diesbezüglich am deutlichsten artikuliert wurde (vgl. hierzu auch Jäckel 1996, S. 93 ff.).

Wenn Mediennutzung als absichtsgeleitetes Handeln interpretiert wird, erhalten Medienangebote einen instrumentellen Charakter. Konsequenterweise würde die Schlussfolgerung resultieren, dass es sich bei Medienwirkung um ein durch das Individuum gesteuerten Vorgang handelt. Die Grundannahmen des Nutzen- und Belohnungsansatzes lassen diese Interpretation jedenfalls zu. Sie lauten:

- Das aktive Publikum verwendet Medienangebote zur Erreichung bestimmter Ziele. Es liegt ein Zweck-Mittel-Denken vor. Mediennutzung ist intentional und absichtsvoll.
- Welches Medienangebot für welche Art von Bedürfnisbefriedigung besonders geeignet ist, entscheidet der Rezipient. Dieser Vorgang der Selektion impliziert, dass auch andere Quellen der Bedürfnisbefriedigung, die außerhalb der Medien anzusiedeln sind, in Frage kommen. Wer sich entspannen will, hat die Wahl zwischen einer Fernsehserie oder einem Spaziergang. Damit wird Mediennutzung als Teil eines umfassenderen Entscheidungshandelns beschrieben.

Diese Annahmen beinhalten eine Vielzahl von Voraussetzungen. Sie implizieren sowohl eine Unabhängigkeit als auch eine hohe Transparenz der Entscheidungsfindung. Sie betonen die Autonomie des Individuums und setzen einen hohen Grad an Bewusstheit voraus, insbesondere hinsichtlich der Bedeutung und Rangordnung von Interessen und Bedürfnissen (vgl. auch die Kritik bei Schweiger 2007, S. 65 ff.). Der Vorwurf der Naivität blieb in diesem Zusammenhang nicht aus, da habitualisierte Mediennutzungen nicht berücksichtigt würden. Er ist aber auch auf eine selektive Wahrnehmung des Forschungsansatzes zurückzuführen. Immerhin sah man sich zu korrigierenden Äußerungen veranlasst, etwa bezüglich der Frage, ob man ein in sozialer Hinsicht ungebundenes Individuum als Grundlage der Erklärung von Mediennutzung empfehlen wollte. Blumler et al. äußerten sich zu diesem Einwand wie folgt: „We never meant to talk about abstracted individuals, but about people in social situations that give rise to their needs. The individual is part of a social structure, and his or her choices are less free and random than a vulgar gratificationism would presume." (Blumler 1985, S. 260) Dieses Zitat verdeutlicht noch einmal, in welche Richtung sich die Missverständnisse bewegten. Bereits im Jahr 1949 stellte der amerikanische Soziologe Robert King Merton fest: „Gratifications derived from mass communications [...] are not merely psychological in nature; they are also a product of the distinctive social roles of those who make use of the communications." (Merton 1968, S. 461f.) Der Begriff der Publikumsaktivität wurde folglich immer weiter eingeschränkt bzw. konkretisiert, bis zu dem Hinweis, er sei nur im funktionalistischen Sinne zu verstehen. Schließlich sei auch der ‚Nutzen' als solcher strukturell bedingt. Wobei hier auch deutlich wird, dass die Frage, warum bestimmte Bedürfnisse eigentlich wirken, durch diesen Ansatz ebenfalls nicht genügend beleuchtet werde (vgl. Hugger 2008).

Die Logik der Selektion aus einem gegebenen Angebot muss präzisiert werden. Die Entscheidungen für oder gegen bestimmte Medieninhalte können mit dem Ansatz der low cost decisions beschrieben werden. Die Wahl eines Medienangebotes ist leicht rückgängig zu machen, indem man um- oder ausschaltet, die Zeitung beiseite legt, die Website wechselt. Auch die monetären Ausgaben halten sich dabei in Grenzen, sodass eine nicht-optimale Wahl folglich leicht korrigiert werden kann. Die Opportunitätskosten im Falle einer Festlegung sind also relativ gering und somit wird auch nicht viel Aufwand in eine Entscheidungsfindung investiert. Die Gratifikationserwartungen rühren von unterschiedlichen Quellen her, wie beispielsweise eigenen Erfahrungen, Empfehlungen oder besonderen Ereignissen.[15]

Durch den Wandel in den Medientechnologien und die damit aufkommenden ‚Mitmach-Medien' wird wieder vermehrt die Einbindung des Publikums diskutiert. Ob dessen Entscheidungen als ‚Richtspruch' interpretiert werden kann, ist fraglich. Nicht selten dürften diese Entscheidungen, wie oben beschrieben, eben nicht wohl durchdacht und von ganz bestimmten Zielen geleitet sein. Folgende Punkte sind hier zu beachten:

- Als eher unorganisiertes, disperses Publikum verfügt dieses über keine dauerhafte Organisationsstruktur und damit nur über eine geringe Kontinuität.
- Das Publikum als (Bezugs-)Gruppe kann sich wiederum einbringen, indem es sich über Geschehnisse und Rezeptionen austauscht. Dies erfolgt jedoch weniger engagiert und selten kontinuierlich, da solche Diskussionen meist nicht gezielt geführt werden, sondern aus alltäglichen Interaktionen entstehen.
- Das Publikum wird, ob aktiv oder passiv, in Medienplanungen als Kalkulationsgröße bedacht.

Entsprechend diesen Konstellationen kann man verschiedene Rollen des Publikums beschreiben (vgl. Jäckel 2010b):

- Mündige Konsumenten verfügen über Medienkompetenzen, die als Grundlage für Entscheidungen und Verarbeitung dienen. Qualitätsurteile können als Weiterempfehlungen Auswirkungen haben.
- Schutzbedürftige Gruppen sollen mithilfe institutionalisierter Medienkontrolle über Selbstschutz und Nicht-Nutzung hinaus unterstützt werden.
- Als (Mit-)Produzenten beteiligen sich Mediennutzer an der Gestaltung von Medienangeboten und übernehmen teilweise sogar selbst die Rolle eines Senders.

Im Hinblick auf den Wandel des Mediensystems stellt sich somit die Frage, wie sich das Publikum in Zukunft einbringen wird.

---

15 Siehe hierzu auch die Ausführungen im Kapitel 6.

Leseempfehlungen

Rosengren, Karl Erik et al. (eds.) (1985): Media Gratifications Research. Current Perspectives. Beverly Hills.

Vlasic, Andreas (2004): Die Integrationsfunktion der Massenmedien. Begriffsgeschichte, Modelle, Operationalisierung. Wiesbaden.

Viswanath, Kasisomayajula/Finnegan, John R. (1996): The Knowledge Gap Hypothesis: Twenty-Five Years Later. In: Burleson, Brant R. (eds.): Communication Yearbook 19, S. 187–227.

Zillien, Nicole (2013): Wissenskluftforschung. In: Schweiger, Wolfgang/Fahr, Andreas (Hg.): Handbuch Medienwirkungsforschung. Wiesbaden, S. 495–512.

Mit welchem Effekt? Wirkungsfelder 8

Ursache und Wirkung

Die ‚Wiege' des Wirkungsbegriffs steht in den Naturwissenschaften. Vorstellungen von Ursache und Wirkung sind eng mit der Tradition des Behaviorismus verbunden. Die Reize der Umwelt, zu denen auch die Medienangebote zählen, werden im Hinblick auf ihre Reaktionen bei den Empfängern unter Beachtung strenger methodischer Bedingungen betrachtet. Die Verwendung des Wirkungs-Begriffs legt Kausalitätsannahmen nahe und wird im alltäglichen Sprachgebrauch auch mit solchen Implikationen verknüpft. Wirkung wird in der Regel mit Veränderung gleichgesetzt. Veränderung bedeutet, dass sich auf der Einstellungs- oder Verhaltensebene Beobachtungen machen lassen, die auf das Vorliegen eines bestimmten Stimulus zurückgeführt werden können. Diese müssen sich in beobachtbaren bzw. messbaren Reaktionen von Rezipienten manifestieren. Dieser Beschreibung entspricht auch die Grundstruktur des Modells, das in der Literatur verschiedene Namensgebungen erfahren hat. Die geläufigsten Bezeichnungen lauten:

- Stimulus-Response-Modell
- Reiz-Reaktions-Modell
- Hypodermic Needle-Modell
- Transmission Belt-Theorie
- Magic Bullet-Theorie

Am häufigsten wird die Stimulus-Response-Terminologie (Reiz-Reaktion) verwandt. Orientiert man sich an diesen Begriffen, so resultiert daraus das folgende Grundmodell des Wirkungsvorgangs. Die von den Massenmedien präsentierten Stimuli erreichen die Rezipienten unmittelbar, Rückkopplungen finden nicht statt, und damit weder Interaktionen zwischen dem Sender und dem Empfänger noch unter den Empfängern selbst. Das Modell hat endgültigen Charakter und enthält keinerlei Hinweise auf Lernprozesse; es erscheint statisch. Reaktionen werden lediglich als Folge einer bestimmten Aussage definiert: Kommunikation ist gleich Wirkung. Es dominiert ein fast ‚technisches' Verständnis von ‚Wirkung'. Dass Menschen selbst Medien sein können, also Vermittler oder Interpreten von über Medien vermittelten Aussagen, ist in diesem Ausgangsmodell der Medienwirkungsforschung nicht vorgesehen.

Abb. 8.1 Die Grundstruktur des Stimulus-Response-Modells

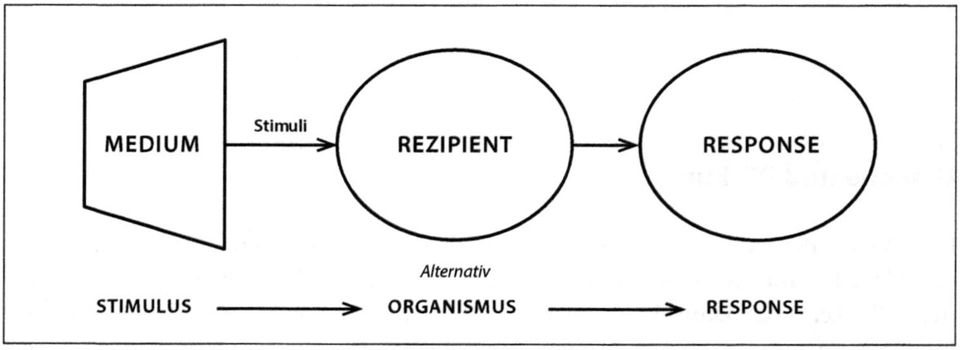

```
MEDIUM  --Stimuli-->  REZIPIENT  -->  RESPONSE

           Alternativ
STIMULUS  ---------->  ORGANISMUS  ---------->  RESPONSE
```

Quelle: Eigene Erstellung in Anlehnung an Merten 1994b, S. 295 und McQuail 2010, S. 470 f.

Daraus erklärt sich auch die Verwendung des Begriffs ‚Organismus'. Reflexivität bleibt ausgeschlossen und an die Stelle eines deutenden Verstehens tritt ausschließlich ein ursächliches Erklären. Die Grundannahmen können wie folgt benannt werden:

- Die Stimuli der Massenkommunikation erreichen die Rezipienten unmittelbar.
- Die Stimuli sind eindeutig und werden infolgedessen weitgehend gleich wahrgenommen.
- Infolge dieser Homogenitätsannahme kommt es zu ähnlichen oder identischen Reaktionen der Rezipienten.
- Der Inhalt und die Richtung des Effekts eines Stimulus werden gleichgesetzt.
- Das Publikum der Massenkommunikation erscheint als eine undifferenzierte Masse.

Für die anfängliche Popularität dieses Modells können mehrere Gründe angeführt werden:

- Es korrespondierte mit dominierenden Annahmen über die menschliche Natur.
- Es korrespondierte mit den Vorstellungen über die Verfassung moderner Gesellschaften.

- Die Popularität wurde von einer politischen und sozialen Konfliktlage getragen, in der der Einsatz von Kommunikation für Propagandazwecke im Zentrum des Interesses stand. Begünstigend wirkten zudem gelegentliche spektakuläre Erfolge von Kampagnen, die auf den ersten Blick die Modellannahmen stützten.

Die Vorstellungen über die menschliche Natur, die dem Stimulus-Response-Modell zugrunde liegen, sind ein Spiegelbild der Vorstellungen, die mit dem Begriff ‚Massengesellschaft' assoziiert werden. Gerade hier lässt sich verdeutlichen, dass für die Analyse von Massenkommunikationsprozessen das jeweilige ‚concept of man' von zentraler und forschungsleitender Bedeutung ist. Pointiert formuliert wird die atomisierte Masse zum Spielball von Kommunikationsstrategien, die ihren Erfolg behavioristisch oder instinkttheoretisch begründen (siehe zur Instinkttheorie auch Heckhausen 1980, S. 51 ff.). Und dies bedeutet: Wenn ein Reiz eine bestimmte Reaktion auslöst, dann lässt sich diese Reiz-Reaktions-Kette bei einer Vielzahl von Menschen beobachten. Dieser psychologische Mechanismus ist nicht individuell. Am deutlichsten wird dieses Wirkungsverständnis durch den schon erwähnten Begriff ‚hypodermic needle' vermittelt. Ähnlich einer Injektionsspritze wirken die Medienangebote sofort und unmittelbar. Obwohl diese Wirkungsmodelle schon zur damaligen Zeit umstritten waren, konnten sie über einen relativ langen Zeitraum einen bestimmenden Einfluss ausüben (siehe hierzu insb. Brosius/Esser 1998). So äußerte sich Marshall D. Beuick bereits im Jahre 1927 kritisch zu den Erwartungen, die Verbreitung des Hörfunks in den USA würde soziale Revolutionen anstoßen. Sein Artikel trägt den vielsagenden Titel: ‚The limited social effect of broadcasting'. Dort findet sich der Satz: „Broadcasting can never really stimulate a consciousness of kind." (Beuick 1927/28, S. 622)

Ein wesentliches Missverständnis dieser Theorie liegt darin begründet, dass aus dem Vorliegen anthropologischer Konstanten ein identisches Reaktionspotenzial in anderen Bereichen abgeleitet wurde. Auch in der Frühphase der Wirkungsforschung blieben Zweifel an diesen Vorstellungen nicht aus. Beispielhaft lässt sich dies mit einem Zitat verdeutlichen, das von einem der ‚Väter' der Kommunikationsforschung, Harold D. Lasswell (1902–1978), stammt. In einem frühen Beitrag zur Theorie der politischen Propaganda ist die folgende Feststellung zu finden: „The strategy of propaganda […] can readily be described in the language of stimulus-response. […] the propagandist may be said to be concerned with the multiplication of those stimuli which are best calculated to evoke the desired responses, and with the nullification of those stimuli which are likely to instigate the undesired responses." (Lasswell 1927, S. 630)

Lasswell spricht in diesem Zitat von erwünschten Reaktionen und gibt zu erkennen, dass die Wahrscheinlichkeit anderer Reaktionen nicht auszuschließen ist. Aber das Interesse der Forschung lag weniger in dem Nachweis der unterschiedlichen Wirkung identischer Stimuli, als vielmehr in der Erarbeitung von Regeln gezielter Beeinflussung. Auch die 21 Jahre später vorgelegte ‚Lasswell-Formel' konzipiert Kommunikationsprozesse noch als einen einseitigen Vorgang vom Sender zum Empfänger. Ein mehrstufiger Vorgang wird zwar angedeutet, aber zunächst noch nicht im Sinne eines mehrstufigen Wirkungsprozesses interpretiert.

Die Geschichte der Medienwirkungsforschung lässt sich als Auseinandersetzung mit diesem Modell beschreiben. Neuman und Guggenheim stellen die Entwicklung der Theorien und Ansätze als kumulativen Prozess dar, weniger als Phasenmodell mit eindeutig trennbaren zeitlichen Abfolgen bzw. Forschungs„epochen". Die Fortentwicklung (Evolution) von Theorien vollzieht sich danach weniger als Zurückweisung oder Ablösung früherer, sondern mehr durch eine ständige Auseinandersetzung und Weiterentwicklung der jeweiligen Annahmen. Das Stimulus-Response-Modell bleibt auch hier der Ausgangspunkt, von dem aus eine kontinuierliche Erweiterung mit neuen Ansätzen und Verfeinerungen, wie den Active-Audience Modellen und der Berücksichtigung des sozialen Kontextes, stattgefunden hat (vgl. Neuman/Guggenheim 2011).[16] Dass eine historische Aufarbeitung der Theorienevolution nicht einfach ist, liegt auch an der nachträglichen Klassifizierung sämtlicher älterer Theorieansätze zu starken Medieneffekten als Stimulus-Response-Modelle. Weiterhin wird diskutiert, ob das Stimulus-Response-Modell die Medienwirkungsforschung überhaupt als Disziplin beeinflusst hat und wie stark der Einfluss war (vgl. Bussemer 2003; Brosius/Esser 1998).

Auch Lazarsfeld schrieb am Ende seiner akademischen Karriere, dass das Wirkungsproblem „mit Konfusion, Verwirrung und Widersprüchen beladen" (Lazarsfeld 1975, S. 214) sei. Dies mag auch daran liegen, dass allein die Möglichkeiten, Effekte nach ihren Dimensionen zu klassifizieren, so vielfältig sind. Ein Vorschlag ist in der folgenden Tabelle zusammengefasst.

Abb. 8.2 Effekte: eine Differenzierung

Dimension	Mögliche Ausprägung
Art	direkt – indirekt
Stärke	stark – schwach
Zeit/Dauer	kurzfristig – langfristig
Entwicklung	einmalig – kumulativ
Richtung, Verlauf	unidirektional – zirkulär – oszillatorisch
Objekt	Meinungen/Einstellungen – Verhalten
Zielebene	individuell – sozial
Wirkungsweise	Persuasion – Interpretation
Vorsatz/Absicht	intendiert – unintendiert

Quelle: Eigene Erstellung

---

16 Neuman und Guggenheim haben hierzu ergänzend eine interessante Einteilung der Theorien zusammengestellt und mit der entsprechend wichtigsten Literatur ergänzt (vgl. 2011, S. 175 f.).

Art

Wenn von direkten und indirekten Effekten gesprochen wird, wird in erster Linie an Faktoren gedacht, die eine unmittelbare und eindeutige Zuordnung einer Wirkung zu einer Ursache erschweren. Gemeint sind also Einflüsse, die – so die Sprache der Statistik – zwischen X und Y treten. Dies lässt sich graphisch durch eine Erweiterung des Stimulus-Response-Modells veranschaulichen:

Abb. 8.3 Eine Erweiterung des Stimulus-Response-Modells

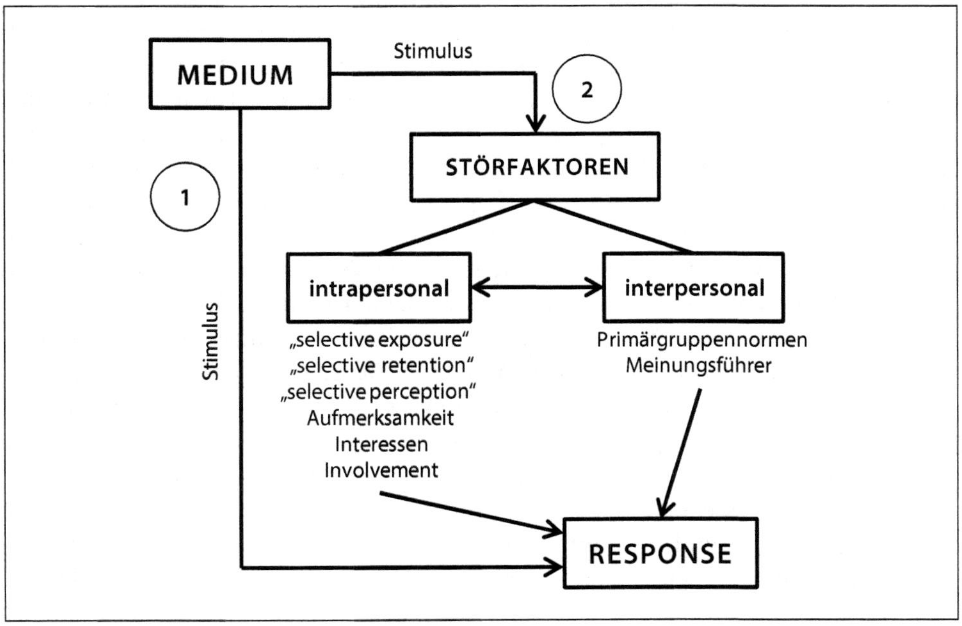

Quelle: Eigene Erstellung

Auch bei Lazarsfeld finden sich einige Hinweise auf die komplexen Wirkmechanismen und verschiedenen Einflüsse, die alltäglich auf ein Individuum einwirken. So müssen Bedürfnisse, Meinungen, Erfahrungen und vieles mehr bedacht werden (vgl. Lazarsfeld 1975). Dies gilt natürlich ebenso in Situationen der Medienrezeption. Die Benennung einer Vielzahl von Einflussfaktoren hat die Vorstellung bestärkt, dass Wirkung ein Phänomen repräsentiert, das sich der exakten wissenschaftlichen Analyse entzieht. In diesem Zusammenhang wird gerne eine Auffassung von Bernard Berelson zitiert, die wie folgt lautet: „Some kinds of communication on some kinds of issues, brought to the attention to some kinds of people under some kinds of conditions, have some kinds of effects." (Berelson 1960, S. 531)

Der polemische Unterton dieser Feststellung sollte nicht überbewertet werden. Es ist kein Plädoyer für eine Individualisierung von Wirkung. Auch diese Aussage legt eine Berücksichtigung von Sender- und Empfängermerkmalen nahe. Hinsichtlich der Empfängerseite sind insbesondere intrapersonale und interpersonale Einflussvariablen[17] zu berücksichtigen. Exemplarisch soll hier auf einige ‚mediating factors' hingewiesen werden:

- Vermeidung von unsympathischer Kommunikation: Klapper verwendet diesbezüglich den Begriff ‚selective exposure'. Gemeint sind Versuche der Rezipienten, sich von unbeliebtem oder unerwünschtem Informationsmaterial fernzuhalten; es geht um Formen der Begrenzung des Einflusses. Klapper referiert eine Studie von Cannell und MacDonald, die feststellten, dass Nichtraucher zu einem wesentlich höheren Anteil Artikel über den Zusammenhang von Rauchen und Krebs lesen als Raucher (vgl. Klapper 1960, S. 21).[18] Wer nach Indizien außerhalb des sozialwissenschaftlichen Experiments sucht, findet in den Diskussionen um Resonanzblasen vielfache Anknüpfungspunkte an diesen Befund (vgl. Pariser 2012).
- Umdeutung von Kommunikation: Klapper bezieht sich beispielsweise auf eine Untersuchung, die Allport und Postman 1945 durchführten. Im Zuge der Diffusion von Informationen stellten sie deutliche Verfälschungen des Inhalts fest. Das zu kommentierende Bild zeigt einen Weißen, der einen Schwarzen mit einem Rasiermesser bedroht. Nach einer Reihe von Nacherzählungen landet das Rasiermesser in der Hand des Schwarzen. An diesem Experiment, das ein extremes Beispiel von selektiver Wahrnehmung repräsentiert, nahmen nur Weiße teil. Im Englischen wird dieses Phänomen mit dem Begriff ‚selective perception' beschrieben. Selektive Wahrnehmung ist in einem weiteren Sinne das Resultat des Zusammenspiels von Interesse, Relevanz und Betroffenheit.
- Speicherung von und Erinnerung an Kommunikation: Der mit dem Begriff ‚selective retention' beschriebene Vorgang ergänzt die bereits genannten Selektionsformen. Man könnte auch von ‚selektivem Behalten' sprechen. Folgendes Beispiel soll zur Illustration dienen: In einem Experiment mit amerikanischen Studenten bildeten Levin und Murphy zwei Gruppen, die sich nach einer Vorbefragung hinsichtlich ihrer politischen Einstellungen als pro-sowjetisch bzw. anti-sowjetisch einstufen ließen. Aus der verwandten Terminologie wird unmittelbar ersichtlich, in welchen Kontext diese Forschung eingebettet war. Man zählte das Jahr 1943. Den beiden Versuchsgruppen wurden sowohl ein pro-sowjetischer als auch ein anti-sowjetischer Text präsentiert mit der Bitte, diese nach einem kurzen Zeit-

---

17 Auf die Meinungsführertheorien wird hier nicht noch einmal explizit eingegangen. Siehe hierzu auch die Ausführungen in Kapitel 4.
18 Robert Levine verweist in einer aktuelleren Publikation auch auf die Überzeugung vieler Raucher hin, selbst mit geringerer Wahrscheinlichkeit an Lungenkrebs zu erkranken. Dies sei nach seiner Auffassung mit Hilfe kognitiver Dissonanz, defensiver Attribution und unrealistischem Optimismus erklärbar (vgl. Levine 2007, S. 20 f.).

raum möglichst exakt nachzuerzählen. Dieser Vorgang wurde mehrfach wiederholt, zunächst unter erneuter Vorlage der Texte, später dann ohne Präsentation des Stimulus-Materials. Als Ergebnis dieser Versuchsreihe zeigte sich, dass sympathische Aussagen in der Regel besser erinnert werden als unsympathische. Vermutlich stehen hier ‚selective retention' und ‚selective perception' in einer Wechselbeziehung.
- Gruppenzugehörigkeit und Gruppennormen: Die Zugehörigkeit zu einer Gruppe und das Ausmaß der Identifikation mit den dort geltenden Gruppennormen sind wichtige Faktoren der Urteilsbildung. Der Hinweis auf die Bedeutung zwischenmenschlicher Beziehungen ist in doppelter Hinsicht relevant: Zum einen verdeutlicht er, dass die Berücksichtigung der jeweiligen Rezeptionssituation und Verarbeitung von Inhalten bedeutsam ist, zum anderen hebt sich die Beobachtung kleiner Gruppen von dem bis in die 1940er Jahre dominierenden Massen-Konzept ab. Die soziale Gruppe wird wiederentdeckt, Schutzschildfunktionen werden illustriert und Prozesse der sozialen Kontrolle beschrieben. Zugleich ergibt sich aus dem Blick auf die Strukturen sozialer Gruppen das Phänomen von Meinungsführung und Gefolgschaft. Die Wahrscheinlichkeit, dass eine bestimmte Form der Kommunikation eine bestimmte Wirkung erzielt, ist danach auch das Resultat der Übereinstimmung des kommunizierten Inhalts mit dem Wertesystem der jeweiligen Gruppe. Wenn die Intentionen des Kommunikators den Gruppennormen zuwiderlaufen, steigt die Wahrscheinlichkeit eines Bumerang-Effekts: Eine beabsichtigte Einstellungs- und Verhaltensänderung resultiert in einer Verstärkung des Wir-Gefühls der Gruppe und in einem Imageverlust des Urhebers der Aussage.
- Wenngleich noch nicht explizit von einer Publikumsaktivität gesprochen wird, deuten sich viele Vorstellungen an, die mit diesem Begriff in Verbindung stehen. Wenige Jahre nach dem Erscheinen von Klappers Analyse schrieb beispielsweise Maletzke in seiner Analyse ‚Psychologie der Massenkommunikation':

„Allzu eng betrachtete man die Massenkommunikation zunächst als einen einseitigen linearen Prozeß, der geradlinig vom Kommunikator über Aussage und Medium zum Rezipienten verläuft und bei dem die Aussage als Agens und der Rezipient lediglich als Beeinflußter, als passiv Registrierender verstanden wurde. [...] Diese Ansicht wird den tatsächlichen Verhältnissen im Beziehungsfeld der Massenkommunikation nicht gerecht. Sie übersieht, daß der Rezipient von sich aus selektiv, akzentuierend und projizierend den Prozeß der Massenkommunikation mitbestimmt und daß dieses aktive Eingreifen zu einem wesentlichen Teil durch die Funktionen gesteuert wird, welche die Aussagen für die Rezipienten haben." (Maletzke 1963, S. 132 f.)

- Damit nimmt Maletzke eine Einteilung in „lineare" und „reflexive Paradigmata" (vgl. Merten et al. 1992) der Wirkungsforschung vorweg. Merten et al. verstehen unter ‚linear' solche Ansätze, die in der Tradition des Stimulus-Response-Modells

stehen. Demgegenüber bezeichnen sie mit ‚reflexiv' jene, die nachweislich akausale Strukturen aufweisen.
- Von einer Überbetonung des Individuums kann insofern nicht gesprochen werden, als es in der Rolle des Empfängers verharrt. Streng genommen sind die beschriebenen Reaktionen (Selektionen) bereits das Resultat von Wirkungen. Wenn bestimmte Inhalte als unangenehm empfunden werden, liegt bereits ein Effekt vor, der Ausgangspunkt für Antworten unterschiedlicher Art sein kann. Entsprechendes gilt, wenn die Kommunikationsangebote vorhandene Einstellungen verstärken.

Stärke

Am 13. Dezember 2006 unterbricht der belgische Fernsehsender RTBF (Radio Télévision belge de la Communauté francaise) sein laufendes Abendprogramm, um eine Sonderausgabe seiner Nachrichtensendung auszustrahlen. Um 20.21 Uhr verkündet der RTBF-Anchorman, dass die Region Flandern noch im Laufe des Abends ihre Unabhängigkeit erklären und Belgien demnach de facto als Staat nicht mehr existieren würde. Mehrere RTBF-Reporter sind live vor Ort, um über die aktuellen Ereignisse im königlichen Palast oder flämischen Parlament zu berichten. Politiker, Wissenschaftler, Künstler oder Wirtschaftsbosse kommen zu Wort, in Berichten werden Ursachen und Folgen der flämischen Unabhängigkeit beleuchtet. So flieht der belgische König Albert II. nach Kinshasa, an der flämisch-wallonischen Grenze werden sprichwörtlich über Nacht Passkontrollen eingeführt, oder eine flämische Werbeagentur entwirft auf die Schnelle neue flämische Geldnoten und Briefmarken. Nach 94 Minuten endet die Sendung so plötzlich wie sie begonnen hat. Die Sendeanlagen der RTBF werden von der Luftwaffe unter Beschuss genommen.

Bei dieser Sendung handelte es sich jedoch um eine reine Fiktion. Die RTBF-Journalisten wollten mit dieser „richtigen falschen Ausgabe einer Nachrichtensendung" (Lits 2007, S. 5; Übers. d. Verf.) ihre Landsleute wachrütteln und die möglichen Konsequenzen einer immer wieder in Belgien diskutierten Spaltung des Landes auf eine eindringliche Weise darstellen. Man wollte die Diskussion darüber erneut anregen und wirkungsvoller sein als das Format einer klassischen Dokumentation. Diese realistische Darstellung ist den Machern durchaus geglückt. Von den geschätzten 534 000 Zuschauern haben – einer nicht repräsentativen RTBF-eigenen Umfrage zufolge – 89 % zumindest eine gewisse Zeit an die Echtheit der Berichterstattung geglaubt. Noch während der Sendung hat die RTBF auf einer speziell geschalteten Nummer über 31 000 Anrufe gezählt, und die belgischen Telefongesellschaften konnten während der Ausstrahlung eine gesteigerte Aktivität in ihren Netzen feststellen (bis zu 50 % mehr Anrufe als an vergleichbaren Abenden). In den Tagen und Wochen danach gab es eine breite öffentliche Diskussion über diese Sendung – aber nicht über die gezeigten Inhalte, sondern über die Form. Vor allem die Tatsache, dass die RTBF auf ihre bekannten Gesichter und das Original-Nachrichtenstudio zurückgegriffen hat, wurde von vielen Politikern und Journalistenverbänden scharf kritisiert. Die ‚Skandalsendung' habe der Glaubwürdigkeit der gesamten Medien geschadet, so der Tenor dieser Beanstandungen (vgl. Lits 2007; Dutilleul 2006).

Als das ‚Zweite Deutsche Fernsehen' (ZDF) am 1. Dezember 1998 das Planspiel ‚Der Dritte Weltkrieg' ausstrahlte, wurde diese Sendung von 4,41 Millionen Zuschauern gesehen. Bezogen auf alle Personen, die an diesem Tag in der Zeit von 20.15 bis 21.00 Uhr fernsahen, entsprach dies einem Marktanteil von 13,7%. Während und im Anschluss an die Ausstrahlung dieser Sendung, die das Szenario eines weiteren Weltkriegs behandelte, gingen beim ZDF insgesamt 260 Anrufe ein. Von diesen 260 Anrufern waren nach Angaben des Senders weniger als 10% besorgt oder verängstigt. Die insgesamt sehr lebhaften Reaktionen im Umfeld der Sendung waren vorwiegend inhaltlicher Art (z.B. Kritik an der Darstellung einzelner Länder, Kommentierung spezifischer Ausschnitte). Die Zuschauer fragten nach Videokassetten, äußerten Wiederholungswünsche oder artikulierten die Sorge, dass Jugendliche und Personen mit einem geringen politischen Interesse die Produktion missverstehen könnten.

Soweit die Zuschauerreaktionen aus dem Jahr 1998 dokumentiert sind (auch in der Woche nach der Ausstrahlung des Beitrags wurden ca. 200 weitere Anrufe registriert), handelte es sich in der Mehrzahl der Fälle eher um Interessensbekundungen und inhaltliche Kommentare, weniger um Äußerungen von Angst und Schrecken. Im November 2000 berichtete ein luxemburgischer Radiosender über eine Übung des Rettungswesens im Atomkraftwerk Cattenom (Nordfrankreich). Obwohl immer wieder auf den Übungscharakter und die Simulation eines Störfalls hingewiesen wurde, kontaktierten mehrere Dutzend Hörer die RTL-Redaktion, um sich zu erkundigen, was nun zu tun sei. Eine Hörerin war so verzweifelt, dass sie sagte: „Ich habe ja immer gesagt, dass Cattenom uns den Tod bringen wird."

Ereignisse dieser Art werden mit großer Aufmerksamkeit registriert, weil sie sich von der Alltagsroutine des Nachrichtenwesens abheben. Fast automatisch wird in diesem Zusammenhang an ein Medienereignis erinnert, das sich Ende der 1930er Jahre ereignete. Gemeint ist das Hörspiel ‚The War of the Worlds', das unter der Regie von Orson Welles am 30. Oktober 1938 im amerikanischen Hörfunk ausgestrahlt wurde: „92 radio stations, von Küste zu Küste'" (Schmolke 2007, S. 129). Eine Vielzahl von Menschen soll irritiert und zu panikartigen Reaktionen veranlasst worden sein.

Dass es immer wieder – oft auch unbeabsichtigt – zu Reaktionen des Publikums bei spektakulären Medienereignissen kommt, zeigt Rogers an mehreren Beispielen, z.B.: die Reaktionen auf die Bekanntgabe des amerikanischen Basketballspielers Magic Johnson, dass er HIV-positiv sei; oder die Nachwirkungen des Challenger-Unglücks im Januar 1986 (vgl. Rogers 2002). Rogers geht in diesem Zusammenhang der Frage nach, ob in diesen Fällen von starken oder nachhaltigen Medieneffekten gesprochen werden darf. Er zeigt an diesen Beispielen, dass eine massive Medienberichterstattung, die durch interpersonale Kommunikation ergänzt wird, Verhaltensweisen evozieren kann, die ein alltägliches Medienangebot nicht initiieren könnte. Wirkung heißt hier beispielsweise eine vermehrte Konsultation von Beratungsdiensten oder – wie im Falle eines ungewöhnlichen (Nachrichten-)Ereignisses in Neu Delhi (Indien) – ‚overt behavior', in diesem Falle Milchgaben in den Tempeln zu opfern („Feeding Milk to Hindu Dieties"). Anlass hierfür war die zunächst massenmedial verbreitete Nachricht, dass die Götter dieses Getränk zu sich nehmen (vgl. Rogers 2002, S. 209). Aber in einem weiteren Sinne sollen diese Ausführungen von Rogers wohl auch verdeutlichen, dass wir bereits dann von starken Medienwirkungen sprechen, wenn es sich um eine ungewöhnliche Erscheinung handelt. Phänomene wie ‚The War of the Worlds' überschreiten offensichtlich einen Schwellenwert, dem die Assoziation eines starken Medieneffekts folgt. Es besteht jedoch keine Einigkeit darüber, wo dieser Schwellenwert anzusiedeln ist. Re-Analysen von als klassisch bezeichneten Studien der Medienwirkungsforschung belegen dies, beispielsweise die Arbeit von Chaffee und Hochheimer aus dem Jahr 1982, die eine erneute Betrachtung der Wahlstudie ‚The People's Choice' von Lazarsfeld, Berelson und Gaudet zusammenfasst (Jäckel 2005, S. 80). Brosius und Esser stellen in diesem Zusammenhang fest: „Bei Cantril wurde die Besorgnis bzw. die Aufregung von 16 Prozent als Beleg für starke Wirkungen genommen, bei Lazarsfeld war eine Änderung der Wahlentscheidung – eine viel weitreichendere und längerfristige Wirkung – bei acht Prozent der Befragten ein Beleg für schwache Wirkungen." (Brosius/Esser 1998, S. 350)

Diese Problematik taucht im Übrigen auch im Kontext der Werbewirkungsforschung auf. Niemand wird, auch nicht unter Zugrundelegung eines naiven Stimulus-Response-Modells, annehmen, dass das Vorliegen eines starken Effekts die gleichgerichteten Aktivitäten aller Mitglieder einer Gesellschaft oder Zielgruppe zur Folge haben muss. Selbst, wenn nur weniger als zehn Prozent der Bevölkerung einer bestimmten Werbekampagne ‚folgen', wird ein solcher Effekt von der öffentlichen Meinung wahrscheinlich dennoch bereits als stark eingestuft. Raymond Bauer hat in seinem berühmten Aufsatz ‚The Obstinate Audience' an verschiedenen Beispielen gezeigt, dass selbst nur ein geringer prozentualer Anteil an Personen, die ihr Verhalten tatsächlich ändern, schon als Werbeerfolg interpretiert werden kann. Ein bekanntes Beispiel betrifft die Zigarettenindustrie: „Yet, consistently successful commercial promotions convert only a very small percentage of people to action. No one cigarette now commands more than 14 % of the cigarette market, but an increase of 1 % is worth $60,000,000 in sales. This means influencing possibly 5 % of all adults, and 1 % of cigarette smokers. This also means that a successful commercial campaign can alienate many more than it wins, and still be highly profitable." (Bauer 1964, S. 322) Hinzu kommt, dass solche Effekte das Resultat von unterschiedlich komplexen Wirkungsketten sein können. Werbung gehört ohne Zweifel nicht in den Bereich der verständigungsorientierten Kommunikation, zumindest ist das nicht ihr primäres Ziel. Werbung will und soll verkaufen, indem sie ‚verführt'. Sie lässt sich folglich der persuasiven Kommunikation zuordnen. Um ihr Ziel zu erreichen, setzt sie verschiedene Techniken ein. Einige davon mögen überraschen, andere sind altbekannt und werden im alltäglichen Bereich sogleich erkannt. Manchmal gelingt die Überzeugung sehr einfach, auf manches lässt man sich vielleicht auch bereitwillig ein, in anderen Fällen bedarf es weitaus größerer Anstrengungen und komplexerer Strategien. Werbung kann dementsprechend einerseits als Manipulationsversuch betrachtet werden, dem man misstrauisch gegenübertreten sollte, andererseits als willkommenes Mittel, um die eigene Wahl zu erleichtern. Durch die vermehrten Auswahlmöglichkeiten muss man sich auch verstärkt mit ihr auseinandersetzen. Klaus Schönbach geht sogar so weit zu sagen: „Wir leben in einem Zeitalter der Persuasion." (2009, S. 7) Die von Luhmann gemachte Beobachtung, dass Bedenken bezüglich „Mitwirkung an Werbung = Mitwirkung am Kapitalismus" (1996, S. 92) immer weniger auftreten, zeigt sich wohl auch an dem mittlerweile erreichten Ausmaß von Product Placement und sogenanntem ‚Bartering', bei dem Unternehmen Kooperationen eingehen, die auf Gegenseitigkeit beruhen. Mit dem Aufkommen und der Vielfalt von Social Media-Angeboten existieren weitere Optionen der Erreichbarkeit und Bindung von Zielgruppen. Via Influencer-Marketing und entsprechende Agenturen werden reichweitenstarke Meinungsführer gewonnen, die mittels YouTube und/oder Instagram in sogenannten Reviews, Hauls, LookBooks und Tutorials ein Millionenpublikum über Produkte und Nutzungserfahrungen informieren. Diese Werbeform unterbricht den eigentlichen Inhalt nicht, da die Produkte (wie beim Product Placement) selbst Teil des eigentlichen Inhalts sind. Influencer fungieren als Botschafter und betten Produkte in Alltagsgeschichten oder Rubriken ein, die Berührungspunkte mit Gleichgesinnten aufweisen (z. B. in den Bereichen Sport, Lifestyle, Mode, Kosmetik etc.). Hinzu kommt, dass die Videos dort zum Abruf bereitstehen, wo sich ein Großteil der anvisierten Zielgruppe bewegt. Das Prinzip, das hier zum Tragen kommt, gleicht einem Perpetuum Mobile der Kommunikation. Die Kritik an manchen Produktionen liest sich denn auch wie folgt: „Hier werden keine Produkte mehr in eine Geschichte hineingeschmuggelt, vielmehr wird der Plot um Produkte herum erzählt." (Wolf 2010, S. 114) Unbestritten ist aber, dass man von Werbung umgeben ist und es durchaus hilfreich sein kann, deren Strategien zu kennen (vgl. Levine 2007; Schönbach 2009). Jedenfalls zeigt auch die Geschichte der Werbewirkungsforschung, dass angesichts einer Zunahme des Kommunikationswettbewerbs um Produkte und Dienstleistungen unmittelbare Nachweise von Werbeerfolgen sehr schwierig geworden sind (siehe auch Naab/Schlütz 2016, S. 223 ff.).

Ein erfolgreicher Werbespot

„Zu Beginn des dritten Quarter des 18. Super-Bowl-Finales gelang den in Führung liegenden Los Angeles Raiders ein Touchdown gegen die Washington Redskins. Statt dass die Szene noch einmal in der Wiederholung gezeigt wurde, wurden die Fernsehbildschirme im ganzen Land zwei Sekunden lang schwarz. Dann tauchten beängstigende Schwarz-Weiß-Bilder von marschierenden

> Drohnen auf, begleitet von unheimlicher Musik. Mehr als 96 Millionen Zuschauer sahen einen Werbespot, der mit nichts je Dagewesenem vergleichbar war. Als die Drohnen am Ende entsetzt zusahen, wie ihr Big Brother in Rauch aufging, verkündete eine ruhige Stimme: „Am 24. Januar wird Apple Computer den Macintosh vorstellen. Und Sie werden begreifen, warum 1984 nicht wie *1984* sein wird."
>
> Der Effekt war phänomenal. Am gleichen Abend brachten alle drei nationalen Fernsehsender und 50 Regionalsender Berichte über den Apple-Spot und sorgten damit für eine in der Prä-YouTube-Zeit unfassbar schnelle Verbreitung. Sowohl *TV Guide* als auch *Advertising Age* kürten „1984" später zum besten Werbespot aller Zeiten." (Isaacson 2011: 196 f.)

Die hier vorgestellten Beispiele legen es nahe, zwischen überzeugend irritierenden und auf Einstellungs- bzw. Verhaltensänderungen ausgerichteten Medienangeboten zu unterscheiden. Trotz der Hinweise auf die mit solchen Ereignissen einhergehenden Übertreibungen darf davon ausgegangen werden, dass es ein Potenzial für quasinatürliche Reaktionen des Publikums gibt. Einzelne Angebote werden aber unter den heutigen Medienbedingungen kaum noch diese Wirkung entfalten können. Kurzfristige Verunsicherungen sind gleichwohl weiterhin nicht auszuschließen, wie das Beispiel aus Belgien zeigt.

Zeit und Dauer

Die Ausführungen zu schwachen vs. starken Medienwirkungen lassen sich durchaus auch im Sinne kurzfristig vorhandener, aber langfristig nicht nachweisbarer Effekte interpretieren. Ebenso wäre an Diskussionen, die den Beitrag der Medien im Hinblick auf den Wertewandel in modernen Gesellschaften thematisieren, zu denken. Häufig lassen sich aus den Momentaufnahmen einzelner Projekte keine belastbaren Aussagen über zukünftige Entwicklungen ableiten. Als beispielsweise in den 1980er Jahren die versuchsweise Einführung privat-kommerziellen Rundfunks in Deutschland realisiert wurde, sahen sich die wissenschaftlichen Projekte mit einer Vielzahl an Befürchtungen und Erwartungen über den Wandel des Familien- und Privatlebens, die Folgen für die politische Kultur und so weiter konfrontiert, die sich aus zwei- bis dreijährigen systematischen Beobachtungen nicht ohne Wenn und Aber beantworten ließen. Als Walter Hömberg nach zehn Jahren, seinerzeit als Vorsitzender der Deutschen Gesellschaft für Publizistik- und Kommunikationswissenschaft, eine Zwischenbilanz des dann dual genannten Mediensystems vorlegte, beklagte er den „Bedeutungsverlust der Wörter" und sah darin ein „Symptom für die nahende Inflation der Töne und Bilder." (Hömberg 1996, S. 11) Er stellte unter anderem fest:

"Nie zuvor in der Geschichte sind Innovationen im Medienbereich schon vorab so exzessiv und intensiv öffentlich diskutiert worden, und dies sowohl im weiten politisch-gesellschaftlichen Raum als auch in den engen Kammern der wissenschaftlichen Binnenkommunikation. In der Wahl großer Worte war man dabei nicht kleinlich. Vor allem die Revolutions-Metapher hatte Konjunktur: Diese Vokabel, die ja eigentlich für den totalen Bruch politisch-sozialer Ordnungen, kultureller Wertsysteme und wirtschaftlich-technischer Organisationsstrukturen reserviert ist, fand vielfältige Anwendung. Man sprach von Rundfunk-Revolution, Medien-Revolution oder gar Kommunikations-Revolution." (ebd.)

Beispiele für Zäsuren der Medienentwicklung sind zu Beginn dieser kompakten Einführung bereits erwähnt worden. Unter Zugrundelegung der Unterscheidung kurzfristig/langfristig soll hier auf eine Theorie hingewiesen werden, die sich mit dem Strukturwandel der Öffentlichkeit, beginnend in der Epoche der Neuzeit, befasst hat. Diese von Jürgen Habermas vorgelegte Analyse skizziert einen langfristigen Wandel der politischen Kultur, der vor allem das Verhältnis von Privatheit und Öffentlichkeit betrifft. Demzufolge entsteht eine Frühform der bürgerlichen Öffentlichkeit, indem sich Privatleute zu einem Publikum versammeln. Dieser Austausch von Erfahrungen und Meinungen, der sich zunächst vorwiegend an literarischen Werken orientiert, nimmt allmählich Einfluss auf das Verhalten im öffentlichen Bereich. Diese Anlässe illustrieren die Anfänge einer Institutionalisierung der publikumsbezogenen Privatheit. Dass das Kriterium der Öffentlichkeit noch nicht hinreichend erfüllt ist, lässt sich an architektonischen Veränderungen der Häuser des englischen Landadels und des aufstrebenden Bürgertums verdeutlichen. Neben Räumlichkeiten, die alleine den Privatleuten zur Verfügung standen, zum Beispiel das Familien- oder Wohnzimmer, wurden Empfangszimmer oder Salons geschaffen, „in denen sich die Privatleute zum Publikum versammeln." (Habermas 1990, S. 109) Somit ging „die Linie zwischen Privatsphäre und Öffentlichkeit [...] mitten durchs Haus. Die Privatleute treten aus der Intimität ihres Wohnzimmers in die Öffentlichkeit des Salons hinaus [...]." (ebd.) Diese kleineren Versammlungen überschreiten im Verlaufe des 18. Jahrhunderts immer häufiger die Grenzen des Privaten und konstituieren eine Arena, die Begegnungsmöglichkeiten zunächst im Umfeld von Theater, Museum und Konzert schafft. Die soziale Herkunft dieser Publika ist bürgerlich. Die zunächst noch literarisch vermittelte Intimität eines Empfangszimmers verwandelt sich allmählich in ein öffentliches Räsonnement. Was im Privaten gelesen wird, findet in öffentlichen Diskussionen seine Fortsetzung. Begleitet wird diese Veränderung durch eine erkennbare Ausweitung des Angebots an Tageszeitungen und Wochenzeitschriften. Ihr Umsatz verdoppelte sich beispielsweise in England innerhalb eines Vierteljahrhunderts (ausgehend von 1750). Insbesondere über diese Medien ging der „Erfahrungszusammenhang der publikumsbezogenen Privatheit auch in die politische Öffentlichkeit ein." (Habermas 1990, S. 116) Dem Staat als Sphäre der öffentlichen Gewalt tritt allmählich eine vom Bürgertum dominierte Gesellschaft gegenüber, die unterschiedlichste Anliegen artikuliert. Träger dieser Öffentlichkeit ist somit ein Publikum, das sich in Salons, Clubs und in der bürgerlichen Presse Foren schafft und zu politischer Geltung gelangt.

Emanzipation realisiert sich danach als das bewusste Heraustreten aus dem Kreislauf von Produktion, Konsum und Reproduktion (vgl. hierzu auch Koselleck 1973, S. 41). Aus der Verknüpfung des Erfahrungszusammenhangs der publikumsbezogenen Privatheit mit der politischen Öffentlichkeit (vgl. Habermas 1990, S. 116) ist zu erklären, warum das (Ideal-)Ergebnis des von Habermas beschriebenen Emanzipationsprozesses nunmehr mit einer Entwicklung kontrastiert wird, die in der prägnanten Aussage „Vom kulturräsonierenden zum kulturkonsumierenden Publikum" (ebd., S. 248) zusammengefasst wird. Damit soll zunächst Folgendes veranschaulicht werden: Im Zuge einer Ausdehnung des Pressewesens gewinnt diese nicht nur den Status eines Forums der politischen Öffentlichkeit, sondern verstärkt zugleich eine Tendenz, die das Heraustreten aus der Privatsphäre wieder verringert und den Rückzug in die häusliche Privatsphäre begünstigt. Infolgedessen ist eine Tendenz zur konsumtiven Haltung erkennbar, die den gerade entstandenen öffentlichen Kommunikationsraum in Einzelteile zerfallen lässt und die politische Öffentlichkeit in eine Vielzahl vereinzelter Rezeptionsakte verwandelt. Mit diesen Verschiebungen im Raum des Politischen wurde der Anspruch erhoben, Veränderungen langfristiger Natur identifiziert zu haben.

Der Strukturwandel der Öffentlichkeit muss heute auch unter Berücksichtigung der neuen Medien und digitaler Kommunikation betrachtet werden. Zur Rolle des Internets äußerte sich Habermas in einem Interview mit der Berliner Zeitung aus dem Jahr 2014 wie folgt:

> „Mit diesen jeweils neuen Medien haben immer mehr Personen zu immer vielfältigeren und immer dauerhafter gespeicherten Informationen einen immer leichteren Zugang gefunden. Mit dem letzten Schub hat auch eine Aktivierung stattgefunden – aus Lesern werden Autoren. Aber die Errungenschaften einer politischen Öffentlichkeit folgen daraus nicht automatisch. [...] Denken Sie an die spontan auftauchenden Portale, sagen wir: für hochspezialisierte Briefmarkenfreunde, Europarechtler oder anonyme Alkoholiker. Solche Kommunikationsgemeinschaften bilden im Meer der digitalen Geräusche weit verstreute Archipele – vermutlich gibt es Milliarden davon. Diesen in sich abgeschlossenen Kommunikationsräumen fehlt das Inklusive, die alle und alles Relevante einbeziehende Kraft einer Öffentlichkeit. Für diese Konzentration braucht man die Auswahl und kenntnisreiche Kommentierung von einschlägigen Themen, Beiträgen und Informationen. Die nach wie vor nötigen Kompetenzen des guten alten Journalismus sollten im Meer der digitalen Geräusche nicht verloren gehen." (Habermas, im Interview mit Schwering 2014)

Entwicklung

Nachahmung ist ein elementares soziales Muster, das für die allmähliche Verbreitung von Impulsen unterschiedlicher Art dient, die zunächst von wenigen Personen vermittelt wurden. Für die Diffusionsforschung (vgl. hierzu Karnowski 2011) ergeben sich daher typische Verläufe aus der systematischen Beobachtung des Auftretens von Einstellungen und/oder Verhaltensweisen. „News Diffusion"-Studien beispielsweise überprüfen, aus welcher Quelle die Bevölkerung zunächst von einem bestimmten Ereignis erfährt. Ein typisches Merkmal dieser Analysen ist die Konzentration auf Ereignisse mit einem hohen Nachrichtenwert. Insgesamt zeigen die Ergebnisse der Diffusionsstudien, dass die interpersonale Kommunikation für die Vermittlung massenmedial verbreiteter Nachrichten nur eine geringe Bedeutung besitzt. Lediglich in den Ausnahmefällen herausragender Ereignisse kann die interpersonale Kommunikation annähernd den Anteil der Massenmedien am Diffusionsprozess erreichen (vgl. auch die Untersuchung von van der Voort 1992). Mit Rogers lässt sich zusammenfassend feststellen:

> „What have we learned over the past five decades from news event diffusion research? The general picture that emerges is one of the mass media playing a key role in diffusing a news story. The media, especially the broadcast media, rather immediately reach certain members of the audience, who then, to a degree depending on the perceived salience of the news event, diffuse this news via interpersonal channels to their members of the public. The news event diffusion process varies, research shows, depending (1) on the perceived salience of the news event, and (2) its time-of-day and day-of-the-week, which determine the proportion of individuals at home or at work, and hence the proportion of interpersonal diffusion, and the speed of this process." (Rogers 2000, S. 572).

Ein anderes Beispiel für Nachahmungseffekte hat Elisabeth Noelle-Neumann (1916–2010) über viele Jahrzehnte erforscht: das Phänomen ‚öffentliche Meinung'. Ihre ‚Spurensuche' beginnt in der Antike und reicht bis in die unmittelbare Gegenwart (vgl. Noelle-Neumann 2009, S. 427 ff.). Ein Suchkriterium ist dabei die Ausschau nach Urteilsinstanzen gewesen, die das Denken und Handeln der Menschen insbesondere in öffentlichen Situationen bestimmen oder beeinflussen können. Wenn beispielsweise der griechische Philosoph Sokrates (470–399 v. Chr.) von einer Macht ungeschriebener Gesetze spricht, wird auf die Existenz psychologischer Wirkungspotenziale hingewiesen, die sich nicht ohne weiteres personifizieren lassen, aber dennoch als Faktoren der öffentlichen Meinung von Relevanz sind. In Ergänzung zu geschriebenen Gesetzen existiert offensichtlich eine anonyme Urteilsinstanz, die nicht weniger gefürchtet wird als das auf dokumentierten Vorschriften beruhende Recht. Die Vermeidung von Sanktionen, das Erringen von Sympathie und sozialer Anerkennung erscheint vielmehr als eine anthropologische Konstante, die das Handeln der Menschen in unterschiedlichsten Situationen auszeichnet. Wenn öffentliche Meinung für den französischen Sozialtheoretiker Jean-Jacques Rousseau (1712–1778) etwas bezeichnet, vor dem man sich in Acht nehmen muss, wird die regulierende Kraft dieser Urteilsinstanz durch die Vorwegnahme möglicher Reaktionen anderer Personen praktisch. In diesem Sinne sorgt öffentliche Meinung für soziale Kontrolle und gewährleistet die Verpflichtung der Gesellschaftsmitglieder auf gemeinsame Überzeugungen. Indem das unbequeme Urteil zurückgehalten wird, erweist sich diese Schutzfunktion letztlich als ein Feind des Individuums.

Zugleich führt diese Entlastung des Individuums durch konformes Verhalten zum Entstehen von Mehrheits- und Minderheitsempfindungen. Diesen dynamischen Prozess soll der Begriff „Schweigespirale" veranschaulichen, den Noelle-Neumann aus dem Reden und Schweigen in öffentlichen Situationen ableitet, dessen Verlauf also durch die Artikulationsbereitschaft der Menschen bestimmt wird. Entscheidend ist in diesem Zusammenhang, von welchen Umweltbedingungen der Einzelne ausgeht, d. h. welches Meinungsklima er zu registrieren glaubt. Der Kerngedanke, der mit dem Begriff ‚Schweigespirale' beschrieben werden soll, ist von Noelle-Neumann wie folgt charakterisiert worden:

> „Menschen wollen sich nicht isolieren, beobachten pausenlos ihre Umwelt, können aufs Feinste registrieren, was zu-, was abnimmt. Wer sieht, daß seine Meinung zunimmt, ist gestärkt, redet öffentlich, läßt die Vorsicht fallen. Wer sieht, daß seine Meinung an Boden verliert, verfällt in Schweigen. Indem die einen laut reden, öffentlich zu sehen sind, wirken sie stärker als sie wirklich sind, die anderen schwächer, als sie wirklich sind. Es ergibt sich eine optische oder akustische Täuschung für die wirklichen Mehrheits-, die wirklichen Stärkeverhältnisse, und so stecken die einen andere zum Reden an, die anderen zum Schweigen, bis schließlich die eine Auffassung ganz untergehen kann. Im Begriff Schweigespirale liegt die Bewegung, das sich Ausbreitende, gegen das man nicht ankommen kann." (Noelle-Neumann 1980, S. XIII)

Diese Kurzbeschreibung enthält bereits wesentliche Bestandteile der Theorie:

- Verhalten in öffentlichen Situationen: Man will die Öffentlichkeit nicht als Bedrohung empfinden. Minderheiten vermeiden den Konflikt und unterstützen durch den Verzicht auf Artikulation der eigenen Meinung das Auseinanderklaffen der tatsächlichen Kräfteverhältnisse von Meinungsfeldern. Die Mehrheit dominiert das öffentliche Meinungsklima und erfährt daher wachsenden Zuspruch.
- Fähigkeit zur Umweltwahrnehmung: Nach Noelle-Neumann sind die Menschen mit einem ‚quasi-statistischen Wahrnehmungsorgan' ausgestattet und können die Meinungsverteilung zu verschiedenen Themen sehr gut registrieren. Diese Fähigkeit zur Umweltwahrnehmung ist nicht nur auf die Wahrnehmung des unmittelbaren Umfelds beschränkt, sondern erstreckt sich auf Grund des Vorhandenseins der Massenmedien auch auf eine nicht direkt wahrnehmbare Öffentlichkeit.

- Dynamischer Prozess: Aufgrund einer positiven Korrelation von wahrgenommener Mehrheitsmeinung und Redebereitschaft ist öffentliche Meinung Ursache und Folge bestimmter Umweltwahrnehmungen. Wer auf Kommunikation verzichtet, kann auch nicht auf öffentliche Resonanz hoffen. Isolationsfurcht begünstigt und verstärkt die Redebereitschaft von Mehrheiten.

Richtung und Verlauf

Direkte und indirekte Effekte wurden eingangs dieses Kapitels bereits erläutert. Insofern bedarf es keiner weiteren Erläuterungen zur Vorstellung von Unidirektionalität. Mit den Begriffen „zirkulär" und „oszillatorisch" werden Vorgänge markiert, die sich entweder durch einen schnellen Wechsel von Ursache und Wirkung auszeichnen, indem die Wirkung eines Ereignisses 1 zur Ursache eines neuen Ereignisses 2 werden kann usw., oder die die Ergebnisse ein Auf und Ab der Zustimmung markieren, z. B. im Falle der Analyse des Meinungsklimas. Die Vorstellung, man könne das Ende eines Wirkungsprozesses benennen, ist weit verbreitet. Themen können von der Agenda verschwinden und „einschlafen", aber während ihrer Thematisierung entfalten sie ggf. Wirkungen in verschiedene Richtungen und auf verschiedene Gruppen, die am Beginn einer Wirkungskette nicht vorhersagbar sind (vgl. auch Kepplinger 2008, S. 330 f.).

Jedenfalls wird Medien gerne eine „Lenkkraft" von Entwicklungen zugeschrieben. Gleichzeitig vermittelt der mitgedachte generalisierte Medien-Begriff das Gefühl von Entpersonalisierung. Der eingeschränkte Zugang zu Verbreitungsmedien und die Kontrolle darüber galten als Voraussetzungen für das Entstehen von Informationsmonopolen. In historischer Hinsicht spielte jeweils die spezifische Stärke der Medien eine zusätzliche Rolle. Ortsgebundene Medien (z. B. in Stein gemeißelte Hieroglyphen) korrelierten mit stationären Gesellschaften, dynamischere bzw. flexiblere Medien (z. B. Papyrusrollen) sowohl mit Machtausdehnung als auch mit Instabilität (vgl. Innis 1950, S. 6 ff., siehe auch Kapitel 5). Der Zusammenhang zwischen Kommunikationsmedien und Macht stellt sich in der Gegenwart aus naheliegenden Gründen wesentlich komplexer dar als in der hier nur knapp skizzierten historischen Sichtweise. Wenn Habermas die Öffentlichkeit als eine vermachtete Arena betrachtet (vgl. Habermas 1990, S. 28) oder Galbraith von „countering or countervailing power" (Galbraith 1983, S. 79) spricht, dann ist es naheliegend, auch von der Konkurrenz verschiedener Autoritätskartelle etc. zu sprechen bzw. die jeweiligen Machtkonstellationen zu beachten. Marger hat dazu drei Fragestellungen vorgeschlagen:

„[1] Who owns or controls the mass media, and how much access to them is afforded individuals and groups in the society? […] [2] What do the media present to the public, and who makes decisions regarding that content? […] [3] To what extent do the mass media shape people's views of events and personalities in their society and the world, and how do the media transmit ideology?" (Marger 1993, S. 238 f.).

Dadurch wird mediale Macht einerseits eng an ökonomische Macht gekoppelt, andererseits in den Kontext der Medienwirkungsforschung gestellt (Gatekeeper, Öffentliche Meinung). Zentral für eine soziologische Analyse bleibt dabei, warum – wie Marger selbst betont – Medien eine „Power Institution" wie Regierung und Ökonomie sein können.

Das englische Parlament hat im 18. Jahrhundert von Journalisten noch die kniefällige Abbitte wegen ‚breach of privilege' vor den Parlamentsschranken verlangt als Voraussetzung dafür, dass sie über die Verhandlungen berichten durften. Max Weber erwähnt in seinem Beitrag „Zu einer Soziologie des Zeitungswesens" dieses Beispiel, um unter anderem folgenden Denkanstoß zu geben: „Denken Sie sich die Presse einmal fort, was dann das moderne Leben wäre, ohne diejenige Art der Publizität, die die Presse schafft." (Weber 1911, S. 149) Zugleich wies er auf ein Defizit der Forschung hin: „Die Beziehungen der Zeitung zu den Parteien bei uns und anderswo, ihre Beziehungen zur Geschäftswelt, zu all den zahllosen, die Öffentlichkeit beeinflussenden und von ihr beeinflussten Gruppen und Interessenten, das ist ein ungeheures, heute erst in den Elementen bebautes Gebiet soziologischer Arbeit." (ebd., S. 149) Inzwischen ist es vielfach „bebaut" worden, aber auch eine Dauerbaustelle geblieben. Wo es um die Macht der Worte und Bilder geht, ist für endgültige Urteile wenig Platz. In Erinnerung bleiben die aufregenden Debatten, das Tagesgeschäft verblasst trotz vielfach guter Recherche.

Dass das Zeitungswesen und das Mediensystem, wie wir es heute kennen, so schwerlich in einen Rahmen passen, mag auch an der Rolle des Berufsstands liegen, der hier im Mittelpunkt steht. Journalismus heißt Flexibilität im Umgang mit wechselnden Themen, aber auch Arbeiten im Dienste der Abwechslung. Die Zuschreibung von Macht konkurriert dabei mit einer Intransparenz über die gezielte Umsetzung dieser Ressource. Über die sogenannte vierte Gewalt schrieb Dirk Baecker einmal treffend: „Wir wären froh, wenn wir wüssten, dass und wie die Manipulation funktioniert. Wir wären froh, wenn wir wüssten, dass und wie hier tatsächlich jemand die Hände im Spiel hat." (2004, S. 8) Gemeint ist also, dass die Dynamik des Redens, Gegenredens und Gegenschreibens, Kommentierens, Zustimmens, Widersprechens und Leugnens, des Zurückhaltens und Vorpreschens, einen Prozess in Gang setzt, dessen Ziel noch nicht bekannt ist – auch den aktiv Beteiligten nicht. Das Bild des Katalysators wäre vielleicht passend, der im technischen Sinne ja für die Beschleunigung oder Verlangsamung von Prozessen sorgt. In diesem Sinne könnte man sagen, dass auch Macht die Funktion eines Katalysators übernimmt. Es erhöht sich also die Chance, aus etwas Unwahrscheinlichem etwas Wahrscheinliches zu machen.

Objekt

Meinungen, Einstellungen und Verhalten sind in dieser kompakten Einführung an vielen Stellen als Gegenstand der Medienwirkungsforschung aufgetreten. Obwohl die Brücke von Einstellungen zu sichtbarem Verhalten nicht jene Stärke aufweist, die man eigentlich erwarten müsste, wird eine Verknüpfung implizit erwartet und in Diskussionen über die Nachwirkungen unterschiedlicher Formen von Mediennutzung deutlich artikuliert. Daher sind Appelle keine Seltenheit. Es wird auf Empfehlungen gesetzt, die Anschluss finden sollen. Bereits in den 1990er Jahren hatte der Philosoph Hermann Lübbe die Auffassung vertreten, dass Mediennutzungsethik letztlich von einer individuell gelebten Moral getragen werden müsse. Die Ethik liefert sozusagen die Theorie dazu. Folgerichtig wurde darauf hingewiesen, dass Moral und Ethik aufeinander verweisen und dass Moral eben kein rein kollektives, aber eben auch kein rein privates Phänomen darstellen kann (vgl. hierzu Hennen 1995, S. 403). Als Lübbe dem Medienkonsumenten nahelegte, „aus Nutzen und Nachteil der Präsenz der Medien in unserem Alltag in Orientierung an zweckmäßigen, selbstbestimmten Regeln des Umgangs mit ihnen das Beste zu machen" (Lübbe 1994, S. 313), war Vielfalt bereits ein Thema. Heute ist Individualisierung im Zuge einer digitalen Revolution (eine Metapher, die ausnahmsweise einmal keine Übertreibung darstellen dürfte) wirklich dort angelangt, wo der Begriff eine angemessene Beschreibung zu werden beginnt. Weil auch der Bereich der Mediennutzung mehr und mehr „zu Optionen zerschellt" (Beck/Beck-Gernsheim 1994, S. 17) ist und bewusste Entscheidungen fordert, ist das Individuum zunehmend auf sich selbst und seine eigene Verantwortlichkeit verwiesen. Dies gilt im Großen (Lebensläufe, Karrieren, Identität) ebenso wie im Kleinen (vor dem Computerbildschirm oder dem Smartphone-Display). Ein Mangel an Ratschlägen besteht dabei nicht. Eher hat man es mit einer Situation zu tun, in der ein Orientierungsverlust angesichts zu vieler Stimmen droht.

Die Frage, welche Rolle die Medien für die Orientierung in unterschiedlichen Lebenslagen spielen, führt zunächst zu zwei populären Sichtweisen, die sich nahezu diametral gegenüberstehen (vgl. Ellrich 2006, S. 156). Für Jürgen Habermas einerseits stellen Medien durch eine bestimmte Art der Vermittlung von Wissen öffentliche Arenen für eine Kontroverse über geltende Normen und Werte bereit, die dann vor allem durch den „eigentümlich zwanglosen Zwang des besseren Arguments" (Habermas 1984, S. 161) bestimmt wird. Dabei ist es vor allem die Sprache, die als „Haus der Vernunft" (Bolz 2010, S. 38) fungiert. Diesem Ansatz liegt also die Vorstellung zugrunde, Normen und Werte könnten eine Art verbindende Klammer für Gesellschaften darstellen, innerhalb derer dann Handlungen gesteuert und koordiniert werden können. Niklas Luhmann andererseits hat dieser Position immer wieder entgegengehalten, dass diese normativen Vorfestlegungen sich durch keine theoretischen Überlegungen rechtfertigen lassen. Vielmehr müsse man davon ausgehen, dass in einer funktional differenzierten Gesellschaft der einzelne vor allem in die Lage versetzt werden muss, in irgendeiner Weise anschlussfähig zu bleiben. Der Fokus liegt also nicht darauf, dass man sich inhaltlich in einer bestimmten Art und Weise festlegt und Mediennutzung nur noch aus dieser Perspektive heraus praktiziert – vielmehr kommt es in einer derart gestalteten Welt vor allen Dingen auf die Entwicklung einer allgemeinen Kompetenz zur Herstellung kommunikativer Anschlüsse an. Man geht also beispielsweise nicht in das Internet, weil man sich für ein ganz bestimmtes Thema interessiert, sondern man nutzt dieses Medium und seine Möglichkeiten aus einer Vielzahl unterschiedlichster Motive und Interessen. In seiner Habilitationsschrift *Kampf um Anerkennung* hat Axel Honneth (1992) die These formuliert, dass wir so etwas wie eine radikale Öffnung des ethischen Werthorizonts beobachten können, sodass es in dieser Öffnung nicht mehr um endgültige Festlegungen im Sinne Habermas' geht, sondern darum, die Chance auf eine Wertschätzung des Selbst zu steigern. Statt monothematischer Festlegungen steht eine größere Offenheit im Vordergrund gegenüber dem, was die Umwelt dem Nutzer an Möglichkeiten bereithält. Als Dirk Baecker in einem TV Interview im Schweizer Fernsehen auf die Oberflächlichkeit der Computergesellschaft angesprochen wurde, und ob man dies nicht schon am Begriff des „Surfens" festmachen könne, antwortete er:

> „Surfen – gerade wenn Sie es wörtlich nehmen und sich die kalifornische Surfkultur anschauen – ist ein extrem geduldiges, extrem leistungsbewusstes Unterfangen, das einen auf außerordentlich intensive Art und Weise mit den unberechenbaren Strömungen des Meeres in Verbindung bringt. Surfen ist die Position einer scharfen Beobachtung des eigenen Untergrundes, von dem man weiß, dass man nicht weiß, was sich unter einem abspielt, welche Haie da gerade welche Chancen situieren."[19]

Es sind also nicht zuletzt Offenheit und Kontingenz des Mediums, welche die darin vermittelte Kommunikation vor der Oberflächlichkeit bewahren. Wie die Einführung vorheriger Kommunikationsmedien – Sprache, Schrift, Buchdruck – bringt auch der Computer neue Überforderungen in Form eines Zuviel an Möglichkeiten mit sich, die zur Entstehung neuer Kulturformen führen (vgl. Baecker 2007, S. 14 ff.).

Interessant ist nun die mittlere Position zwischen Habermas und Luhmann, weil sie etwas vermittelt, das mehr und mehr die Grundlage unterschiedlichster alltäglicher Diskurse zu beschreiben scheint. Jürgen Link (1999) stellt im Rahmen seiner Normalismustheorie die These auf, dass starke inhaltliche Orientierungen zwar unabdingbar seien, jedoch nicht zwangsläufig in Form normativer Vorschriften. Vielmehr wird in den Medien einerseits ein breites Spektrum an Vorschlägen über „normales Verhalten" bereitgestellt und wahrgenommen, zu denen andererseits zugleich entsprechende Experimentierfelder geboten werden – seien es die Diskurse der klassischen Art oder deren in Form von Talkshows oder Reality Soaps popularisierte For-

---

19 Das Interview wurde am 02. Mai 2010 im Rahmen der Sendung „Sternstunde Philosophie" geführt.

men, seien es in zunehmendem Maße die Vermischung von Unterhaltung und Realität oder Spielshows, die im Sinne moderner Assessment-Center interpretiert werden könnten. Bei diesen Gelegenheiten kann beobachtet werden, was normal, was akzeptabel oder verwerflich ist – oder, um genauer zu sein: was andere dafür zu halten scheinen. Diese Bühnen haben einen nicht zu unterschätzenden Ausstrahlungseffekt auf die Art und Weise, wie innerhalb bestimmter gesellschaftlicher Zusammenhänge Orientierung gelingen kann. Was „normal" ist, wird also weniger an einem bestimmten, unumstößlichen Wertehorizont festgemacht; vielmehr scheint es mehr und mehr normal zu sein, sich in unterschiedlichen Wertsphären mit unterschiedlichen Formen von Akzeptanz zu arrangieren. Dies stellt in vielen Fällen nicht zuletzt für ältere Generationen eine Herausforderung dar, weil unumstößliche Vorstellungen und Traditionen auf einen Marktwert reduziert werden.

Zielebene

Der Einzelfall kann durchaus der Ausgangspunkt für die Formulierung eines bislang nicht hinreichend bekannten Phänomens sein. Aber die Sozialwissenschaften sind an der Entdeckung von Phänomenen interessiert, die nicht nur für einen Einzelfall gelten. Die vielen Effekte, die im Laufe der noch jungen Geschichte der Medienwirkungsforschung identifiziert wurden, sprechen diesbezüglich eine eindeutige Sprache. Wenige Beispiele sollen genügen: Ein Effekt, der dem Buchdruckzeitalter entstammt, ist das sogenannte ‚Wertherfieber', dem zur Zeit der Veröffentlichung von Goethes umstrittenen Erstlingswerk ‚Die Leiden des jungen Werther' vor allem junge Intellektuelle verfielen. Nicht nur die im Briefroman beschriebene Kleidung des Werther wurde kopiert. Auch der fiktionale Selbstmord des Protagonisten fand eine ganze Reihe realer Nachahmungstäter, woraus im Jahr 1775 ein Verbot der Schrift durch den Leipziger Stadtrat resultierte. Zwei Jahrhunderte später prägte schließlich Phillips den Begriff des ‚Werther effect', der besagt, dass eine intensive Mediendarstellung von Suiziden mit einem Anstieg der Selbstmordrate einhergeht. Die Schlussfolgerung stützt sich auf die Analyse der Nachwirkungen von Presseberichterstattungen in britischen und US-amerikanischen Zeitungen zwischen 1947 und 1968 (vgl. Phillips 1974).

Im Rahmen eines systematischen Reviews haben Pirkis und Blood (2010) eine umfassende Einordnung der Forschungsliteratur zum Werther-Effekt vorgelegt. Dabei wurden die Studien entlang desjenigen Mediums kategorisiert, dessen Einfluss auf die Suizidrate im jeweiligen Artikel Thema war: 41 Studien thematisierten den Einfluss von Zeitungen, elf des Fernsehens, 20 des Internets, fünf Studien untersuchten den Einfluss von Büchern und 20 beschäftigten sich mit dem Effekt der Berichterstattung über mehrere Medienformate hinweg. Neben dem Nachweis der Wirkung von Nachrichten an sich wurde dabei insbesondere auch der Einfluss fiktiver Inhalte, beispielsweise Romane oder Serien, hervorgehoben.

> **Die Debatte um „13 Reasons Why"**
>
> Unter der Überschrift „Der Tod eines Mädchens" – die offenbar an die Fernsehserie „Tod eines Schülers" aus dem Jahr 1980 anknüpfte – verwies die Frankfurter Allgemeine Zeitung anlässlich des Deutschlandstarts der Netflix-Serie „13 Reasons Why" (basiert auf dem gleichnamigen Roman von Jay Asher) auf den Werther-Effekt (Brendler 2017). In der Serie wird der Suizid der Schülerin Hannah Baker thematisiert. Anhand von sieben Kassetten klärt die Schülerin über 13 Beweggründe ihres Suizids auf und benennt dabei zugleich Peiniger und Mitschuldige. Die Serie löste international kontroverse Diskussionen aus. Neben Lobesbekundungen für die Suizid-Thematisierung existierten ebenso kritische Stimmen, die ein Verbot der Serie oder die Kürzung expliziter Szenen forderten, um Nachahmungstaten zu verhindern.
>
> In einer amerikanischen Studie (Ayers et al. 2017) konnte nach dem Erscheinen der Serie ein eindeutiger Anstieg (+19 Prozentpunkte) von Suchanfragen zum Thema Suizid bei Google verzeichnet werden. Thematisch bewegen sich die Suchanfragen einerseits um die Suizid-Prävention, andererseits aber auch um Suizid-Möglichkeiten. Die Studie zeigt, dass ein Bewusstsein für das Thema geschaffen wurde. Ein tatsächlicher Werther-Effekt wurde jedoch nicht nachgewiesen (ebd.).

Eine ebenso erstaunliche und zugleich beunruhigende Entwicklung lässt sich am Beispiel des bereits in Kapitel 4 einmal angeführten ‚CSI-Effekts' erläutern. Der Name ist auf die erfolgreiche Krimiserie ‚CSI – Den Tätern auf der Spur' zurückzuführen, in der mittels forensischer Methoden Verbrechen aufgeklärt werden. Der ‚CSI-Effekt' bezieht sich zum einen auf die gestiegene Zahl der Einschreibungen im Studiengang Forensik, zum anderen aber auch auf die überhöhten Erwartungen, die die Bevölkerung an diese Methode der Verbrechensaufklärung stellt. Dies führte in den USA mitunter schon zu Problemen bei Gerichtsverhandlungen, in denen Geschworene, die selbst große Fans der Serie waren, ihr Urteil lediglich an den forensischen Ergebnissen orientierten, obwohl diese in manchen Fällen auch fehlerbehaftet waren oder für den zu entscheidenden Fall keine Relevanz besaßen. In der Folge durften in einigen US-Bundesstaaten, so im Mai 2004 die Tageszeitung USA Today, angehende Geschworene nach ihren Fernsehgewohnheiten befragt werden. Ein anderes Beispiel aus der Unterhaltungsbranche wäre der sogenannte ‚Palmer-Effekt'. In der Fernsehserie ‚24' war die Figur des Präsidenten der Vereinigten Staaten – Jahre vor der Wahl Barack Obamas – ein Afroamerikaner. Das bot Anlass zu Spekulationen über eine mögliche Akzeptanzförderung durch die Serie.

Die genannten Beispiele machen auf einen wesentlichen Aspekt aufmerksam: Im Falle bestimmter Medienangebote treten offensichtlich gleiche oder ähnliche Reaktionen in Teilen des Publikums auf. Daher ist die Neigung vorhanden, eine direkte Beziehung zwischen dem Stimulus und der Reaktion zu konstatieren. Eine pragmatische Einschätzung könnte auch wie folgt lauten: Mögen zwischen dem Stimulus und dem evozierten Verhalten noch so viele zwischengeschaltete Variablen gewirkt haben (Zögern, Nachdenken, Konsultation von Freunden etc.), letztlich zählt ‚overt behavior', das tatsächliche Verhalten. Zur Rechtfertigung seiner zögerlichen Einschätzung könnte der Medienwirkungsforscher sagen: Es werden tagaus, tagein Empfehlungen ausgesprochen: in Talkshows, in Daily Soaps (siehe auch Kapitel 4), in Kultursendungen, in Leitartikeln. Aber sie beschäftigen die Öffentlichkeit offensichtlich nur, wenn eine nicht näher definierte kritische Größe überschritten wird, die gleichsam dazu verleitet, von massenhaften Reaktionen zu sprechen.

Auch der Nutzen- und Belohnungsansatz, der die Frage nach den Zwecken der Mediennutzung aus Rezipientensicht beantworten möchte, ist mit dem Vorwurf der Hypostasierung des Individuums konfrontiert worden. Bezüglich dieser Mikroebene ist vielfach auf die gesuchten und gegebenenfalls erhaltenen Gratifikationen hingewiesen worden. Hier bewegt man sich im Kerngebiet der Rezeptionsforschung. Aber die Frage nach den individuellen Effekten provoziert die Anschlussfrage, ob diese Effekte denn mehr als individuell sind. Welche Generalisierungen auf größere Einheiten sind hier gestattet? Es geht somit um die nachvollziehbare Zusammenführung individueller Ereignisse zu Strukturmerkmalen. Diesbezüglich lassen sich einfache Regeln benennen, die sich aus der Aufsummierung der Einzelfälle oder darauf bezogener Durchschnittsbildungen ergeben (z. B. Leser pro Ausgabe, Einschaltquote), und komplexere Beziehungen, die aus einer ebensolchen Bedingungskonstellation resultieren. Grundsätzlich gilt es bezüglich jeder mehrstufigen Erklärung einen Ausgangspunkt und vorläufigen Endpunkt einer Verkettung von Erklärungskomponenten zu bestimmen.

Wenn das Resultat einer Vielzahl von Rezeptionen bestimmter Angebote beschrieben werden soll, kann die Zusammenführung der Einzelfälle unter Zugrundelegung soziodemographischer Kriterien erfolgen, aber auch in Mustern verdichtet werden. Betrachtet man beispielsweise das ‚duplication of viewing law', so besagt dieses in allgemeiner Form, dass das Ausmaß der Zuschauerüberschneidung zweier beliebiger Sendungen mehr von deren Reichweiten als von deren Inhalten abhängt (vgl. zu weiteren Details Goodhardt 1987, S. 19 ff.). In Bezug auf Zuschauerüberschneidungen im Falle der Angebote eines Senders ist diese ‚within-channel-duplication' demzufolge weniger das Resultat gezielter Entscheidungen, sondern Ausdruck einer inhaltsunspezifischen Fernsehnutzung, die als Ergebnis einen Spezialfall von ‚channel loyalty' markiert. Bereits 1979 konnten dagegen Headen et al. den Nachweis erbringen, dass neben der Kenntnis der Reichweite und des Senders auch die Genrepräferenz erklärt, warum es zur Inanspruchnahme bestimmter Angebote kommt und entsprechende ‚Treue'-Phänomene beobachtbar sind (vgl. Headen 1979, S. 333 ff.). Ebenso kann die Wahrnehmung eines Marktanteils oder einer Einschaltquote Einfluss auf die Regelmäßigkeit der Nutzung nehmen. Diese Beobachtung hat unter anderem zur

Formulierung des ‚Double Jeopardy'-Effekts geführt. Damit ist gemeint, „that among any set of media offerings (e. g., books, films, radio personalities), the less well-known options also tended to be less-liked, even among those familiar with all the options." (Webster 1997, S. 80) In diesem Sinne könnte die Schlussfolgerung lauten: Popularität verursacht Treue. Der Effekt ist das Resultat der Wahrnehmung einer Konkurrenzsituation von Angeboten und darauf gerichteter Wahlen. Die genannten Beispiele verdeutlichen aber auch, dass die Erklärung der Effekte das Resultat bestimmter Konstellationen und darauf gerichteter Handlungen darstellt. Die letztlich gemessene Akzeptanz ist somit das Resultat unterschiedlich motivierter Handlungen und kann in verschiedene Anteile zerlegt werden: ein Anteil ist beispielsweise spezifischen, unter Umständen sozialstrukturell vermittelten Genrepräferenzen zuzuschreiben, ein weiterer dem Phänomen der Sendertreue, das sich wiederum in unterschiedliche Effekte aufgliedern lässt (z. B. Vererbungseffekte, Popularitätseffekte).

Für komplexere Regeln gilt, dass sie sich einer unmittelbaren numerischen Abbildung zu entziehen scheinen und häufig das Ergebnis der Einwirkung einer Vielzahl von Faktoren sind. Eine Erklärung des Zusammenwirkens dieser Komponenten macht auch die Berücksichtigung größerer Zeiträume erforderlich. Neben der Frage, wie sich die öffentliche Meinung konstituiert und verändert, kann auch auf die langfristige Verfestigung von Einstellungen, Meinungen und Geschmäckern im Sinne der Kultivierungsanalyse verwiesen werden (siehe auch Kapitel 4). Hier wäre auch die Frage anzusiedeln, ob die Inanspruchnahme von Medienangeboten einen Beitrag zur Wahrnehmung und Einschätzung des sozialen und kulturellen Umfelds leistet, dem man sich zugehörig fühlt.

Wirkungsweise

Vertrauen auf die Probe zu stellen ist eine bekannte soziale Erscheinung. In Verbindung mit Medienberichterstattung haben Experimente mit der Wahrheit eine lange Tradition. Versteckte Aprilscherze im Nachrichtenfluss des Alltags sind nur ein Beispiel für das Spiel mit symbolischen Ausdrucksformen, die überzeugend wirken wollen. Nach ihrer Entlarvung werden Rezipienten zumindest vorübergehend daran erinnert, dass ‚news and truth' auseinandergehalten werden müssen.

Darüber hinaus ist aus Alltagserfahrungen bekannt, dass die Art und Weise, wie bestimmte Personen ihre Ansichten vertreten, nicht ohne Wirkung auf die Beurteilung ihrer Glaubwürdigkeit bleibt. Eine Person mag noch so kompetent sein – ohne diese Glaubwürdigkeit bleibt ihr Wirkungsradius begrenzt. Damit eine bestimmte Auffassung die Zustimmung und Anerkennung einer Vielzahl von Personen erfährt, ist die persönliche Artikulation dieser Meinungen nicht unbedingt erforderlich. Gelegentlich genügen auch Hinweise auf formale Kriterien (berufliche oder akademische Qualifikation) und/oder die konsequente Umsetzung einer Präsentationstechnik, die Sachverstand anzeigt. Zugleich wurde deutlich, dass der formale Bildungsgrad zu den

„Magic Keys of Persuasion" zählt – einer der zentralen Befunde eines Forschungsprogramms, das während des 2. Weltkriegs begann. Zwischen den Jahren 1946 und 1961 gingen aus dem so genannten ‚Yale Program of Research on Communication and Attitude Change' ca. 50 Experimente hervor. Im Zentrum des Interesses stand die Erforschung von Einstellungswandel. Der Psychologe Carl I. Hovland (1912–1961) versammelte ein Forschungsteam um sich, das nach den Gesetzen der Beeinflussung suchte. Hovland selbst bezeichnete sein Arbeitsgebiet auch als ‚Wissenschaftliche Rhetorik' und knüpfte damit an eine antike Tradition an, die sich im Sinne Platons darum bemühte, den menschlichen Geist durch Worte zu gewinnen. Die Verbindung zur Massenkommunikationsforschung ergibt sich vor allem aus der Annahme, dass Kommunikation allgemein als Stimulus aufgefasst werden muss, der in der Lage ist, bestimmte Reaktionen bzw. Antworten auf Seiten der Menschen hervorzurufen. Ob sich eine Veränderung im Sinne des präsentierten Stimulus ergibt, hänge davon ab, ob die Anreize zur Einstellungsänderung (‚incentives for change') größer seien als die Anreize für Einstellungskonstanz (‚incentives for stability'): „We assume that acceptance is contingent upon incentives, and that in order to change an opinion it is necessary to create a greater incentive for making the new implicit response than for making the old one." (Hovland 1953, S. 11)

Während diese allgemeinen Annahmen Rahmenbedingungen für eine erfolgreiche Kommunikation (Akzeptanz) beschreiben, konzentrierte sich die Forschung auf den Stellenwert der den Kommunikationsprozess bestimmenden Elemente. Diesbezüglich wurden drei wichtige Bereiche unterschieden:

1) Die Bedeutung des Kommunikators
2) Die Bedeutung des Inhalts und der Präsentationsform
3) Die Bedeutung von Persönlichkeits- und Situationsmerkmalen

Einem Vorschlag Benteles folgend, lassen sich in der Glaubwürdigkeitsforschung zwei Forschungstraditionen unterscheiden: Die eine geht auf die Experimente Hovlands zurück und wird in der amerikanischen Literatur auch mit dem Begriff ‚Source credibility' umschrieben. Die zweite Tradition baut explizit auf der Glaubwürdigkeit von Massenmedien auf und resultiert aus der kontinuierlichen Beobachtung von Medienbewertungen. Ersteres stellt insbesondere die Prestigewirkung einzelner Kommunikatoren in den Vordergrund, Letzteres die Glaubwürdigkeit von Medienangeboten auf unterschiedlichen Ebenen (generelle Vergleiche tagesaktueller Medien, Berücksichtigung geografischer und/oder thematischer Bezüge) (vgl. Bentele 1988, S. 408 f.). Die Vergleichsebene stand zunächst in der Tradition der Roper-Frage.

Ausgangspunkt dieser Forschungsrichtung war die ‚Roper Polling Organization', die für das ‚Television Information Office' Umfragen in den Vereinigten Staaten durchführte. Der Begriff ‚relative Glaubwürdigkeit' leitet sich aus dem Versuch ab, die Glaubwürdigkeit der Medien im Hinblick auf dasselbe Ereignis/Thema zu ermitteln. Die Originalfrage lautete wie folgt: „If you got conflicting or different reports of the same news story from radio, television, the magazines and the newspapers, which of the four versions would you be most inclined to believe – the one on radio or television or magazines or newspapers?" (zit. nach Meyer 1974, S. 49)

Nach wiederholter Anwendung dieser Fragestellung verdichtete sich der Eindruck, dass das öffentliche Vertrauen in das Fernsehen wuchs, während die Tageszeitung und andere Medien Glaubwürdigkeitsverluste hinnehmen mussten. So sagten im Jahr 1959 noch 32 % der amerikanischen Befragten, dass sie im Falle widersprüchlicher Meldungen über ein und dasselbe Ereignis der Tageszeitung glauben würden, dagegen nur 29 % dem Fernsehen. Zwei Jahre später nannten nur noch 24 % die Tageszeitung und 39 % das Fernsehen. 23 Jahre später, nämlich im Jahr 1984, erhielt die Tageszeitung im Vergleich zu anderen Medien immer noch 24 von 100 Nennungen, das Fernsehen wurde aber mittlerweile von mehr als der Hälfte der amerikanischen Bevölkerung als das glaubwürdigste Medium eingeschätzt (vgl. Gaziano/McGrath 1986, S. 254). Langfristige Aussagen über die Entwicklung der Glaubwürdigkeit der tagesaktuellen Medien sind auf der Grundlage der Langzeitstudie ‚Massenkommunikation', die seit 1964 in regelmäßigen Abständen durchgeführt wurde, möglich. Von Beginn an sind in diesem Kontext Fragen gestellt worden, die einen allgemeinen Eindruck von Medienbewertungen vermitteln können.

Die tagesaktuellen Medien Fernsehen, Hörfunk und Tageszeitung sollten beispielsweise dahingehend bewertet werden, ob sie ‚wahrheitsgetreu berichten und die Dinge immer so wiedergeben, wie sie wirklich sind'. Die Ergebnisse zeigen, dass in dieser Hinsicht alle Medien Vertrauenseinbußen registrieren mussten – am deutlichsten das Fernsehen, am wenigsten die Tageszeitung. Die Ergebnisse, die mit Hilfe einer Objektivitätsskala ermittelt wurden, decken sich mit dieser Entwicklung. Der Vorsprung des Fernsehens gegenüber der Tageszeitung ist geringer geworden; zum Teil war dieser auch der Neuheit des Mediums zuzuschreiben. Der insgesamt zu beobachtende Rückgang der Zustimmungen spiegelt die Folgen der wachsenden Medienkonkurrenz wider.

Die Indikatoren dieser Glaubwürdigkeitsforschung blieben auch in der Bundesrepublik Deutschland nicht ohne Kritik. Schon Anfang der 1990er Jahre war diesbezüglich zu lesen:

> „Insgesamt bleibt wohl festzuhalten, daß global das Medium betreffende Abfragen von Meinungen und Einstellungen heute weniger denn je aussagefähig sind, weil sie letztendlich eine Saldogröße sehr unterschiedlicher Befunde darstellen. Man wird darauf, zumal in einer Trendstudie [...], sicher auch in Zukunft nicht verzichten können, aber ebenso wenig auf weiter differenzierende Instrumente." (Berg/Kiefer 1992, S. 256)

Eine stärkere Einbindung der Vielfalt des Medienspektrums wird regelmäßig eingefordert. Dazu zählt auch eine Berücksichtigung des Nachrichtenspektrums, dem Ereignischarakter zugeschrieben wird. Die Begründung für die Einstellung der Frage nach der Glaubwürdigkeit im Rahmen der ARD/ZDF-Langzeitstudie Massenkommunikation bezieht sich auch auf die zunehmende Differenzierung und den damit verbundenen Zweifel, ob eine generalisierende Einschätzung in dieser Form noch sinnvoll ist (vgl. Engel/Best 2010, S. 4). Im Hinblick auf die deutliche Ausweitung der Medienangebote wird zukünftig verstärkt zu fragen sein, ob spezifische Beurteilungen (objektiv, kompetent, sachlich) von einer diffusen Skepsis überlagert werden, die der Vielzahl an Angeboten selbst zuzuschreiben ist. Hinzu kommen weitere methodische und inhaltliche Aspekte, die sich einer verändernden Medienwelt anpassen müssen, um Medienwandel langfristig begleiten zu können. Exemplarisch sei hier die „Studienreihe: Medien und ihr Publikum" (MiP) zu nennen (Engel/Holtmannspötter 2017). Auf der Grundlage einer Literaturanalyse formulierte Bentele bereits Anfang der 1990er Jahre folgende Erwartung:

> „Für das nächste Jahrzehnt ist eine deutliche Zunahme der Relevanz der Problematik ‚Medienglaubwürdigkeit' zu prognostizieren. Ursache wird die verschärfte Konkurrenz innerhalb des Medienmarktes sein, wobei nicht nur die Konkurrenz innerhalb des elektronischen Sektors, sondern verstärkt auch die Konkurrenz zwischen den Medien eine Rolle spielen wird." (Bentele 1996, S. 381)

Kontroversen über die Qualität und die Intentionen von Medienangeboten bestätigen diese Erwartung. Berichte zur Lage des Fernsehens (vgl. Groebel et al. 1995), Überlegungen zu einer ‚Stiftung Medientest' (vgl. Krotz 1996) sowie die Zunahme medienethischer Debatten (siehe die Beiträge in Schicha/Brosda 2010; Filipovic et al. 2012; Heesen 2016) sind Reaktionen auf eine verstärkte Kommerzialisierung des Mediensektors.

Jedenfalls hat die Dauerpräsenz der Medien auch den Eindruck verstärkt, den Zweifel an der Wahrheit zum Alltag der Kommunikation werden zu lassen. Luhmann hat die Folgen dieses Unsicherheitsfaktors wie folgt beschrieben:

> „Wir wehren uns mit einem Manipulationsverdacht, der aber nicht zu nennenswerten Konsequenzen führt, da das den Massenmedien entnommene Wissen sich wie von selbst zu einem selbstverstärkenden Gefüge zusammenschließt. Man wird alles Wissen mit dem Vorzeichen des Bezweifelbaren versehen – und trotzdem darauf aufbauen, daran anschließen müssen." (Luhmann 1996, S. 9 f.)

Glaubwürdigkeit bleibt letztlich eine Frage des Vertrauens – für Kontrollen fehlt häufig die Zeit. Dieser Grundtatbestand wird durch den Wandel des Trägermediums wohl kaum außer Kraft gesetzt.

Wenn Glaubwürdigkeit nicht der Quelle allein zugeschrieben werden kann, sondern auch dem Bild der Quelle oder des Kommunikators beim Rezipienten zuzuschreiben ist, wird zugleich die Diskussion um das Container-Modell der frühen Kommunikationsforschung und dessen Fokus auf den Transfer von Botschaften vom Sender zum Empfänger wiederbelebt. Insbesondere die vielfältige Tradition der Cultural Studies hat hier fragend eingegriffen. Es gehe nicht um Informationseinheiten, sondern um die Bedeutung von Medieninhalten, nicht um die technische Produktion von Medieninhalten, sondern die soziale Konstruktion von Bedeutungen. Hinter dem Fokus auf die Bedeutung von Medieninhalten steht natürlich auch die Überzeugung, dass Medieninhalte ohne Bedeutung keine Wirkung haben. Die Vorstellung „no effect without meaning" ist Jensen (1991, S. 135) zufolge das Merkmal jeder eher interpretativ angelegten Rezeptionsforschung (vgl. dazu auch Hall 1980, S. 130). James Carey (1989, S. 13 ff.) bietet als Alternative zum Containermodell oder, wie er es nennt, „transmission view of communication", seinen „ritual view of communication" an. Der ritual view of communication betont die Gemeinsamkeiten von Sender und Empfänger insofern, als er auf den Teilhabe-, den Austauschcharakter der Kommunikation verweist. Kommunikation ist demzufolge „a symbolic process whereby reality is produced, maintained, repaired, and transformed" (ebd. 1989, S. 23). Es ist allerdings schwierig, dieses Kommunikationsmodell auf den gesamten Cultural Studies-Ansatz zu verallgemeinern, da es in den Cultural Studies Tendenzen gibt, entweder die Macht des Senders bzw. der Botschaft bzw. des Empfängers stärker zu betonen und damit alles andere als einen kommunikativen Austausch vorauszusetzen.

Bedeutungen sind danach also immer sozial konstruiert, weil Dinge und Ereignisse keine inhärente, natürlich vorgegebene Bedeutung haben. Überhaupt wird Kultur als die Summe der symbolischen Ausdrucksformen einer Gesellschaft definiert. Diese umfassen auch die Medienangebote, die Vorstellungen von Realität widerspiegeln und Instanzen der Bedeutungsproduktion darstellen. Die Rezipienten werden durch die Aneignung und Verarbeitung dieser Symbole nicht nur mit diesen Realitäten konfrontiert, sondern auch in die jeweilige Gesellschaft eingebunden. An die Stelle einer homogenen Masse tritt hier der Versuch, die Rezeption von Medienangeboten unter Bezugnahme auf die lebensweltlichen Hintergründe zu rekonstruieren. Kultur erscheint dann als Ausdruck konkurrierender Bedeutungssysteme und Lebensweisen. Eine Definition von Kultur sei danach nie ohne Berücksichtigung des Kontextes möglich. Neben diesem Bemühen um eine sozialstrukturelle Einbettung von Medienwirkung stößt der Versuch, Gemeinsamkeiten zu benennen, sehr rasch an Grenzen: Mal steht im Vordergrund, dass der Zugang und die Kontrolle von Medien einen wesentlichen Einfluss auf das Erleben von Kultur hat (Hegemonie-Konzept), mal dominiert die Beschreibung unterschiedlichster Formen der Aneignung von Medienangeboten, die wiederum den Eindruck einer Individualisierung von Wirkung bekräftigen (vgl. zusammenfassend Jäckel/Peter 1997, Hepp 2010, sowie die Beiträge in Bromley 1999).

Vorsatz und Absicht

Die Unterscheidung intendiert/unintendiert ist im Kontext der Erörterung der Zwecke bereits angesprochen worden. Es geht hierbei auch darum, ob eine Transparenz dieser Zwecke immer gegeben ist – auf der Seite der Sender ebenso wie auf der Seite der Empfänger. Dolf Zillmann hat einmal unmissverständlich festgestellt: „Rezipienten wissen nicht notwendigerweise, was sie motiviert und warum ihnen etwas gefällt. Und wenn sie eine Ahnung davon haben, sind sie oft gehemmt, ihre Motive preiszugeben." (Zillmann 1994, S. 42)

Bezüglich der Erklärungskraft von Motiven, die Rezipienten für ihre Entscheidungen in puncto Unterhaltungskonsum vorgeben, solle man von ‚geglaubten Motiven' ausgehen und für emotionale Reaktionen „keine tiefgreifenden Einsichten" (ebd., S. 43) erwarten. Auch aus soziologischer Perspektive ist Kritik an teleologischen Vorstellungen geübt worden. Giddens beispielsweise betont, dass Handeln keine Exekution von Intentionen sei. Der Mensch besitze die Fähigkeit, sein Handeln selbstreflexiv zu kontrollieren. Häufig sei es die soziale Notwendigkeit der Begründung, die der Handlung ein Motiv zuordne (vgl. Giddens 1984/1988, S. 59 ff.). Schütz' Konzeption von Handeln als Entwurf sowie seine Betonung der entlastenden Funktion von Routinen sind hier ebenfalls zu nennen (vgl. Schütz 1951/1971).

Man könnte ebenso sagen: Es sind auch Situationen zu berücksichtigen, in denen Rationalität und Kontrolle von Affekten zurückgewiesen wird zugunsten der Wahrnehmung entsprechender Freiräume, die das Ausleben von Emotionen gestatten. Aber das entspricht durchaus einer Intention. Unter den heutigen Bedingungen einer unruhigen Gesellschaft wird dennoch vermehrt auf die fehlende Zeit für das Einlassen auf entsprechende Situationen beziehungsweise die spontane Suche nach Erlebnissen, die einer ‚Rationalität des Unüberlegten' folgt, verwiesen (vgl. Schulze 1992, S. 60 f., 424 ff.).

In ihrem Beitrag „Mass Communication, Popular Taste, and Organized Social Action" diskutierten Lazarsfeld und Merton „Fragen, die die Aufmerksamkeit der Menschen erregen" (Lazarsfeld/Merton 1973, S. 447), und stellten fest, dass Probleme der Massenkommunikation zweifellos zu den jüngeren in diesem Bereich gehören. Das war im Jahr 1948. Die artikulierten Besorgnisse hatten ein beachtliches Maß erreicht, die Begleiterscheinungen einer expandierenden Populärkultur sicherten dem moralischen Urteil hohe Aufmerksamkeit, aber geringe Folgewirkung. Vorweggenommen wurden beispielsweise bereits Frustrationen der Wissensgesellschaft (Leidhold 2001), die sich in dem Paradox einer Verminderung des Wissens durch seine Vermehrung niederschlagen: „Die Menschen lesen mehr, aber verstehen weniger." (Lazarsfeld/Merton 1973, S. 462) Ebenso mussten die Autoren eingestehen, dass die Art und Weise, wie das Publikum seine freie Zeit nutzt, mit einem oberflächlichen Engagement für die Probleme der Gesellschaft einhergeht. Man ist zwar auf dem Laufenden, aber nicht wirklich engagiert. Aus diesem Zusammenhang ist seinerzeit die Diagnose hervorgegangen, dass „die Massenmedien zu den bedeutendsten und wirksamsten gesellschaftlichen Narkotika gerechnet werden [können]." (ebd., S. 458)

Darüber hinaus wird festgestellt, dass Prädispositionen der Publika darüber befinden, welchen Dingen sie Aufmerksamkeit schenken. Wer klassische Musik mag, der hört sie auch im Radio, wer politisch interessiert ist, liest die Tageszeitung intensiv. Den Geschmack und die Präferenzenordnung zu verändern, erweist sich als ein schwieriges Projekt. Deshalb wohl formulierte man die Erwartung:

> „In kühner Phantasie, die die Fesseln der augenblicklichen Organisation der Massenmedien hinter sich lässt, wäre es denkbar, eine strenge Aufsicht über alle Medien einzuführen, die darauf achtet, dass nichts gedruckt, gesendet oder ausgestrahlt wird außer ‚dem Besten, das in der Welt gesagt und gedacht wurde'. Ob eine radikale Veränderung in der Versorgung mit Massenkunst das geschmackliche Niveau des Massenpublikums automatisch verändern würde, muss offen bleiben." (ebd., S. 464)

Lazarsfeld und Merton setzten ihre Hoffnung auf systematische Forschung, die diese Offenheit durch mehr Gewissheit ersetzt: „Sollte diese Diskussion 1976 wiederaufleben, können wir vielleicht mit gleicher Gewissheit unsere Kenntnisse von erfolgreichen Vorgehensweisen ausbreiten." (ebd.) Die Jahreszahl könnte auch durch „2018" ersetzt werden.

Die bereits erläuterte Wissenskluftforschung ist zu einer Zeit populär geworden, als sich die Konturen der Informationsgesellschaft immer deutlicher abzuzeichnen begannen. In fortgeschrittenen Industriegesellschaften wird die Verarbeitung und Bereitstellung von Informationen zu einem immer wichtigeren Produktivitätsfaktor, in immer rascherem Tempo werden neue Informationen geschaffen und damit die Dynamik der gesellschaftlichen Entwicklung, also auch soziale Veränderungen, beschleunigt (vgl. Münch 1995). Hinzu kommt, dass eine wachsende Informationshaltigkeit aller Lebensbereiche ebenfalls Effekte auf die Wissensverteilung hat, etwa dergestalt, dass herkömmliche Informationsasymmetrien, zum Beispiel zwischen Experten und Laien, eine Neujustierung erfahren. Daniel Bell hat in seiner Analyse der postindustriellen Gesellschaft die anschauliche Unterscheidung zwischen einem Spiel gegen die Natur, das die Güter produzierende Gesellschaft gekennzeichnet hat, und einem Spiel zwischen Personen, das die Informationsgesellschaft kennzeichnet, verwandt (vgl. Bell 1976, S. 352 ff.). Obwohl bereits in den frühen Arbeiten zur Informationsgesellschaft nicht nur der technologische Aspekt im Vordergrund stand, wird mittlerweile der Begriff der Wissensgesellschaft favorisiert, weil Wissen zum einen in der Regel mehr umfasst als Information, zum anderen mit diesem Begriff neben den wirtschaftlichen eben auch soziale, politische und kulturelle Aspekte betont werden (vgl. hierzu Kaase 1999 sowie ausführlich Zillien 2009, insbesondere S. 8 ff.). Das Konzept der Wissensgesellschaft geht dabei von einer geänderten Rolle des Wissens aus, insofern es „zur eigentlichen Grundlage der modernen Wirtschaft und Gesellschaft und zum eigentlichen Prinzip des gesellschaftlichen Wirkens geworden ist." (Drucker 1969, S. 455f.)

Zusammenfassend lässt sich sagen, dass in der Medienwirkungsforschung einfache Antworten schwierig sind, in der Öffentlichkeit aber auch nach wie vor die komplexen Erklärungen wenig Gehör finden. Diese Asymmetrie auf der Wahrnehmungsebene hat sich mit der Omnipräsenz der Medien im Alltag der Menschen nicht verringert. Der Blick auf Wirkungsverläufe zeigt, dass neben den Extremereignissen insbesondere jene als etwas Besonderes wahrgenommen werden, die ihren Überraschungseffekt aus der Häufung spontaner Reaktionen ableiten. Daneben aber existieren viele Wirkungsbereiche, in denen der Initialzündung durch Medienberichterstattung Sekundäreffekte folgen, deren Richtung nicht alleine durch den Sender vorbestimmt ist. Es sollte deutlich geworden sein, dass die alltägliche Reflexion über Medienwirkungen nach wie vor von einer Unterschätzung dieser Dynamik lebt. Mythen haben nicht nur die Eigenschaft, dass sie etwas verklären oder erdichten, sie bleiben häufig auch in guter Erinnerung. Das Stimulus-Response-Modell wird dann realistisch in Wirkungsprozesse eingebettet, wenn die Faktoren „Zeit" und „Intention" mit einem längeren Atem versehen werden.

Leseempfehlungen

Brosius, Hans Bernd/Esser, Frank (1998): Mythen in der Wirkungsforschung. Auf der Suche nach dem Stimulus-Response-Modell. In: Publizistik 43 (4), S. 341–361.

Lazarsfeld, Paul Felix/Merton, Robert King (1973): Massenkommunikation, Publikumsgeschmack und organisiertes Sozialverhalten. [Zuerst 1948]. In: Aufermann, Jörg et al. (Hg.): Gesellschaftliche Kommunikation und Information. Forschungsrichtungen und Problemstellungen. Ein Arbeitsbuch zur Massenkommunikation. Frankfurt am Main, S. 447–470.

Neuman, W. Russell/Guggenheim, L. (2011): The Evolution of Media Effects Theory: A Six-Stage Model of Cumulative Research. In: Communication Theory 21, S. 169–196.

Ein Ausblick in die Medienzukunft – Prognosen und Überraschungen 9

Propheten sind „vorwärts gewandte Geschichtsschreiber" (Ruppelt 2010, S. V). Das Schreiben zukünftiger Geschichte birgt dabei jedoch häufig die Gefahr zweier gegenläufiger Entwicklungen: Selbsterfüllung (self-fulfilling prophecy) auf der einen Seite und Selbstzerstörung (self-destroying prophecy) auf der anderen. Prognosen tragen – im Sinne Hirschmans (1984, S. 19) – den Keim ihrer eigenen Zerstörung in sich. Das liegt nicht zuletzt an den „Wildcards" – Ereignisse, die sich unmöglich vorhersehen lassen, von denen nicht einmal bekannt ist, dass sie nicht bekannt sind. In ähnlicher Weise hat sich der frühere US-amerikanische Verteidigungsminister Donald Rumsfeld in einer Rede geäußert: „Es gibt das gewußte Wissen und das gewußte Nichtwissen. Und dann gibt es Dinge, von denen wir nicht einmal wissen, daß wir sie nicht wissen." (zit. nach Geiselberger 2011, S. 7)

Beschäftigt man sich mit den Prognosen, die in den vergangenen hundert Jahren bezüglich des Wandels der Medien aufgestellt worden sind, fallen sowohl die Treffer aus der „Lostrommel der Zukunft" (Goethe, zit. nach Ruppelt 2010, S. XII) ins Auge als auch diejenigen, die sich im Nachhinein als besonders unzureichend herausgestellt haben. Die von Robert Sloss im Jahre 1910 formulierten Zeilen zur Mediennutzung im Jahre 2010 gehören in die erste Kategorie: „Einerlei, wo [der Bürger] auch sein wird, er wird bloß den ‚Stimmzeiger' auf die betreffende Nummer einzustellen brauchen, die er zu sprechen wünscht, und der Gerufene wird sofort seinen Hörer vibrieren oder das Signal geben können, wobei es in seinem Belieben stehen wird, ob er hören oder die Verbindung abbrechen will." (Sloss 2010, S. 36) Überraschend ist in diesem Zusammenhang allenfalls, dass dort, wo Sloss eine „Glückszeit der Liebe" kommen sah, in der jeder mit jedem beliebig in Verbindung stehen könne und beispielsweise Paare nie ganz getrennt sein würden, nun eher mit der Überforderung aufgrund der Vielzahl möglicher Kommunikationskanäle gehadert wird. Ein anderer Autor, der vor allem aufgrund seiner Science-Fiction-Literatur bekannte Isaac Asimov (1920–1992), nahm in seiner Kurzgeschichte „Das Chronoskop" treffend

Entwicklungen wie das Echtzeit-Internet oder die Möglichkeit gegenseitiger Überwachung vorweg:

„Der Geschäftsmann wird seinen Konkurrenten, der Arbeitgeber seinen Angestellten überwachen. Es wird keine Privatsphäre mehr geben. Der Gemeinschaftstelefonanschluß, der Neugierige hinter dem Vorhang werden nichts dagegen sein. Die Fernsehstars werden unaufhörlich von jedermann genau beobachtet werden. Jeder sein Fenstergucker, und vor den Beobachtern gibt es kein Entrinnen. [...] Bis jetzt konnte man bei jeder Gewohnheit, jeder kleinsten Lebensäußerung mit einer gewissen Menge privater Ungestörtheit rechnen, aber das ist jetzt alles vorüber." (Asimov 1983, S. 266 ff.)

Auf der anderen Seite, derjenigen der unzutreffenden Prognosen, stehen Beobachtungen wie die Thomas J. Watson zugeschriebene Behauptung aus dem Jahr 1943, es gebe in der Zukunft vielleicht einen Weltmarkt für fünf Computer, ebenso die Erwartung, dass die Menschen aufgrund einer Vielzahl von „housing problems" (Hartley 1999, S. 94) doch gar keine Zeit für das Fernsehen haben.

Karl Popper (1902–1994) beschäftigte sich in einem Beitrag mit dem Titel „Prognose und Prophetie in den Sozialwissenschaften" (1965) mit der Frage, wie treffsicher Zukunftsbeschreibungen innerhalb der Sozialwissenschaften überhaupt sein können. Langfristige Vorhersagen scheinen in einem von Motivationen abhängigen System zum Scheitern verurteilt. Nach Popper können sie prinzipiell nur bezüglich Systemen getroffen werden, die isoliert, stationär und zyklisch sind – beispielsweise das Sonnensystem. Das Spiel zwischen den Menschen funktioniert jedoch auf ganz andere Weise. Deshalb kann jede gute Prognose letztlich nur versuchen, auf kluge Weise die Gegenwart fortzuschreiben und sich auf die Analyse gegenwärtiger Trends konzentrieren, „das heißt auf die Analyse von Vorgängen, die eine Richtung haben, aber kein angebbares Ziel, die sich somit auch nicht nach Analogie von Handlungen verständlich machen lassen." (Lübbe 1997, S. 4)

Nicht zuletzt aufgrund dieser Konstellationen befinden wir uns heute in der paradoxen Situation, dass es nun die Überraschungen selber sind, die erwartet werden. Die Pressekonferenz eines großen Technologieherstellers ohne Präsentation von Innovationen sorgt bereits für Enttäuschungen. Dabei wird häufig übersehen, dass es vor allem „die kleinen Dinge [sind], die die großen Medienrevolutionen auslösen" (Burda/Sloterdijk 2010, S. 89), was die Möglichkeit längerfristiger Voraussagen weiter erschwert. Angekündigte Überraschungen reichen nicht aus, um den Wandel herbeizuführen.

Als weiteres Hindernis in Bezug auf längerfristige Vorhersagen erweisen sich häufig die Netzwerkeffekte, denen gerade im Zuge der Erweiterung der sozialen Kreise und der durch neue technische Verbreitungsmedien ausgelösten Schwarmeffekte zunehmend eine entscheidende Rolle zukommt. Insbesondere das Internet und die mit ihm einhergehenden Partizipationsmöglichkeiten begünstigen somit eine Beschleunigung des Wandels und der damit einhergehenden Störung vorhandener Strukturen.

Eine solche Störung vorhandener Strukturen beschrieb der polnische Schriftsteller Stanislav Lem, der nach eigenen Angaben im Jahr 1953 mit futurologischen Arbeiten begann: Er sprach von ‚Experten für Suchkunde' und konnte wohl nur erahnen, dass diese einmal ein ‚Maschinenwesen' annehmen würden und das klassische Nachschlagen im Lexikon Konkurrenz durch eine bequeme Variante erfahren hat. Manchmal sind es die fast geringfügig erscheinenden Erfindungen und Veränderungen, die bedeutende Impulse setzen können. Dies erschwert eine Vorhersage der zukünftigen medialen Entwicklungen bereits ungemein, obwohl viele in frühen Phasen eines sich andeutenden Wandels gerne bereits von Revolutionen sprechen. Es liegt in der Natur von Revolutionen, nicht planbar zu sein, „[...] das Letzte, was es in einer Revolution gibt, ist gradliniger Fortschritt. Das Gegenteil ist zu erwarten: Turbulenzen, Instabilität, Rückschläge, viele Zufälle." (Toffler, zit. nach Gersemann 2001, S. 59). Soll dennoch ein Blick in die Zukunft gewagt werden, gibt es verschiedene Verfahrensweisen, um solche Prognosen zu erarbeiten, z. B.: die reine Extrapolation des Bestehenden oder spekulative Trendhypothesen auf Basis der Gegenwart. Der Trend- und Zukunftsforscher John Naisbitt greift unter anderem auf dieses Verfahren zurück: „My pictures of the future are not speculation or a reach into the unknown. They are based on an analysis of the present [...]." (Naisbitt 2006, S. XX) Luhmann sieht ein allgemeines Beschreibungsdefizit in ‚modernen' Gesellschaften, die Neues nur durch „Bestempelung des Alten" (1992, S. 14) markieren können. Übertragen auf Prognosen kann die Frage nach der Zukunft dann nur lauten: „In welchen Formen präsentiert sich die Zukunft in der Gegenwart?" (ebd., S. 129) Eine andere beliebte Möglichkeit ist die Weitergabe der Frage an Experten, die auf der Grundlage ihres Erfahrungshintergrundes und der ihnen zur Verfügung stehenden Informationen Szenarien entwickeln. Mal werden solche Vorgehensweisen als Delphi-Methoden klassifiziert, mal geschieht es im Rahmen eines konventionellen Interviews.

Die Kommunikation über diese Veränderungen unterliegt selbst einem Trägheitsgesetz. Es wird nicht täglich über diese Veränderungen gesprochen, die Aufmerksamkeit wird punktuell darauf gelenkt. Zwischen diesen Beobachtungszeitpunkten liegt eine Vielzahl kleiner Ereignisse, die man von Tag zu Tag nicht als signifikante Veränderungen wahrnimmt. Daher erweisen sich viele Prognosen im Nachhinein als Bestätigungen von etwas, das gerade vergangen ist. Es wird z. B. beobachtet, dass die jüngere Generation sich vermehrt Videos im Internet ansieht oder herunterlädt und prognostiziert, dass die Zahl der Internet-TV-Nutzer ansteigen wird

Die Gelegenheitsstrukturen, also die wahlweise Nutzung unterschiedlicher Distributionskanäle für ähnliche Inhalte, sorgen somit an sich bereits für ein Erleben von Vielfalt – ob als Beteiligter oder als Beobachter. Insofern erweist sich auch hier Georg Simmels Einschätzung als zutreffend: „In Sprache, Sitte, politischer Verfassung und Religionslehren, Literatur und Technik ist die Arbeit unzähliger Generationen niedergelegt, als gegenständlich gewordener Geist, von dem jeder nimmt, so viel er will oder kann, den aber überhaupt kein einzelner ausschöpfen könnte." (Simmel 1900, S. 99) Also stellt sich die Frage, was eigentlich gewählt wird, über was gesprochen wird und woran man sich dann noch erinnert. Die Thematisierungsfunktion der Medien wurde unter dem Stichwort „Agenda Setting" dargestellt. Zu erörtern wäre nun noch, wie das Auf und Ab in den Themenhierarchien sich mit der Idee des sozialen Gedächtnisses verknüpfen lässt. In einem weiteren Sinne ist dieses Konzept bereits in Georg Simmels Unterscheidung von objektiver und subjektiver Kultur angelegt. Durch eine Vergegenständlichung, also Objektivierung, werden gedankliche Inhalte, und letztlich eben Kultur, aufbewahrt, akkumuliert und damit zugänglich gemacht. Es ist ersichtlich, dass sich dieser Fundus aus einer ganzen Gesellschaft und damit jedem einzelnen Mitglied dieser speist. Aus dieser Differenz der subjektiven Kultur der Individuen und objektiver Kultur der Gesellschaft entsteht laut Simmel nun auch die Möglichkeit, dass sich beide mit unterschiedlicher Geschwindigkeit weiterentwickeln (vgl. ebd., S. 99 ff.). Wird nun davon ausgegangen, dass die Massenmedien Anschlusskommunikation mittels ihrer Thematisierungsfunktion ermöglichen und darüber hinaus durch ihre Charakteristika auch eine integrierende Funktion einnehmen, wird ersichtlich, dass sie auf solche gespeicherte, objektivierte Ebenen Einfluss nehmen.

Das Hinzukommen neuer Medien hat auf der Seite der Anbieter zu einer weiteren Dynamisierung der temporalen Struktur von Nachrichtenzyklen geführt. Die Online-Nachrichten und allgemein Inhalte im Internet zeichnen sich aufgrund ihrer hohen Aktualität auch durch Volatilität aus. Durch die Einbeziehung von user-generated content, also beispielsweise Augenzeugenberichten, in Echtzeit, wird dies noch verstärkt. Angesichts der Vielzahl von Faktoren, die die Themenwahl und das Ausmaß der Aufmerksamkeit, die ein Thema generiert, im Zeitverlauf bestimmen, nimmt die Erforschung solcher Themenentwicklungen, insbesondere im Internet und mit Hilfe datenintensiver Verfahren, an Bedeutung zu (Stichwort: Trending Topics). Eine frühe Arbeit von Yang und Leskovec hat bei der Untersuchung solcher Verläufe typische Muster herausstellen können. So werden beispielsweise Meldungen, die zuerst von Nachrichtenagenturen gebracht werden, im Nachhinein auch länger diskutiert. Viele der klassischen Medien haben Verträge mit solchen Diensten und allgemein wird sich stark an ihnen orientiert. Ein Prozess des ‚Durchfließens' (percolation) von Nachrichtenagenturen über Tageszeitungen zu professionellen Bloggern und schließlich in die gesamte Internet-Sphäre lässt sich hier nachvollziehen. Bei einem anderen typischen Muster wird eine Meldung vergleichsweise spät von Blogs aufgenommen, was zu einem zweiten, aber niedrigeren ‚peak' in der Aufmerksamkeit führt, wodurch das Thema jedoch auch deutlich länger beachtet wird (vgl. eingehender Yang/Leskovec 2011 sowie die Ausführungen in Kapitel 4). Generell entstehen neue „Ballungszentren" von Meldungen, die in enger Verbindung zur Popularität bzw. Dominanz von Suchmaschinen stehen. Zugleich wächst damit der Druck auf die Welt der gedruckten Medien.

Da das soziale Gedächtnis durch Kommunikation aufgebaut und erweitert wird, dürfte es folglich auch einen Unterschied machen, von welchen Medien die Inhalte ausgehen und wie dementsprechend ihre Diskussion verlief. Durch die neuen

Technologien bilden sich neue Formen der Wissensordnung aus mit Folgen für Organisation und Distribution (vgl. Schneider 2006, S. 91). Die Massenmedien stellen hierbei ein funktionales Äquivalent zu früheren Formen der Tradierung und Speicherung mittels Riten, Erzählungen oder bibliothekarischen Archiven dar. Die Speichermöglichkeiten dieser Technologien, vor allem des Internets, erlauben eine zeitnahe, wenn nicht sofortige Speicherung und Verfügbarmachung gerade gesendeter Inhalte. Auf Vergangenes wird durch solche „Gedächtnis entlastende Sonderleistungen" (Holl 2003, S. 165) leichter zurückzugreifen sein, es wird ‚sichtbarer' und damit ‚näher'. Daher mag auch die berühmte Angst kommen, dass Dinge, die einmal ihren Weg in das Internet gefunden haben, dort auch für immer verbleiben werden. Die Archivierung erfolgt nun nicht mehr, wie in früheren Gesellschaften, an zentralen, meist exklusiven Orten wie Klöstern oder universitären Bibliotheken, sondern zusätzlich an unterschiedlichsten und dispersen, teilweise auch privaten Speicherorten. Da das soziale Gedächtnis auch Identifikationsmuster über Aufbau und Legitimation von Identitäten bereitstellt, Anschlussfähigkeit sicherstellen soll und gleichsam durch medienvermittelte Erfahrungen und andere soziale Prozesse aufgebaut wird, greifen hier die technologischen und sozialen Entwicklungen deutlich ineinander (vgl. ebd. 2003, S. 162 f., 351; ebenso Assmann 2017). Ein solches Speichern und Verfügbarmachen von Inhalten, die mittlerweile von Büchern und Zeitungen bis Blogbeiträgen und Webcam-Filmen reichen, wird differenzierende Auswirkungen auf das ‚Erinnern' haben. So könnte sich ein eher unspezifisches, alltagsnahes „Kurzzeitgedächtnis der Gesellschaft" (Welzer 2008, S. 14) ausbilden, das einem hochspezialisierten, organisierten wissenschaftlichen und einem kulturellen Gedächtnis gegenübersteht (vgl. ebd.). Mit letzterem wird im Allgemeinen jenes angesprochen, das hier auch im weiteren Sinne im Vordergrund stand (vgl. Assmann 1988, S. 15).

Die derzeitigen Untersuchungen zeigen, dass massenmedial vermittelte Themen unter den Rezipienten länger im Gespräch bleiben, nicht jedoch, ob sie sich auch im Gedächtnis verankern und hierüber auch die Wahrnehmung und Bewertung neuer Themen beeinflussen. Eine weitere Differenzierung könnte sich hier nach gruppenspezifischen Auswahlkriterien herausbilden. Blogs und Foren differenzieren sich nach Interesse, Relevanz und Betroffenheit aus und generell zwingt die rein quantitative Zunahme an verfügbaren Informationen zu Verzicht; das angebotene ‚Gedächtnismaterial' ist bereits durch viele Filter gegangen. Daher wird ein Großteil schon im Voraus ‚vergessen' (vgl. Jäckel 2010a, S. 230). Zugleich entwickeln Nutzer ihre eigenen Repositorien. Die Bibliothek, so Strohschneider, sammelte an und schuf ein Ordnungssystem, sie war und ist eine „Ordnungsform für das Angehäufte." (2009, S. 18) Die Bezeichnung ‚Privatbibliothek' bekommt nunmehr eine erweiterte Bedeutung: So wird es zwar einerseits immer einfacher, Ereignisse festzuhalten und abzuspeichern, doch durch den gefüllten Datenspeicher stöbert man eher ungern. Stapelbildungen finden nicht nur in Regalen und auf Schreibtischen statt, sondern – und deshalb zunächst unscheinbarer – auf Festplatten und anderen Speichermedien. Unordnung steigert daher das selektive Wiederfinden und Erinnern. Das gilt vor allem auch für das Aufbewahren von Erinnerungen an Personen und Orte. Die digitale Fotografie erlaubt beispielsweise einen fahrlässigeren Umgang mit Bildmotiven, auch, weil ein nachträgliches Perfektionieren von Schnellschüssen möglich ist. Ob, wie Hoch in seinem Beitrag zu Fotoalben und Digitalkameras behauptet, an die Kinder nichts mehr übergeben werden kann, wird auch von Entlastungsangeboten, die der Markt offeriert, abhängen. Kalenderanbieter reagieren auf dieses ‚analoge' Dokumentationsbedürfnis ebenso wie die Druckindustrie mit Stationen, die flexible Formen des Bildabzugs ermöglichen.

Medienmärkte also schaffen und reagieren auf Bedürfnisse der Rezipienten. Sie haben Anteil an einem diffusen Gefühl der Überforderung und bieten im gleichen Atemzug Hilfestellungen an. Da dies nicht ohne Kommunikation gelingen kann, kann auch dadurch das allgemeine Rauschen erhöht werden. Jedenfalls ist es mehr die Überforderung, die thematisiert wird, als die Fähigkeit, sich trotz der Vielfalt selbst organisieren zu können. Ein Beleg findet sich beispielsweise in Frank Schirrmachers Buch „Payback", in dem er der zunehmenden Erschöpfung aufgrund einer Überkommunikation Ausdruck verlieh: „Unsere Köpfe sind die Plattformen eines Überlebenskampfes von Informationen, Ideen und Gedanken geworden, und je stärker wir unsere eigenen Gedanken in das Netz einspeisen, desto stärker werden wir selbst in den Kampf mit einbezogen." (Schirrmacher 2009, S. 19) Maryanne Wolf ergänzt diese und ähnliche Beobachtungen in einem Interview um den Aspekt der Generationsunterschiede: „Ich erkannte, dass ich noch das alte klassische Gehirn bin und meine Kinder schon digitale Gehirne besitzen. Es ist wie ein Generationenbruch, eine Art Fremdheit." (zit. nach Thiel 2009)

Die Generationen-Debatte findet also eine interessante Zuspitzung, wenn es um die Akzeptanz neuer Informations- und Kommunikationstechnologien geht. Am markantesten ist in diesem Zusammenhang wohl der Begriff „Digital Natives" (vgl. Palfrey 2008, S. 4). Dieser Begriff vermittelt in besonderer Weise eine enge Verschmelzung zwischen dem Lebensalltag von Kindern und Jugendlichen, die im digitalen Zeitalter aufgewachsen sind, und den Medieninnovationen, die sie dabei permanent begleiten. Jedenfalls assoziiert man damit weitaus weniger ein bestimmtes Lebensgefühl und eine bestimmte Lebensweise. Wer von „neuen Medien" spricht, verrät etwas über seinen Standort. So ist Rathgeb der Auffassung, dass viele Jugendliche diesen Begriff nicht nachvollziehen können, weil das, was als neu eingestuft wird, für sie als selbstverständlich gilt (vgl. Rathgeb 2009, S. 25). Von „TV Natives" ist so prononciert nie gesprochen worden, und rückblickend würde ein solcher Begriff die langen Anfangsjahre des Fernsehens nicht adäquat erfassen. Aber wer noch einmal in die frühen Tage des Fernsehens eintaucht, die Erzählweisen und Formate, die Protagonisten und Kulissen Revue passieren lässt, der sieht aus der Distanz in besonderer Weise eine andere Welt, die von anderen Bewunderungs- und Überraschungseffekten bestimmt war.

Angesichts des permanenten Hinzukommens neuer Nutzungsoptionen entwickeln sich in immer engerer Aufeinanderfolge Formen von mehr oder weniger virtuosem Umgang mit diesen Angeboten, die jene, die gerade einmal davon überzeugt waren, einigermaßen den Überblick gewonnen zu haben, nur in Erstaunen versetzen können. Hartmut Rosa hat dies in zugespitzter Form im Rahmen seiner Beschleunigungsanalysen wie folgt formuliert: „[…] dass das Tempo dieses Wandels sich von einer intergenerationalen Veränderungsgeschwindigkeit in der Frühmoderne über eine Phase annähernder Synchronisation mit der Generationenfolge in der ‚klassischen Moderne' zu einem in der Spätmoderne tendenziell intragenerational gewordenen Tempo gesteigert hat." (Rosa 2005, S. 178)

Die nachfolgende Abbildung soll dies verdeutlichen: Während historischer Epochen mit geringer Innovationsdichte unterschied sich die Lebenserfahrungen der Generationen kaum, gefolgt von einer Phase, in der sich die Erfahrungen aufeinander folgender Generationen überlappen bis hin zu Differenzen, die sich innerhalb von klassischen Kohorten-Vorstellungen beobachten lassen. Mit anderen Worten: Erst waren es die Enkel, die gegenüber ihren Großeltern eine Veränderung wahrnahmen, dann die Kinder gegenüber ihren Eltern und nun zum Beispiel die älteren Kinder gegenüber den jüngeren Kindern. Das Tempo wird also auch deutlich, wenn sich ältere Geschwister mit ihren jüngeren Geschwistern, Vorgesetzte mit ihren Mitarbeitern, Mitarbeiter mit Berufserfahrung mit Neueinsteigern, ältere mit jüngeren Studierendengenerationen usw. vergleichen. Die Frage lautet folglich, ab wann davon gesprochen werden kann, dass die Art und Weise der Mediennutzung sich in einer Längsschnittperspektive als eine andere erweist. Die Zunahme der „Sequenzen" in der Zeile „Spätmoderne" soll dies veranschaulichen.

Abb. 9.1 Fortschreitende Beschleunigung des sozialen Wandels

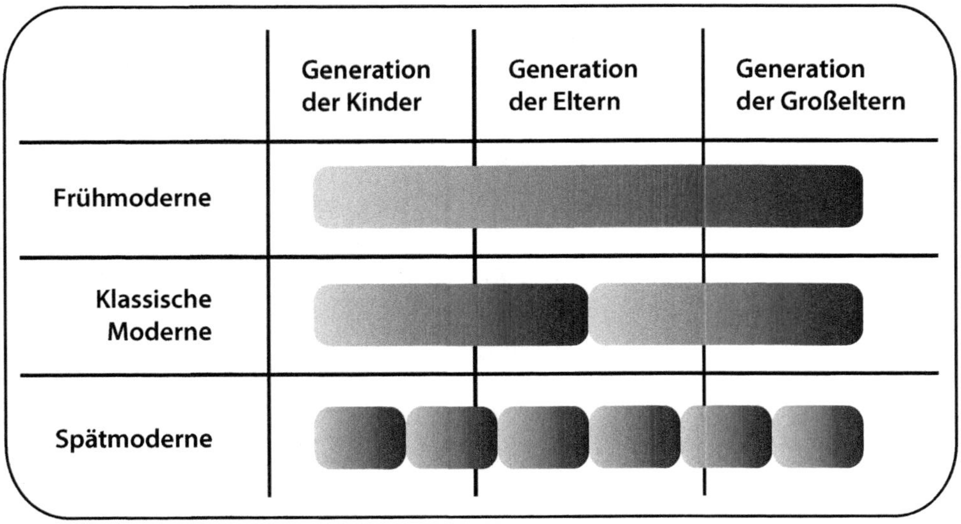

Quelle: Eigene Erstellung unter Bezugnahme auf Rosa 2005, S. 178

Zugleich neigt jede Kohorte dazu, sich mit den Verhältnissen zu arrangieren, und lässt sich dabei insbesondere von jenen Medien inspirieren, die in der prägenden Phase des Umgangs mit neuen Technologien dominant waren. Hier wird also die These vertreten, dass in verschiedenen Altersgenerationen unterschiedliche Formen von Entschleunigungsoasen zu beobachten sind. Schirrmacher (2009) forderte eine Emanzipation von dem Erwartungsdruck, den neue IuK-Technologien auf den Menschen ausüben und wollte damit keineswegs Kulturpessimismus beschreiben, sondern darin eine fast natürliche Reaktion auf das Gefühl sehen, nicht mehr Herr über die eigene Lebensgestaltung und Zeitverwendung zu sein. Jede Mediengeneration durchlebt also eine Phase der Beschleunigung, der Konstanz und der Entschleunigung. Für die Medienwirkungsforschung folgt daraus, dass sie gegenüber diesem doppelten Wandel – dem auf der Angebots- und dem auf der Rezipientenseite – Offenheit zeigen muss. Aber bevor man neu denkt, sollte man auch wissen, wie bislang über etwas gedacht wurde.

Literaturverzeichnis

Aagaard, Janne (2016): Trends im Journalismus 2016. Ein Blick in die Welt des modernen Jounralismus und Schlussfolgerungen für PR- und Marketingprofis. Online verfügbar unter http://pr.mynewsdesk.com/de-journalist-trends/, zuletzt geprüft am 30.09.2018.

Abbott, Andrew (1981): Status and Status Strain in the Professions. In: American Journal of Sociology 86 (4), S. 819–835.

Adorno, Theodor W. (1986): Kann das Publikum wollen? [Zuerst 1963]. In: Adorno, Theodor W.: Vermischte Schriften I. Frankfurt am Main, S. 342–347.

Alicke, M. et al. (1995): Personal Contact, Individuation, and the Better-Than-Average Effect. In: Journal of Personality and Social Psychology 68 (5), S. 804–825.

Asimov, Isaac (1983): „Das Chronoskop". [Zuerst 1956]. In: Asimov, Isaac (Hg.): Best of Asimov. Bergisch-Gladbach, S. 217–270.

Assmann, Aleida (1999): Erinnerungsräume. Formen und Wandlungen des kulturellen Gedächtnisses. München.

Assmann, Aleida (2017): Formen des Vergessens. 3. Auflage. Göttingen.

Assmann, Aleida/Assmann, Jan (1994): Das Gestern im Heute. Medien und soziales Gedächtnis. In: Merten, Klaus/Schmidt, Siegfried J./Weischenberg, Siegfried (Hg.): Die Wirklichkeit der Medien. Eine Einführung in die Kommunikationswissenschaft. Opladen, S. 114–140.

Assmann, Jan (1988): Kollektives Gedächtnis und kulturelle Identität. In: Assmann, Jan/Hölscher, Tonio (Hg.): Kultur und Gedächtnis. Frankfurt am Main, S. 9–19.

Augé, Marc (1994): Orte und Nicht-Orte. Vorüberlegungen zu einer Ethnologie der Einsamkeit. [Aus d. Franz.]. Frankfurt am Main.

Auster, Paul (2002): The Book of Illusions. New York, London.

Ayers, John W./Althouse, Benjamin M./Leas, Eric C./Dredze, Mark/Allem, Jon-Patrick (2017): Internet Searches for Suicide following the Release of 13 Reasons Why. In: JAMA Intern Med. 177 (10), S. 1527–1529.

Baecker, Dirk (2004): Die vierte Gewalt. Massenmedien und Demokratieverständnis. In: Funkkorrespondenz, 2004 (8-9), S. 4-9.

Baecker, Dirk (2007): Studien zur nächsten Gesellschaft. Frankfurt am Main.

Barwise, Patrick/Ehrenberg, Andrew (1988): Television and its Audience. London.

Bauer, Raymond A. (1963): The Initiative of the Audience. In: Journal of Advertising Research 3, S. 2-7.

Bauer, Raymond A. (1964): The obstinate Audience. The Influence Process from the Point of View of social Communication. In: American Psychologist (19), S. 319-328.

Beck, Ulrich (1996): „Wissen oder Nicht-Wissen? Zwei Perspektiven „reflexiver Modernisierung". In: Beck, Ulrich/Giddens, Anthony/Lash, Scott (Hg.): Reflexive Modernisierung. Eine Kontroverse. Frankfurt am Main, S. 289-315.

Beck, Ulrich/Beck-Gernsheim, Elisabeth (1994): Riskante Freiheiten. Individualisierung in modernen Gesellschaften. Frankfurt am Main.

Beer, Arnold S. de (2004): Ecquid Novi – The Search for a Definiton. In: Ecquid Novi 25 (2), S. 186-209.

Bell, Daniel (1976): Die nachindustrielle Gesellschaft. [Aus d. Amerik.]. 2. Auflage. Frankfurt am Main.

Bentele, Günter (1988): Der Faktor Glaubwürdigkeit. Forschungsergebnisse und Fragen für die Sozialisationsperspektive. In: Publizistik 33 (2-3), S. 406-426.

Bentele, Günter (1996): Öffentliches Vertrauen. In: Presse- und Informationsdienst der Bundesregierung (Hg.): Kommunikationspolitische und kommunikationswissenschaftliche Forschungsprojekte der Bundesregierung (1985-1994). Eine Übersicht über wichtige Ergebnisse. Bonn, S. 379-387.

Benz, Lore (2010): Medienwandel als Wandel von Interaktionsformen in frühen europäischen Medienkulturen. In: Sutter, Tilmann (Hg.): Medienwandel als Wandel von Interaktionsformen. Wiesbaden, S. 17-26.

Berelson, Bernard (1960): Communications and Public Opinion. [Zuerst 1948]. In: Schramm, Wilbur J. (eds.): Mass Communications. 2nd Edition. Urbana, S. 111-129.

Berg, Klaus/Kiefer, Marie-Luise (1992): Massenkommunikation IV. Eine Langzeitstudie zur Mediennutzung und Medienbewertung 1964-1990. In: Schriftenreihe Media Perspektiven, Band 12.

Bergmann, Jörg/Ulmer, Bernd (1993): Medienrekonstruktionen als kommunikative Gattungen? In: Holly, Werner/Püschel, Ulrich (Hg.): Medienrezeption als Aneignung. Methoden und Perspektiven qualittativer Medienforschung. Opladen, S. 81-102.

Bergmann, Linda et al. (2010): Edutainment and Teen Modeling may spark Interest in Nutrition & Physical Activity in Elementary School Audiences. In: Journal of Nutrition Education and Behavior 42 (2), S. 139-141.

Beuick, Marshall D. (1927/28): The limited social Effect of Broadcasting. In: American Journal of Sociology 32 (4), S. 615-622.

Blöbaum, Bernd (2000): Strukturwandel des Journalismus – Strukturwandel von Öffentlichkeit. In: Jarren, Otfried et al. (Hg.): Zerfall der Öffentlichkeit? Wiesbaden (Mediensymposium Luzern, Band 6), S. 135–147.

Blöbaum, Bernd (2008): Wandel redaktioneller Strukturen und Entscheidungsprozesse. In: Bonfadelli, Heinz et al. (Hg.): Seismographische Funktion von Öffentlichkeit im Wandel. Wiesbaden, S. 119–129.

Blumer, Herbert (1946): Collective Behavior. In: McClung Lee, Alfred (Hg.): New Outlines of the Principles of Sociology. New York, S. 167–222.

Blumler, Jay G. et al. (1985): Reaching out: A Future for Gratifications Research. In: Rosengren, Karl Erik et al. (Hg.): Media Gratifications Research. Current Perspectives. Beverly Hills, S. 255–273.

Blumler, Jay G./Katz, Elihu (eds.) (1974): The Uses of Mass Communications. Current Perspectives on Gratifications Research. Beverly Hills, London.

Blumler, Jay G./Hoffmann-Riem, Wolfgang (1992): Neue Funktionen für öffentlich-rechtliches Fernsehen in Westeuropa: Herausforderungen und Perspektiven. In: Media Perspektiven (7), S. 402–415.

Bohn, Cornelia (1999): Schriftlichkeit und Gesellschaft. Kommunikation und Sozialität der Neuzeit. Opladen.

Bolz, Norbert (2010): „Niklas Luhmann und Jürgen Habermas. Eine Phantomdebatte". In: Burckhardt, Wolfgang (Hg.): Luhmann Lektüren. Berlin, S. 34–52.

Bonfadelli, Heinz (1987): Die Wissenskluftforschung. In: Schenk, Michael (Hg.): Medienwirkungsforschung. Tübingen, S. 305–323.

Bourdieu, Pierre (1998): Über das Fernsehen. [Aus d. Franz.]. Frankfurt am Main.

Braddock, Richard (1958): An Extension of the „Lasswell Formula". In: Journal of Communication (8), S. 88–93.

Brendler, Michael (2017): Der Tod eines Mädchens. Online verfügbar unter http://www.faz.net/aktuell/wissen/geist-soziales/netflix-serie-thematisiert-suizid-eines-maedchens-15014406.html?printPagedArticle=true#pageIndex_0, zuletzt geprüft am 30.09.2018.

Breunig, Christian/van Eimeren, Birgit (2015): 50 Jahre „Massenkommunikation": Trends in der Nutzung und Bewertung der Medien. In: Media Perspektiven (11), S. 505–525.

Briggs, Asa/Burke, Peter (2002): A Social History of the Media. From Gutenberg to the Internet. Malden.

Bromley, Roger et al. (1999): Cultural Studies. Grundlagentexte zur Einführung. Lüneburg.

Brosius, Hans-Bernd (1994): Agenda-Setting nach einem Vierteljahrhundert Forschung: Methodischer und theoretischer Stillstand? In: Publizistik 39 (3), S. 269–288.

Brosius, Hans Bernd/Esser, Frank (1998): Mythen in der Wirkungsforschung. Auf der Suche nach dem Stimulus-Response-Modell. In: Publizistik 43 (4), S. 341–361.

Brumberg, Joan Jacobs (1994): Todeshunger. Die Geschichte der Anorexia nervosa vom Mittelalter bis heute. [Aus d. Amerik.]. Frankfurt/New York.

Bryce, James (1888): The American Commonwealth. In three Volumes. London: Macmillan.

Bucher, Hans-Jürgen (1998): Artikel „Journalismus". In: Historisches Wörterbuch der Rhetorik, Bd. 4. Tübingen, S. 729–741.

Bucher, Hans-Jürgen (2003): Journalistische Qualität und Theorien des Journalismus. In: Bucher, Hans-Jürgen/Altmeppen, Klaus-Dieter (Hg.): Qualität im Journalismus. Grundlagen – Dimensionen – Praxismodelle. Wiesbaden, S. 11–34.

Bucher, Hans-Jürgen/Altmeppen, Klaus-Dieter (Hg.) (2003): Qualität im Journalismus. Grundlagen – Dimensionen – Praxismodelle. Wiesbaden.

Buchman, Peter (1984): All for Love. A Study in Soap Operas. London.

Bulkow, Kristin/Schweiger, Wolfgang (2013): Agenda Setting – zwischen gesellschaftlichem Phänomen und individuellem Prozess. In: Schweiger, Wolfgang/Fahr, Andreas (Hg.): Handbuch Medienwirkungsforschung. Wiesbaden, S. 171–190.

Burda, Hubert/Sloterdijk, Peter (2010): Das Bild ist immer um eine Dimension pfingstlicher als die Schrift. In: Burda, Hubert (Hg.): In medias res. Zehn Kapitel zum Iconic Turn. Paderborn, S. 88–93.

Burdach, Konrad (1987): „Violence Profile" und Kultivierungsanalyse: die Vielseherforschung George Gerbners. In: Schenk, Michael (Hg.): Medienwirkungsforschung. Tübingen, S. 344–365.

Burkart, Roland/Hömberg, Walter (2007): Elektronisch mediatisierte Gemeinschaftskommunikation. In: Burkart, Roland/Hömberg, Walter (Hg.): Kommunikationstheorien. Ein Textbuch zur Einführung. 3. überarbeitete und erweiterte Auflage. Wien, S. 258–269.

Bussemer, Thymian (2003): Gesucht und gefunden: das Stimulus-Response-Modell in der Wirkungsforschung. Einige Anmerkungen und zwei Fallstudien zur frühen Kommunikationswissenschaft. In: Publizistik 48 (2), S. 176–189.

Butsch, Richard (2008): The Citizen Audience. Crowds, Publics, and Individuals. New York.

Cantor, Muriel (1982): Audience Control. In: Newcomb, Horace (Hg.): Television. The Critical View. New York, Oxford, S. 311–334.

Carey, James (1989): Communication as Culture: Essays on Media and Society. New York.

Carr, Nicholas G./Dedekind, Henning (2010): Wer bin ich, wenn ich online bin ... und was macht mein Gehirn solange? Wie das Internet unser Denken verändert. München.

Charlton, Michael/Klemm, Michael (1998): Fernsehen und Anschlußkommunikation. In: Klingler, Walter et al. (Hg.): Fernsehforschung in Deutschland. Themen – Akteure – Methoden. Baden-Baden (Südwestrundfunk-Schriftenreihe, Medienforschung, Band 1), S. 709–727.

Cohen, Bernard C. (1963): The Press and Foreign Policy. Princeton.

Coleman, Richard P. (1983): The continuing Significance of Social Class to Marketing. In: The Journal of Consumer Research 10, S. 265–280.

Compaine, Benjamin M. (2001): Declare the War won. In: Compaine, Benjamin M. (eds.): The Digital Divide. Facing a Crisis or creating a Myth? Cambridge, S. 315–335.

Cooley, Charles Horton (1962): Social Organization. A Study of the larger Mind. [Zuerst 1909]. New Brunswick, N. J.

Dearing, James W./Rogers, Everett M. (1996): Agenda-Setting. Thousand Oaks.

Dewey, John (ed.) (1925): Experience and Nature. La Salle, Ill.

Dewey, John (1954): The Public and its Problems. Chicago.

Dewey, John (eds.) (1980): The Middle Works, 1899-1924. [Zuerst 1916]. Vol. 9. London, Amsterdam.

Dewey, John (eds.) (1988): The later Works, 1925-1953. [Zuerst 1939]. Vol. 13.

Drabczynski, Michael (1982): Motivationale Ansätze in der Kommunikationswissenschaft. Theorien, Methoden, Ergebnisse. Berlin (Beiträge zur Medientheorie und Kommunikationsforschung, Band 21).

Drucker, Peter F. (1969): Die Zukunft bewältigen. Aufgaben und Chancen im Zeitalter der Ungewissheit. [Aus d. Amerik.]. Düsseldorf.

Dutilleul, Philippe (2006): Bye-Bye Belgium (Opération BBB): L'évènement télévisuel. Loverval.

Eckert, Matthias/Eisenblätter, Andrea/Feuerstein, Sylvia/Scholz, Sören (2017): Die Medien-NutzerTypen und ihr emotionales Profil. In: Media Perspektiven (11), S. 555-566.

Eco, Umberto (1985): Über Gott und die Welt. Essays und Glossen. [Aus d. Ital.]. 3. Auflage. München, Wien.

Eichhorn, Wolfgang (1996): Agenda-Setting-Prozesse. Eine theoretische Analyse individueller und gesellschaftlicher Themenstrukturierung. München (Kommunikationswissenschaftliche Studien, Band 16).

Ellrich, Lutz (2006): Die ‚digitale Elite' als Impulsgeber für sozialen Wandel. In: Ziemann, A. (Hg.): Medien der Gesellschaft – Gesellschaft der Medien. Konstanz, S. 141-160.

Engel, Bernhard/Best, Stefanie (2010): Fragebogenentwicklung als Spiegelbild der Medienentwicklung. In: Media Perspektiven (1), S. 2-12.

Engel, Bernhard/Holtmannspötter, Eva (2017): Studienreihe: Medien und ihr Publikum. In: Media Perspektiven (2), S. 91-100.

Entman, Robert M./Matthes, Jörg/Pellicano, Lynn (2009): Nature, Sources and Effects of News Framing. In: Wahl-Jorgensen, Karin/Hanitzsch, Thomas (Hg.): The Handbook of Journalism Studies. New York, S. 175-190.

Ettema, James S./Kline, F. Gerald (1977): Deficits, Differences, and Ceilings: Contingent Conditions For understanding the Knowledge Gap. In: Communication Research 4, S. 179-202.

Fabris, Hans Heinz (2004): Vielfältige Qualität. Theorien zur Analyse der Qualität des Journalismus. In: Löffelholz, Martin (Hg.): Theorien des Journalismus – Ein diskursives Handbuch. 2., vollständig überarbeitete und erweiterte Auflage. Wiesbaden, S. 393-404.

Fang, Irving (1997): A History of Mass Communication: Six Information Revolutions. Boston.

Festinger, Leon (1978): Theorie der kognitiven Dissonanz. [Aus d. Amerik.]. Hrsg. von Martin Irle und Volker Möntmann. Bern.

Flichy, Patrice (1994): Tele. Geschichte der modernen Kommunikation. [Aus d. Franz.]. Frankfurt am Main.

Fowler, Mark S./Brenner, Daniel L. (1982): A Marketplace Approach to Broadcast Regulation. In: Texas Law Review 60, S. 207-257.

Franck, Georg (2011): Celebrities: Elite der Mediengesellschaft? In: Merkur (753), S. 300–310.

Freidson, Eliot (1953): Communications Research and the Concept of the Mass. In: American Sociological Review 18 (3), S. 313–317.

Fröhlich, Gerrit (2018): Medienbasierte Selbsttechnologien 1800, 1900, 2000. Vom narrativen Tagebuch zur digitalen Selbstvermessung. 1. Auflage. Bielefeld.

Gabler, Neal (1999): Das Leben, ein Film. Die Eroberung der Wirklichkeit durch das Entertainment. [Aus d. Amerik.]. Berlin.

Galbraith, John Kenneth (1983): The Anatomy of Power. Boston.

Gambetta, Diego (2009): Codes of the Underworld. How Criminals communicate. Princeton.

Gaßner, Hans-Peter (2006): Werberelevante Zielgruppen im Wandel. Konsum ist entscheidender als Alter. In: Mediaperspektiven (1), S. 16–22.

Gaziano, Cecilie/McGrath, Kristin (1986): Measuring the Concept of Credibility. In: Journalism Quarterly 63, S. 451–462.

Geiger, Theodor (1932): Die soziale Schichtung des deutschen Volkes. Stuttgart.

Geiger, Theodor (1987): Kritik der Reklame – Wesen, Wirkungsprinzip, Publikum. [Zuerst 1932]. In: Soziale Welt 38 (4), S. 471–492.

Geiselberger, Heinrich (2011): Wikileaks und die Folgen. Frankfurt am Main.

Geißler, Rainer (1996): Kein Abschied von Klasse und Schicht. Ideologische Gefahren der deutschen Sozialstrukturanalyse. In: Kölner Zeitschrift für Soziologie und Sozialpsychologie 48 (2), S. 319–338.

Gerbner, George et al. (1980): The ‚Mainstreaming' of America: Violence Profile No. 11. In: Journal of Communication 30 (3), S. 10–29.

Gerbner, George/Morgan, Michael/Signorelli, Nancy (1986): Living with Television: The Dynamics of the Cultivation Process. In: Bryant, Jennings/Zillmann, Dolf (eds.): Perspectives on media effects. Hillsdale, S. 17–40.

Gerbner, George et al. (1994): Growing Up with Television: The Cultivation Perspective. In: Bryant, Jennings/Zillmann, Dolf (eds.): Media Effects. Advances in Theory and Research. Hillsdale, New Jersey, S. 17–41.

Gerhards, Jürgen (2001): Der Aufstand des Publikums. Eine systemtheoretische Interpretation des Kulturwandels in Deutschland zwischen 1960 und 1989. In: Zeitschrift für Soziologie 30 (3), S. 163–184.

Gerhardt, Uta (1998): Normative Integration moderner Gesellschaften als Problem der soziologischen Theorie Talcott Parsons'. In: Soziale Systeme 4, S. 281–313.

Gersemann, Olaf (2001): „Turbulenzen, Rückschläge, Zufälle". US-Zukunftsforscher Alvin Toffler über die Zukunft der New Economy. Interview. In: Wirtschaftswoche, 2001 (25), S. 59.

Giddens, Anthony (1984/1988): Die Konstitution der Gesellschaft. Frankfurt am Main und New York.

Gitlin, Todd (1978): Media Sociology: The dominant Paradigm. In: Theory and Society 6, S. 205–253.

Gleich, Uli (2014): Second Screen und Social-Media-Nutzung. In: Media Perspektiven (2), S. 111–117.

Goh, Khim-Yong/Chu, Junhong/Wu, Jing (2015): Mobile Advertising. An empirical Study of temporal and spatial Differences in Search Behavior and Advertising Response. In: Journal of Interactive Marketing 30, S. 34–45.

Goodhardt, Gerald J. et al. (1987): The Television Audience. Patterns of Viewing. Aldershot.

Granovetter, Mark S. (1973): The Strength of weak Ties. In: American Journal of Sociology 78, S. 1360–1380.

Granovetter, Mark S. (1985): Economic Action and social Structure. The Problem of Embeddedness. In: American Journal of Sociology 91 (3), S. 481–510.

Groebel, Jo et al. (1995): Bericht zur Lage des Fernsehens für den Bundespräsidenten der Bundesrepublik Deutschland. 2. Auflage. Gütersloh.

Grieco, Elizabeth (2018): Newsroom employment dropped nearly a quarter in less than 10 years, with greatest decline at newspapers. Online verfügbar unter http://www.pewresearch.org/fact-tank/2018/07/30/newsroom-employment-dropped-nearly-a-quarter-in-less-than-10-years-with-greatest-decline-at-newspapers/, zuletzt geprüft am 30.09.2018.

Habermas, Jürgen (1980): Handlung und System, Bemerkungen zu Parsons' Medientheorie. In: Schluchter, Wolfgang (Hg.): Verhalten, Handeln und System, Talcott Parsons' Beitrag zur Entwicklung der Sozialwissenschaften. Frankfurt am Main, S. 68–105.

Habermas, Jürgen (1984): Vorstudien und Ergänzungen zur Theorie des kommunikativen Handelns. Frankfurt am Main.

Habermas, Jürgen (1990): Strukturwandel der Öffentlichkeit. Untersuchungen zu einer Kategorie der bürgerlichen Gesellschaft. [Zuerst 1962]. Frankfurt am Main.

Hahn, Alois (1987): Soziologische Aspekte der Knappheit. In: Heinemann, Klaus (Hg.): Soziologie wirtschaftlichen Handelns (Kölner Zeitschrift für Soziologie und Sozialpsychologie, Sonderheft), S. 119–132.

Hahn, Alois (2010): Inszenierung der Erinnerung. In: Hahn, Alois (Hg.): Körper und Gedächtnis. Wiesbaden, S. 17–36.

Hahn, Kornelia (2009): Entfernte Kommunikation. Zur Soziologie fortgeschrittener Medienkulturen. Konstanz.

Hall, Stuart (1980): Encoding/Decoding. In: Hall, Stuart et al. (eds.): Culture, Media, Language. Working Papers in Cultural Studies. London, S. 128–138.

Haller, Andrea/Loiperdinger, Martin/Schlüpmann, Heide/Kiep-Altenloh, Emilie (Hg.) (2012): Zur Soziologie des Kino. Die Kino-Unternehmung und die sozialen Schichten ihrer Besucher. [Neuauflage; zuerst 1913]. Frankfurt am Main.

Hallenberger, Gerd (1997): Mit „Familie Hesselbach" und Peter Frankenfeld fing alles an – eine kleine Kulturgeschichte der Fernsehunterhaltung. In: Bayerische Landeszentrale für neue Medien (Hg.): Vom Boulevard zum Trash-TV: Fernsehkultur im Wandel. Dokumentation vom BLM-Rundfunkkongress 1997 (BLM-Schriftenreihe Band 49), S. 7–22.

Hargittai, Eszter/Dobransky, Kerry (2017): Old Dogs, New Clicks. Digital Inequality in Internet Skills and Uses among older Adults. In: Canadian Journal of Communication 42(2), S. 195–212.

Hartley, John (1999): Uses of Television. London, New York.

Hasebrink, Uwe (1997): Ich bin viele Zielgruppen. Anmerkungen zur Debatte um die Fragmentierung des Publikums aus kommunikationswissenschaftlicher Sicht. In: Scherer, Helmut/Brosius, Hans-Bernd (Hg.): Zielgruppen, Publikumssegmente, Nutzergruppen. Beiträge aus der Rezeptionsforschung. München, S. 262–280.

Hasebrink, Uwe/Krotz, Friedrich (1991): Das Konzept der Publikumsaktivität in der Kommunikationswissenschaft. In: Spiel 10 (1), S. 115–139.

Headen, Robert S. et al. (1979): The Duplication of Viewing Law and Television Media Schedule Evaluation. In: Journal of Marketing Research 16, S. 333–340.

Heckhausen, Heinz (1980): Motivation und Handeln. Lehrbuch der Motivationspsychologie. Berlin.

Heesen, Jessica (Hg.) (2016): Handbuch Medien- und Informationsethik. Stuttgart.

Hennen, Manfred (1995): Versuch sozialwissenschaftlicher Begriffsarbeit für Macht und Moral – kritisches Koreferat. In: Ethik und Sozialwissenschaften 6 (3), S. 401–403.

Hepp, Andreas (2010): Cultural Studies und Medienanalyse. Eine Einführung. 3., überarbeitete und erweiterte Auflage. Wiesbaden.

Hindman, Douglas Blanks (2000): The Rural-Urban Digital Divide. In: Journalism & Mass Communication Quarterly 77 (3), S. 549–560.

Hirsch, Paul M. (1980): The ‚Scary World' of Nonviewer and other Anomalies. A Reanalysis of Gerbner et al.'s Findings on Cultivation Analysis. Part I. In: Communication Research 7 (4), S. 403–456.

Hirsch, Paul M. (1981): On not learning from one's own Mistakes. A Reanalysis of Gerbner et al.'s Findings on Cultivation Analysis. Part II. In: Communication Research 8 (1), S. 3–37.

Hirschman, Albert O. (1970): Abwanderung und Widerspruch. Reaktionen auf Leistungsabfall bei Unternehmungen, Organisationen und Staaten. Tübingen.

Hirschman, Albert O. (1984): Engagement und Enttäuschung. Über das Schwanken der Bürger zwischen Privatwohl und Gemeinwohl. [Aus d. Amerik.]. Frankfurt am Main.

Holl, Mirjam-Kerstin (2003): Semantik und soziales Gedächtnis. Die Systemtheorie Niklas Luhmanns und die Gedächtnistheorie von Aleida und Jan Assmann. Würzburg.

Hölscher, Lucian (1978): Öffentlichkeit. In: Brunner, Otto et al. (Hg.): Geschichtliche Grundbegriffe. Historisches Lexikon zur politisch-sozialen Sprache in Deutschland. Stuttgart (4), S. 413–467.

Holtz-Bacha, Christina (1997): Das fragmentierte Medien-Publikum. Folgen für das politische System. In: Aus Politik und Zeitgeschichte. Beilage zur Wochenzeitung Das Parlament (B42), S. 13–21.

Hömberg, Walter (1996): Arthur Schütz – Person und Werk. In: Schütz, Arthur (Hg.): Der Grubenhund. Experimente mit der Wahrheit. [Zuerst 1931] Hrsg. und eingeleitet von Walter Hömberg. München (ex libris kommunikation, Band 5), S. 9–30.

Hömberg, Walter (2005): Brauchen wir noch Journalisten? Ein Blick zurück nach vorn. In: Jäckel, Michael/Haase Frank (Hg.): In medias res: Herausforderung Informationsgesellschaft. München, S. 187–204.

Honneth, Axel (1992): Kampf um Anerkennung. Frankfurt/Main.

Horstmann, Reinhold (1991): Medieneinflüsse auf politisches Wissen. Zur Tragfähigkeit der Wissenskluft-Hypothese. Wiesbaden.

Horton, Donald/Wohl, Richard (1956): Mass Communication and Para-Social Interaction: Oberservations on Intimacy at a Distance. In: Psychiatry. Journal for the Study of Interpersonal Processes 19, S. 215–229.

Hovland, Carl I. et al. (1953): Communication and Persuasion. Psychological Studies of Opinion Change. London.

Hradil, Stefan (1990): Individualisierung, Pluralisierung, Polarisierung: Was ist von den Schichten und Klassen geblieben? In: Hettlage, Robert (Hg.): Die Bundesrepublik. Eine historische Bilanz. München, S. 111–138.

Hugger, Kai-Uwe (2008): Uses-and-Gratification-Approach und Nutzenansatz. In: Sander, Uwe et al. (Hg.): Handbuch Medienpädagogik. Wiesbaden, S. 173–178.

Hyman, Herbert/Sheatsley, Paul (1947): Some Reasons why Information Campaigns fail. In: Public Opinion Quarterly 11, S. 412–423.

Innis, Harold A. (1950): Empire and Communications. Toronto.

Isaacson, Walter (2011): Steve Jobs. Die autorisierte Biografie des Apple-Gründers. [Aus d. Amerik.]. München.

Iyengar, Shanto (1991): Is anyone responsible? How Television frames Political Issues. Chicago.

Iyengar, Shanto/Kinder, Donald (1987): News that matters: Agenda-Setting and Priming in a Television Age. Chicago.

Iyengar, Shanto/Simon, Adam (1997): News Coverage of the Gulf Crisis and Public Opinion. A Study of Agenda Setting, Priming, and Framing. In: Iyengar, Shanto/Reeves, Richard (eds.): Do the Media Govern? Politicians, Voters, and Reporters in America. Thousand Oaks, S. 248–257.

Jäckel, Michael (1990): Reaktionen auf das Kabelfernsehen. Kommunikationswissenschaftliche Erklärungen zur Ausbreitung eines neuen Mediums. München (medien skripten, 9).

Jäckel, Michael (1996): Wahlfreiheit in der Fernsehnutzung. Eine soziologische Analyse zur Individualisierung der Massenkommunikation. Opladen.

Jäckel, Michael (2001): Opinion Leader: A Promising Idea! In: Abromeit, Heidrun et al. (eds.): Politik, Medien, Technik. Festschrift für Heribert Schatz. Wiesbaden, S. 245–259.

Jäckel, Michael (2005): ‚Oprah's Pick'. Meinungsführer und das aktive Publikum. In: Media Perspektiven (2), S. 76–90.

Jäckel, Michael (2007): Artikel „Medien". In: Hillmann, Karl-Heinz (Hg.): Wörterbuch der Soziologie. 5., vollständig überarbeitete und erweiterte Auflage. Stuttgart, S. 547–548.

Jäckel, Michael (2008): Macht und Ohnmacht des Publikums. In: Jäckel, Michael/Mai, Manfred (Hg.): Medienmacht und Gesellschaft. Zum Wandel öffentlicher Kommunikation. Frankfurt am Main, New York, S. 171–195.

Jäckel, Michael (2010a): Soziologie. Eine Orientierung. Wiesbaden.

Jäckel, Michael (2010b): Von der Mediatisierung zur Emanzipation des Publikums? Zum Strukturwandel der Sender-Empfänger-Beziehungen. In: Soeffner, Hans-Georg (Hg.): Unsichere Zeiten. Herausforderungen gesellschaftlicher Transformationen. Verhandlungen des 34. Kongresses der Deutschen Gesellschaft für Soziologie in Jena 2008. Herausgegeben in deren Auftrag von Hans-Georg Soeffner. Wiesbaden, S. 1–11.

Jäckel, Michael (2010c): Was unterscheidet Mediengenerationen? In: Media Perspektiven (5), S. 247–257.

Jäckel, Michael (2011a): Kompetenz zur Herstellung kommunikativer Anschlüsse. Betrachtungen der Medienwirkungsforschung. In: Communicatio Socialis – Internationale Zeitschrift für Kommunikation in Religion, Kirche und Gesellschaft 44 (4), S. 446–450.

Jäckel, Michael (2011b): Medienwirkungen. Ein Studienbuch zur Einführung. 5. Auflage. Wiesbaden.

Jäckel, Michael (2012): Das richtende Publikum. In: Filipović, Alexander/Jäckel, Michael/Schicha, Christian (Hg.): Medien- und Zivilgesellschaft. Weinheim, S. 39–56.

Jäckel, Michael (2016): Wirkungsforschung: Auf der Suche nach den Ursachen. In: Media Perspektiven (11), S. 569–577.

Jäckel, Michael/Grund, Thomas (2005): Eine Mediensoziologie – aus Sicht der Klassiker. In: Jäckel, Michael (Hg.): Mediensoziologie. Grundfragen und Forschungsfelder. Wiesbaden, S. 15–32.

Jäckel, Michael/Peter, Jochen (1997): Cultural Studies aus kommunikationswissenschaftlicher Perspektive. Grundlagen und grundlegende Probleme. In: Rundfunk und Fernsehen 45 (1), S. 46–68.

Jarren, Otfried (2017): Auf dem Prüfstand. Was will eigentlich Journalismus. In: Kappes, Christoph/Krone, Jan/Novy, Leonard (Hg.): Medienwandel kompakt 2014–2016. Netzveröffentlichungen zu Medienökonomie, Medienpolitik & Journalismus. Wiesbaden, S. 197–202.

Jensen, Klaus Bruhn (1991): Media audiences Reception analysis: mass communication as the social production of meaning. In: Jensen, Klaus Bruhn/Jankowski, Nick (eds.): A Handbook of qualitative methodologies for mass communication research. London, New York, S. 135–148.

Joas, Hans (2007): Die soziologische Perspektive. In: Joas, Hans (Hg.): Lehrbuch der Soziologie. 3. Auflage. Frankfurt am Main, S. 11–38.

Kaase, Max (1999): Deutschland als Informations- und Wissensgesellschaft. In: Kaase, Max/Schmidt, Günther (Hg.): Eine lernende Demokratie. 50 Jahre Bundesrepublik Deutschland. Berlin (WZB Jahrbuch), S. 509–523.

Katz, Elihu (1996): And deliver us from Segmentation. In: The Annals of the American Academy of Political and Social Science (546), S. 22–33.

Katz, Elihu/Foulkes, David (1962): On the Use of the Mass Media as ‚Escape': Clarification of a Concept. In: The Public Opinion Quarterly 26, S. 377–388.

Katz, Elihu/Gurevitch, Michael/Haas, Hadassah (1973): On the Use of the Mass Media for important Things. In: American Sociological Review 38 (2), S. 164–181.

Katz, Elihu/Haas, Hadassah (1995): Kultur und Kommunikation im heutigen Israel: eine Wiederholungsstudie nach 20 Jahren. In: Franzmann, Bodo et al. (Hg.): Auf den Schultern von Gutenberg. Medienökologische Perspektiven der Fernsehgesellschaft. München, S. 195–201.

Katz, Elihu/Lazarsfeld, Paul Felix (1962): Persönlicher Einfluß und Meinungsbildung. Wien.

Kaube, Jürgen (2010): Auftragskiller inserieren nicht. In: Frankfurter Allgemeine Sonntagszeitung, Nr. 5, S. 30.

Kaube, Jürgen (2011a): Wie viele Mona Lisas? In: Frankfurter Allgemeine Sonntagszeitung, 2011, Nr. 19, S. 54.

Keppler, Angela (1995): Tischgespräche. Über Formen kommunikativer Vergemeinschaftung am Beispiel der Konversation in Familien. 2. Auflage. Frankfurt am Main.

Kepplinger, Hans Mathias (1989): Theorien der Nachrichtenauswahl als Theorien der Realität. In: Aus Politik und Zeitgeschichte. Beilage zur Wochenzeitung Das Parlament, 1989 (B15), S. 3–16.

Kepplinger, Hans Mathias (2008): Was unterscheidet die Mediatisierungsforschung von der Medienwirkungsforschung? In: Publizistik 53 (3), S. 326–338.

Kiefer, Marie-Luise (1985): Homogenisierung und Differenzierung kommunikativer Verhaltensmuster. In: Saxer, Ulrich (Hg.): Gleichheit oder Ungleichheit durch Massenmedien? Homogenisierung – Differenzierung der Gesellschaft durch Massenkommunikation. (Schriftenreihe der Deutschen Gesellschaft für Publizistik- und Kommunikationswissenschaft, Band 10). München, S. 171–181.

Kiefer, Marie-Luise (1989): Medienkomplementarität und Medienkonkurrenz. Notizen zum weitgehend ungeklärten „Wettbewerbsverhältnis" der Medien. In: Kaase, Max/Schulz, Winfried (Hg.): Massenkommunikation. Theorien, Methoden, Befunde. (Sonderheft 30), S. 337–350.

Kiefer, Marie-Luise (2011): Die schwierige Finanzierung des Journalismus. In: Medien & Kommunikationswissenschaft 59 (1), S. 5–22.

Kim, Ki Joon/Sundar, S. Shyam (2016): Mobile Persuasion. Can Screen Size and Presentation Mode make a Difference to Trust? In: Human Communication Research 42 (1), S. 45–70.

Kim, Yeojin et al. (2016): First and Second Levels of Intermedia Agenda Setting: Political Advertising, Newspapers, and Twitter during the 2012 U.S. Presidential Election. In: International Journal of Communication (10), S. 4550–4569.

Kittler, Friedrich A. (1986): Grammophon, Film, Typewriter. Berlin.

Kittler, Friedrich A. (1987): Aufschreibesysteme 1800–1900. 2. Auflage. München.

Kittler, Friedrich A. (2000): Wir sind programmierbar. Friedrich A. Kittler, Medien-Philosoph, über Genforschung, Nietzsche und die letzte Chance der Menschheit – Interview. Online verfügbar unter https://www.welt.de/print-welt/article527396/Wir-sind-programmierbar.html, zuletzt geprüft am 30.09.2018.

Klapp, Orin E. (1982): Meaning Lag in the Information Society. In: Journal of Communication 32, S. 56–66.

Klapper, Joseph T. (1960): The Effects of Mass Communication. New York.

Kluge, Alexander (2007): Geschichten vom Kino. Frankfurt am Main.

Knape, Joachim (2017): 1521: Martin Luthers rhetorischer Moment oder die Einführung des Protests. Berlin.

König, Mathias/König, Wolfgang (2017): Social TV: Die Twitter-Debatte zum TV-Duell. In: Media Perspektiven (12), S. 630–638.

Koselleck, Reinhart (1973): Kritik und Krise. Eine Studie zur Pathogenese der bürgerlichen Welt. [Zuerst 1959]. Frankfurt am Main.

Krotz, Friedrich (1996): Zur Idee einer Stiftung Medientest – was soll und was kann eine solche Einrichtung leisten? In: Mast, Claudia (Hg.): Markt – Macht – Medien. Publizistik zwischen gesellschaftlicher Verantwortung und ökonomischen Zielen. Konstanz (Schriftenreihe der Deutschen Gesellschaft für Publizistik- und Kommunikationswissenschaften, Band 23), S. 325–335.

Krotz, Friedrich (2001): Mediatisierung kommunikativen Handelns. Der Wandel von Alltag und sozialen Beziehungen, Kultur und Gesellschaft durch die Medien. Wiesbaden.

Krotz, Friedrich (2008): Sind Medien Kanäle? Ist Kommunikation Informationstransport? Das mathematisch/technische Kommunikationsmodell und die sozialwissenschaftliche Kommunikationsforschung. In: Rehberg, Karl-Siegbert (Hg.): Die Natur der Gesellschaft. Verhandlungen des 33. Kongresses der Deutschen Gesellschaft für Soziologie in Kassel 2005. Frankfurt, New York: Campus, S. 1044–1059.

Krotz, Friedrich/Hepp, Andreas (Hg.) (2012): Mediatisierte Welten: Beschreibungsansätze und Forschungsfelder. Wiesbaden.

Krüger, Udo Michael (2005): Pilotstudie 1. Berufe im Fernsehen. In: Dostal, Werner/Troll, Lothar (Hg.): Die Berufswelt im Fernsehen. Nürnberg. Nürnberg (Beiträge zur Arbeitsmarkt- und Berufsforschung, 292).

Kümmel, Albert et al. (Hrsg.) (2004): Einführung in die Geschichte der Medien. Paderborn.

Kutsch, Arnulf (1988): Max Webers Anregung zur empirischen Journalismusforschung. Die Zeitungsenquête und eine Redakteurs-Umfrage. In: Publizistik. Vierteljahrschrift für Kommunikationsforschung 33 (1), S. 5–31.

Kwak, Nojin (1999): Revisiting the Knowledge Gap Hypothesis. Education, Motivation, and Media Use. In: Communication Research 26 (4), S. 385–413.

Lang, Kurt/Lang, Gladys Engel (1959): The Mass Media and Voting. In: Burdick, Eugene/Brodbeck, Arthur J. (eds.): American Voting Behavior. New York, S. 217–235.

Lasswell, Harold D. (1927): The Theory of Political Propaganda. In: The American Political Science Review 21, S. 627–631.

Latzer, Michael (1997): Mediamatik – die Konvergenz von Telekommunikation, Computer und Rundfunk. Opladen.

Lazarsfeld, Paul Felix (1975): Zwei Wege der Kommunikationsforschung. In: Schatz, Oskar (Hg.): Die elektronische Revolution. Wie gefährlich sind die Massenmedien? Graz, S. 197–223.

Lazarsfeld, Paul Felix et al. (1969): Wahlen und Wähler. Soziologie des Wahlverhaltens. [Aus d. Amerik.]. Neuwied, Berlin.

Lazarsfeld, Paul Felix/Merton, Robert King (1973): Massenkommunikation, Publikumsgeschmack und organisiertes Sozialverhalten. [Zuerst 1948]. In: Aufermann, Jörg et al. (Hg.): Gesellschaftliche Kommunikation und Information. Forschungsrichtungen und Problemstellungen. Ein Arbeitsbuch zur Massenkommunikation. Frankfurt am Main, S. 447–470.

Leidhold, Wolfgang (2001): Wissensgesellschaft. In: Korte, Karl-Rudolf/Weidenfeld, Werner (Hg.): Deutschland-Trendbuch. Fakten und Orientierungen. Opladen, S. 429–460.

Lem, Stanisław (1987): Lokaltermin. Frankfurt am Main.

Leskovec, Jure et al. (2009): Meme-tracking and the Dynamics of the News Cycle. Proc. 15th ACM SIGKDD Intl. Conference on Knowledge Disocvery and Data Mining.

Levine, Robert (2007): Die Große Verführung. Psychologie der Manipulation. [Aus d. Amerik.]. 3. Auflage. München, Zürich.

Lilienthal, Volker (2017): Recherchejournalismus für das Gemeinwohl. Correctiv – eine Journalismusorganisation neuen Typs in der Entwicklung. In: Medien & Kommunikationswissenschaft 65 (4), S. 659–681.

Linder, Staffan B. (1970): The harried Leisure Class. New York.

Link, Jürgen (1999): Versuch über den Normalismus. Wie Normalität produziert wird. 2., aktualisierte und erweiterte Auflage. Opladen.

Lippmann, Walter (1990): Die öffentliche Meinung. [Aus d. Amerik., zuerst 1922]. Bochum (Bochumer Studien zur Publizistik- und Kommunikationswissenschaft, Band 63).

Lits, Marc (2007): Le vrai-faux journal de la RTBF. Les réalités de l'information. Brüssel.

Löffelholz, Martin (2004): Theorien des Journalismus. Eine historische, metatheoretische und synoptische Einführung. In: Löffelholz, Martin (Hg.): Theorien des Journalismus – Ein diskursives Handbuch. 2., vollständig überarbeitete und erweiterte Auflage. Wiesbaden, S. 17–64.

Lowery, Shearon/DeFleur, Melvin Lawrence (1995): Milestones in Mass Communication Research. 3rd Edition. White Plains, New York.

Löwith, Karl (1986): Von Hegel zu Nietzsche. Der revolutionäre Bruch im Denken des neunzehnten Jahrhunderts. 9., unveränderte Auflage. Hamburg.

Lübbe, Herrmann (1994): Mediennutzungsethik. Medienkonsum als moralische Herausforderung. In: Hoffmann, Hilmar (Hg.): Gestern begann die Zukunft. Entwicklung und gesellschaftliche Bedeutung der Medienvielfalt. Darmstadt, S. 313–318.

Lübbe, Hermann (1997): Modernisierung und Folgelasten. Trends kultureller und politischer Evolution. Berlin.

Luhmann, Niklas (1981): Die Unwahrscheinlichkeit der Kommunikation. In: Luhmann, Niklas: Soziologische Aufklärung 3: Soziales System, Gesellschaft, Organisation. Opladen.

Luhmann, Niklas (1984): Soziale Systeme. Grundriss einer allgemeinen Theorie. Frankfurt am Main.

Luhmann, Niklas (1992): Beobachtungen der Moderne. Opladen.

Luhmann, Niklas (1996): Die Realität der Massenmedien. 2., erweiterte Auflage. Opladen.

Luhmann, Niklas (1997): Die Gesellschaft der Gesellschaft. Frankfurt am Main.

Maak, Niklas (2011): Wolkig ist besser. In: Frankfurter Allgemeine Sonntagszeitung, Nr. 29, S. 17.

Macrone, Michael (1996): Heureka! Das archimedische Prinzip und 80 weitere Versuche, die Welt zu erklären. [Aus d. Amerik.]. München.

Maletzke, Gerhard (1963): Psychologie der Massenkommunikation. Theorie und Semantik. Hamburg.

Marger, Martin N. (1993): The Mass Media as a Power Institution. In: Olsen, Marvin E./Marger, Martin N. (Hg.): Power in Modern Societies. Boulder, S. 238–249.

Marr, Mirko/Zillien, Nicole (2010): Digitale Spaltung. In: Schweiger, Wolfgang/Beck, Klaus (Hg.): Handbuch Online-Kommunikation. Wiesbaden, S. 257–282.

McCombs, Maxwell E. (1977): Agenda-Setting Function of Mass Media. Public Relations Review, 3, S. 89–95.

McCombs, Maxwell E. (2004): Setting the Agenda. The Mass Media and Public Opinion. Cambridge.

McCombs, Maxwell E./Reynolds, Amy (2002): News Influences on our Pictures of the World. In: Bryant, Jennings/Zillmann, Dolf (eds.): Media Effects. Advances in Theory and Research. 2nd Edition. Mahwah, New Jersey, S. 1–18.

McCombs, Maxwell E./Shaw, Donald L. (1972): The Agenda-Setting Function of Mass Media. In: The Public Opinion Quarterly 36, S. 176–187.

McCombs, Maxwell E./Zhu, Jian-Hua (1995): Capacity, Diversity, and Volatility of the Public Agenda. Trends from 1954 to 1994. In: Public Opinion Quarterly 59 (4), S. 495–525.

McLuhan, Marshall (1968a): Die Gutenberg-Galaxis. Das Ende des Buchzeitalters. [Aus d. Amerik.]. Düsseldorf, Wien.

McLuhan, Marshall (1968b): Die Magischen Kanäle. „Understanding Media". [Aus d. Amerik.]. Düsseldorf, Wien.

McQuail, Denis (1997): Audience Analysis. Thousand Oaks.

McQuail, Denis (2010): McQuail's Mass Communication Theory. 6th Edition. London.

Mendelsohn, Harold (1973): Some Reasons why Information Campaigns can succeed. In: Public Opinion Quarterly 39, S. 50–61.

Merrill, John Calhoun/Lowenstein, Ralph Lynn (1979): Media, Messages, and Men. New Perspectives in Communication. 2. Auflage. New York.

Merten, Klaus (1977): Kommunikation. Eine Begriffs- und Prozeßanalyse. Opladen (Studien zur Sozialwissenschaft, Band 35).

Merten, Klaus (1994a): Evolution der Kommunikation. In: Merten, Klaus/Schmidt, Siegfried J./Weischenberg, Siegfried (Hg.): Die Wirklichkeit der Medien. Eine Einführung in die Kommunikationswissenschaft. Opladen, S. 141–162.

Merten, Klaus (1994b): Wirkungen von Kommunikation. In: Merten, Klaus et al. (Hg.): Die Wirklichkeit der Medien. Eine Einführung in die Kommunikationswissenschaft. Opladen, S. 291–328.

Merten, Klaus et al. (1992): Grundlegende Ansätze und Methoden der Medienwirkungsforschung. Wiesbaden (Materialien zur Bevölkerungswissenschaft, Sonderheft 20).

Merten, Klaus et al. (Hg.) (1994): Die Wirklichkeit der Medien. Eine Einführung in die Kommunikationswissenschaft. Opladen.

Merten, Klaus/Gansen, Petra/Götz, Markus (1995): Veränderungen im dualen Hörfunksystem. Vergleichende Inhaltsanalyse öffentlich-rechtlicher und privater Hörfunkprogramme in Norddeutschland. Münster (7).

Merton, Robert King (1939): Science and the Social Order. In: Philosophy of Science 5 (3), S. 321–337.

Merton, Robert King (1968): Patterns of Influence: Local and Cosmopolitan Influentials. [Zuerst 1949]. In: Merton, Robert King: Social Theory and Social Structure. Enlarged edition. New York, S. 441–474.

Merton, Robert King (1985): Der Matthäus-Effekt in der Wissenschaft. [Zuerst 1968]. In: Merton, Robert King (Hg.): Entwicklung und Wandel von Forschungsinteressen. Aufsätze zur Wissenschaftssoziologie. Frankfurt am Main, S. 147–171.

Meyer, Timothy J. (1974): Media Credibility: The State of the Research. In: Public Telecommunication Review 2 (4), S. 48–52.

Meyrowitz, Joshua (1990): Überall und nirgends dabei. Die Fernseh-Gesellschaft I. [Aus d. Amerik.]. Weinheim, Basel.

Meyrowitz, Joshua (1998): Das generalisierte Anderswo. [Aus d. Engl.]. In: Beck, Ulrich (Hg.): Perspektiven der Weltgesellschaft. Frankfurt/Main, S. 176–191.

Meyrowitz, Joshua (2009): Medium Theory: An Alternative to the Dominant Paradigm of Media Effects. In: Nabi, Robin L./Oliver, Mary Beth (eds.): The SAGE Handbook of Media Processes and Effects. Thousand Oaks, S. 517–530.

Mikos, Lothar (2001): Fern-Sehen. Bausteine zu einer Rezeptionsästhetik des Fernsehens. Berlin.

Milbrath, Lester W./Goel, M. L. (1977): Political Participation: How and why do People get involved in Politics. 2nd Edition. Chicago.

Milgram, Stanley (1967): The Small World Problem. In: Psychology Today 2, S. 60–67.

Mills, C. Wright (1967): The Cultural Apparatus. In: Horowitz, Irving L. (eds.): Power, Politics, and People: The Collected Essays of C. Wright Mills. New York, S. 404–420.

Montag, Christian/Reuter, Martin (Hg.) (2017): Internet Addiction. Neuroscientific Approaches and therapeutical Implications including Smartphone Addiction. Cham; s. I.

Müller, Hans-Peter (1992): Sozialstruktur und Lebensstile. Der neuere theoretische Diskurs über soziale Ungleichheit. Frankfurt am Main.

Müller, Werner (1979): Die Ökonomik des Fernsehens. Eine wettbewerbspsychologische Analyse unter besonderer Berücksichtigung unterschiedlicher Organisationsformen. Göttingen.

Münch, Richard (1995): Dynamik der Kommunikationsgesellschaft. Frankfurt am Main.

N. N. (2008): Telenovelas senken die Geburtenrate. In: Berliner Morgenpost, 18. April, S. 10.

Naab, Teresa K./Schlütz, Daniela (2016): Nutzung von Werbung. Selektion und Vermeidung persuasiver Inhalte. In: Siegert, Gabriele/Wirth, Werner/Weber, Patrick/Lischka, Juliane A. (Hg.): Handbuch Werbeforschung. Wiesbaden, S. 223–242.

Naisbitt, John (2006): Mind set! Reset your Thinking and see the Future. New York.

Neidhardt, Friedhelm/Eilders, Christiane/Pfetsch, Barbara (2004): Einleitung: Die „Stimme der Medien" – Pressekommentare als Gegenstand der Öffentlichkeitsforschung. In: Eilders, Christiane et al. (Hg.): Die Stimme der Medien. Pressekommentare und politische Öffentlichkeit in der Bundesrepublik. Wiesbaden, S. 11–36.

Neuberger, Christoph/Quandt, Thorsten (2010): Internet-Journalismus: Vom traditionellen Gatekeeping zum partizipativen Journalismus? In: Schweiger, Wolfgang/Beck, Klaus (Hg.): Handbuch Online-Kommunikation. Wiesbaden, S. 59–79.

Neuman, Russell W. (1990): The Threshold of Public Attention. In: The Public Opinion Quarterly 54, S. 159–176.

Neuman, W. Russell (1991): The Future of the Mass Audience. Cambridge [England], New York.

Neuman, W. Russell (2010): Theories of Media Evolution. In: Neuman, W. Russell (eds.): Media, technology, and society. Theories of Media Evolution. Ann Arbor, S. 1–21.

Neuman, W. Russell/Guggenheim, Lauren (2011): The Evolution of Media Effects Theory: A Six-Stage Model of Cumulative Research. In: Communication Theory 21, S. 169–196.

Neuman, W. Russell et al. (2014): The Dynamics of Public Attention: Agenda-Setting Theory Meets Big Data. In: Journal of Communication 64, S. 193–214.

Niemann, Julia/Gölz, Hanna (2015): Die Rezeption von Scripted Realitys durch 10- bis 20-Jährige. Ergebnisse der quantitativen Befragung. In: Schenk, Michael/Gölz-Weis, Hanna/Niemann-Lenz, Julia (Hg.): Faszination Scripted Reality. Realitätsinszenierung und deren Rezeption durch Heranwachsende. Landesanstalt für Medien Nordrhien-Westfalen (LfM). Düsseldorf, S. 214–260.

Niggemeier, Stefan (2010): Was willst du mit dem iPad, sprich! In: Frankfurter Allgemeine Sonntagszeitung, Nr. 44, S. 33.

Noelle-Neumann, Elisabeth (1980): Die Schweigespirale. Öffentliche Meinung – unsere soziale Haut. München.

Noelle-Neumann, Elisabeth (1983): Analyse und Kommentar. In: Spiegel-Verlag (Hg.): Spiegel-Dokumentation: Persönlichkeitsstärke. Ein Maßstab zur Bestimmung von Zielgruppenpotentialen. Hamburg, S. 7–21.

Noelle-Neumann, Elisabeth (1996): Öffentliche Meinung. Die Entdeckung der Schweigespirale. Frankfurt am Main, Berlin.

Noelle-Neumann, Elisabeth (2009): Öffentliche Meinung. In: Noelle-Neumann, Elisabeth et al. (Hg.): Das Fischer Lexikon. Publizistik, Massenkommunikation. 5., aktualisierte, vollständig überarbeitete und ergänzte Auflage. Frankfurt am Main, S. 427–442.

Norris, Pippa (2001): Digital Divide. Civic Engagement, Information Poverty, and the Internet worldwide. Cambridge.

Obst, Bernhard (1986): Das Ende der Presse-Enquete Max Webers. Der Heidelberger Professorenprozeß von 1912 und seine Auswirkungen auf die deutsche Zeitungswissenschaft. In: Vom Bruch, Rüdiger (Hg.): Von der Zeitungskunde zur Publizistik. Biographisch-institutionelle Stationen der deutschen Zeitungswissenschaft in der ersten Hälfte des 20. Jahrhunderts. Frankfurt am Main, S. 45–62.

Oehmichen, Ekkehardt/Schröter, Christian (2010): Alltagswirklichkeit der Onlinenutzung. In: Media Perspektiven (10), S. 457–470.

Osterland, Martin (1970): Gesellschaftsbilder in Filmen. Eine soziologische Untersuchung des Filmangebots der Jahre 1949–1964. (Göttinger Abhandlungen zur Soziologie und ihrer Grenzgebiete, Band 19).

Otte, Gunnar (2005): Hat die Lebensstilforschung eine Zukunft? Eine Auseinandersetzung mit aktuellen Bilanzierungsversuchen. In: Kölner Zeitschrift für Soziologie und Sozialpsychologie 57 (1), S. 1–31.

Oz, Amos (2008): Eine Geschichte von Liebe und Finsternis. Roman. [Zuerst 2002]. Frankfurt am Main.

Page, Benjamin I. (1996): The Mass Media as political Actors. In: Political Science & Politics 29, S. 20–24.

Palfrey, John/Urs Gasser (2008): Generation Internet. Die Digital Natives: Wie sie leben – Was sie denken – Wie sie arbeiten. München.

Palmgreen, Philip et al. (1985): Uses and Gratifications Research. The Past 10 Years. In: Rosengren, Karl Erik et al. (eds.): Media Gratifications Research. Current Perspectives. Beverly Hills, S. 11–95.

Pariser, Eli (2012): The Filter Bubble. What the Internet is hiding from you. London.

Park, Robert Ezra (1904): Masse und Publikum. Eine methodologische und soziologische Untersuchung. Bern.

Park, Robert Ezra (2001): Eine Naturgeschichte der Zeitung. [Aus d. Amerik., zuerst 1923]. In: Pöttker, Horst (Hg.): Öffentlichkeit als gesellschaftlicher Auftrag. Klassiker der Sozialwissenschaft über Journalismus und Medien. Konstanz, S. 280–296.

Parsons, Talcott (1969): Politics and Social Structure. In: Parsons, Talcott (eds.): Politics and Social Structure. New York, S. 405–429.

Parsons, Talcott (1985): Das Sytem moderner Gesellschaften. [Aus dem Amerik.]. Weinheim und München.

Peters, Bärbel/Niederauer-Kopf, Kerstin/Eckert, Matthias (2012): Die individualisierte Fernsehnutzung. Analysen zur Verweildauer und zum Relevant Set. In: Media Perspektiven (2), S. 72–77.

Peterson, Richard A. et al. (1986): Selective versus passive Television Viewing. In: Communications: The European Journal of Communication Research (12), S. 81–95.

Pfetsch, Barbara et al. (2004): Das „Kommentariat": Rolle und Status einer Öffentlichkeitselite. In: Eilders, Christiane et al. (Hg.): Die Stimme der Medien. Pressekommentare und politische Öffentlichkeit in der Bundesrepublik. Wiesbaden, S. 39–73.

Phillips, David P. (1974): The Influence of Suggestion on Suicide: Substantive and theoretical Implications of the Werther Effect. In: American Sociological Review 39, S. 340–354.

Pias, Claus (2011): Medium, roh und blutig Lesen auf eigene Gefahr – Zum 100. Geburtstag von Herbert Marshall McLuhan. In: Frankfurter Allgemeine Sonntagszeitung, Nr. 28, S. 24.

Pirkis, Jane/Blood, Warwick (2010): Suicide and the News and Information Media. A critical Review. Commonwealth of Australia.

Popper, Karl (1965): Prognose und Prophetie in den Sozialwissenschaften. In: Topitsch, Ernst (Hg.): Logik der Sozialwissenschaften. Köln, S. 113–125.

Postman, Neil (1985): Wir amüsieren uns zu Tode. [Aus d. Amerik.]. Frankfurt am Main.

Prokop, Dieter (1995): Medien-Macht und Massen-Wirkung. Ein geschichtlicher Überblick. Freiburg im Breisgau.

Proust, Marcel (2000): Im Schatten junger Mädchenblüte. [Zuerst 1918]. Frankfurt am Main: Suhrkamp.

Ragas, Matthew W./Roberts, Marilyn S. (2009): Agenda Setting and Agenda Melding in the Age of horizontal and vertical Media: A new theoretical Lens for virtual Brand Communities. In: Journalism and Mass Communication Quarterly 86 (1), S. 45–64.

Rathgeb, Thomas (2009): Die Mediennutzung der „Digital Natives" als Blick in die Zukunft des digitalen Zeitalters? In: Kommission für Zulassung und Aufsicht (ZAK) der Landesmedienanstalten (Hg.): Digitalisierungsbericht 2009. Stuttgart, S. 25–43.

Reckwitz, Andreas (2012): Die Erfindung der Kreativität. Zum Prozess gesellschaftlicher Ästhetisierung. Frankfurt am Main.

Reinemann, Carsten (2003): Mediennutzung aus Profession. Eine empirische Untersuchung der Mediennutzung politischer Journalisten. Mainz.

Renan, Ernest (1890): L'avenir de la Science: Pensées de 1848. Paris.

Riepl, Wolfgang (1913): Das Nachrichtenwesen des Altertums. [Reprograf. Nachdruck der Ausgabe Leipzig 1972]. Hildesheim.

Rill, Leslie A./Davis, Corey B. (2008): Testing the Second Level of Agenda Setting: Effects of News Frames on Reader-Assigned Attributes of Hezbollah and Israel in the 2006 War in Lebanon. In: Journalism & Mass Communication Quarterly 85 (3), S. 609–624.

Rogers, Everett M. (2000): Reflections on News Event Diffusion Research. In: Journalism & Mass Communication Quarterly 77 (3), S. 561–576.

Rogers, Everett M. (2002): Intermedia Processes and powerful Media Effects. In: Bryant, Jennings/Zillmann, Dolf (eds.): Media Effects. Advances in Theory and Research. 2nd Edition. Mahwah, New Jersey, S. 199–214.

Rogers, Everett M./Cartano, David G. (1962): Methods of measuring Opinion Leadership. In: Public Opinion Quarterly 26, S. 435–441.

Rogers, Everett M./Storey, J. Douglas (1987): Communication Campaigns. In: Berger, Charles R./Chaffee, Steven H. (eds.): Handbook of Communication Sciences. Newbury Park, S. 817–845.

Rosa, Hartmut (2005): Beschleunigung. Die Veränderung der Zeitstrukturen in der Moderne. Frankfurt am Main.

Rosengren, Karl Erik (1996): Inhaltliche Theorien und formale Modelle in der Forschung über individuelle Mediennutzung. In: Hasebrink, Uwe/Krotz, Friedrich (Hg.): Die Zuschauer als Fernsehregisseure? Zum Verständnis individueller Nutzungs- und Rezeptionsmuster. Baden-Baden, Hamburg, S. 13–36.

Rosengren, Karl Erik et al. (eds.) (1985): Media Gratifications Research. Current Perspectives. Beverly Hills.

Roß, Dieter (1990): Fernsehvagabunden sind wir. In: Die Zeit, Nr. 46, S. 81.

Rössler, Patrick (2005): Agenda-Setting. In: Weischenberg, Siegfried et al. (Hg.): Handbuch Journalismus und Medien. Konstanz, S. 11–13.

Rossmann, Constanze (2013): Kultivierungsforschung: Idee, Entwicklung und Integration. In: Schweiger, Wolfgang/Fahr, Andreas (Hg.): Handbuch Medienwirkungsforschung. Wiesbaden, S. 207–223.

Ruggiero, Thomas E. (2000): Uses and Gratifications Theory in the 21st Century. In: Mass Communication & Society 3 (1), S. 3–37.

Rühl, Manfred (1985): Integration durch Massenkommunikation? Kritische Anmerkungen zum klassischen Integrationsbegriff. In: Saxer, Ulrich (Hg.): Gleichheit oder Ungleichheit durch Massenmedien? Homogenisierung – Differenzierung der Gesellschaft durch Massenkommunikation. München (Schriftenreihe der Deutschen Gesellschaft für Publizistik- und Kommunikationswissenschaft, Band 10).

Ruppelt, Georg (2010): Zukunft von gestern. In: Brehmer, Arthur (Hg.): Die Welt in 100 Jahren. [Zuerst 1910]. Hildesheim, S. I–XX.

Ruß-Mohl, Stephan (1999): Spoonfeeding, Spinning, Whistleblowing. Beispiel USA: Wie sich die Machtbalance zwischen PR und Journalismus verschiebt. In: Rolke, Lothar/Wolff, Volker (Hg.): Wie die Medien die Wirklichkeit steuern und selber gesteuert werden. Opladen, Wiesbaden, S. 163–176.

Ruß-Mohl, Stephan (2009): Eine Welt ohne die „New York Times"? Amerikas Leitmedium Nr. 1 im Strudel der Abwärtsspirale. In: Publizistik 54, S. 265–276.

Ruß-Mohl, Stephan/Sösemann, Bernd (1990): Zeitungsjournalismus in den USA – Ein Rückblick auf Dovifats Frühwerk. In: Dovifat, Emil (Hg.): Der amerikanische Journalismus. [Zuerst 1927, Reprint d. Ausgabe]. Hrsg. von Stephan Ruß-Mohl. Berlin, S. IX–XLIII.

Sauter, Willmar (2005): Publikum. In: Fischer-Lichte, Erika et al. (Hg.): Metzler Lexikon Theatertheorie. Stuttgart/Weimar, S. 253–259.

Saxer, Ulrich (1981): Selektives Rezipientenverhalten bei Programm-Mehrangebot. In: Expertenkommission Neue Medien – EKM Baden-Württemberg: Abschlußbericht. II Materialien – Gutachten und Stellungnahmen, S. 104–112.

Schemer, Christian (2013): Priming, Framing, Stereotype. In: Schweiger, Wolfgang/Fahr, Andreas (Hg.): Handbuch Medienwirkungsforschung. Wiesbaden, S. 152–169.

Schenk, Michael (2007): Medienwirkungsforschung. 3., vollständig überarbeitete Auflage. Tübingen.

Schenk, Michael/Gölz-Weis, Hanna/Niemann-Lenz, Julia (Hg.) (2015): Faszination Scripted Reality. Realitätsinszenierung und deren Rezeption durch Heranwachsende. Landesanstalt für Medien Nordrhein-Westfalen (LfM). Düsseldorf.

Schenk, Michael/Rössler, Patrick (1997): The Rediscovery of Opinion Leaders. An Application of the Personality Strength Scale. In: Communications: the European Journal of Communication Research 22 (1), S. 5–30.

Scheufele, Bertram (2004): Framing-Effekte auf dem Prüfstand. Eine theoretische, methodische und empirische Auseinandersetzung mit der Wirkungsperspektive des Framing-Ansatzes. In: Medien & Kommunikationswissenschaft 52, S. 30–55.

Schicha, Christian/Brosda, Carsten (Hg.) (2010): Handbuch Medienethik. Wiesbaden.

Schiffman, Leon G./Kanuk, Leslie Lazar (2004): Consumer Behavior. Eighth Edition. Upper Saddle River, New Jersey.

Schimank, Uwe (2000): Theorien gesellschaftlicher Differenzierung. 2. Auflage. Opladen.

Schirrmacher, Frank (2009): Payback. München.

Schmidt, Jan-Hinrik (2018): Social Media. 2. aktualisierte Auflage. Wiesbaden.

Schmidt, Siegfried J. (1994): Kognitive Autonomie und soziale Orientierung. Konstruktivistische Bemerkungen zum Zusammenhang von Kognition, Kommunikation, Medien und Kultur. Frankfurt am Main.

Schmolke, Michael (2007): Die „ungeheueren Wirkungen" der Massenmedien und was Orson Welles und die Marsmenschen damit zu tun haben. In: Neumaier, Otto (Hg.): Fehler und Irrtümer in den Wissenschaften. Wien, S. 127–138.

Schneider, Irmela (2006): Zur Archäologie der Mediennutzung. Zum Zusammenhang von Wissen, Macht und Medien. In: Becker, Barbara/Wehner, Josef (Hg.): Kulturindustrie Reviewed. Ansätze zur kritischen Reflexion der Mediengesellschaft. Bielefeld, S. 83–100.

Schönbach, Klaus (2009): Verkaufen, Flirten, Führen. Persuasive Kommunikation – ein Überblick. Wiesbaden.

Schramm, Wilbur J. (1981): What is a long Time? In: Wilhoit, G. Cleveland/Bock, Harold de (eds.): Mass Communication Review Yearbook 2. Beverly Hills, London (2), S. 202–206.

Schultz, Tanjev (2002): Große Gemeinschaften und Kunst der Kommunikation. Zur Sozialphilosophie von John Dewey und ihrem Revival im Public Journalism. In: Imhof, Kurt/Jarren, Otfried/Blum, Roger (Hg.): Integration und Medien. Opladen, S. 36–55.

Schulze, Gerhard (1992): Die Erlebnisgesellschaft. Kultursoziologie der Gegenwart. Frankfurt am Main und New York.

Schulze, Gerhard (1995): Das Medienspiel. In: Müller-Doohm, Stefan/Neumann-Braun, Klaus (Hg.): Kulturinszenierungen. Frankfurt am Main, S. 363–378.

Schulze, Hagen (1996): Kleine deutsche Geschichte. München.

Schütz, Alfred (1951/1971): Das Wählen zwischen Handlungsentwürfen. In: Schütz, Alfred: Gesammelte Aufsätze I. Das Problem der sozialen Wirklichkeit. [Amerik. Erstauflage 1951]. Hg. v. Arvid Brodersen. Den Haag, S. 77–110.

Schütz, Alfred (1972): Der gut informierte Bürger. Ein Versuch über die soziale Verteilung des Wissens. In: Schütz, Alfred: Gesammelte Aufsätze. II Studien zur soziologischen Theorie. Hg. v. Arvid Brodersen. Den Haag, S. 85–101.

Schwegler, Petra (2013): 14–59: RTL erweitert werberelevante Zielgruppe nach oben. Online verfügbar unter https://www.wuv.de/medien/14_59_rtl_erweitert_werberelevante_zielgruppe_nach_oben, zuletzt geprüft am 30.09.2018.

Schweiger, Wolfgang (2007): Theorien der Mediennutzung. Eine Einführung. Wiesbaden.

Schweiger, Wolfgang (2010): Informationsnutzung online: Informationsmuster, Selektion, Rezeption und Usability von Online-Medien. In: Schweiger, Wolfgang/Beck, Klaus (Hg.): Handbuch Online-Kommunikation. Wiesbaden, S. 184–210.

Schwering, Markus (2014): Interview mit Jürgen Habermas: Die Lesarten von Demokratie. Online verfügbar unter https://www.berliner-zeitung.de/kultur/interview-mit-juergen-habermas-die-lesarten-von-demokratie-1159050, zuletzt geprüft am 30.09.2018.

Scribner, Robert W. (1981): For the Sake of simple Folk. Popular Propaganda for the German Reformation. Cambridge.

Sennett, Richard (1983): Verfall und Ende des öffentlichen Lebens. Die Tyrannei der Intimität. [Aus d. Amerik.]. Frankfurt am Main.

Shah, Dhavan V. et al. (2009): Framing and Agenda Setting. In: Nabi, Robin L./Oliver, Mary Beth (eds.): The SAGE Handbook of Media Processes and Effects. Thousand Oaks, S. 83–98.

Shaw, Donald L. et al. (1999): Individuals, Groups, and Agenda Melding: A Theory of social Distance. In: International Journal of Public Opinion Research 11 (1), S. 2–24.

Shoemaker, Pamela J. (1991): Gatekeeping. Newbury Park (Communication Concepts, 3).

Shoemaker, Pamela J./Reese, Stephen D. (1996): Mediating the Message. Theories of Influences on Mass Media Content. 2. Auflage. New York.

Sicking, Peter (1998): Leben ohne Fernsehen. Eine qualitative Nichtfernseherstudie. Wiesbaden.

Signorielli, Nancy (2005): Violence in the Media. A Reference Handbook. Santa Barbara (Contemporary World Issues).

Simmel, Georg (1890): Über soziale Differenzierung. Soziologische und psychologische Untersuchungen. Leipzig.

Simmel, Georg (1900): Philosophie des Geldes. 5. Auflage. Berlin.

Simmel, Georg (1983): Der Begriff und die Tragödie der Kultur. In: Simmel, Georg (Hg.): Philosophische Kultur. Über das Abenteuer, die Geschlechter und die Krise der Moderne. Gesammelte Essais. [Zuerst 1919]. Berlin, S. 183–206.

Singhal, Arvind/Rogers, Everett M. (1999): Entertainment-Education. A Communication Strategie for Social Change. Mahwah, London.

Sloss, Robert (2010): „Das drahtlose Jahrhundert". In: Brehmer, Arthur (Hg.): Die Welt in 100 Jahren. [Zuerst 1910]. Hildesheim, S. 27–48.

Small, Albion Woodbury/Vincent, George Edgar (1894): An Introduction to the Study of Society. New York.

Stichweh, Rudolf (2000): Die Weltgesellschaft. Soziologische Analysen. Frankfurt am Main.

Stipp, Horst (2004): Media-Planung in den USA: Fernsehwerbung und die über 49-Jährigen. Die Diskussion über Werbung und ältere Zielgruppen. In: Media Perspektiven (10), S. 483–488.

Strohschneider, Peter (2009): Unordnung und Eigensinn der Bibliothek. Eröffnungsvortrag auf dem 98. Deutschen Bibliothekartag. In: Hohoff, Ulrich/Schmiedeknecht, Christiane (Hg.): 98. Deutscher Bibliothekartag in Erfurt 2009. Ein neuer Blick auf Bibliotheken. Hildesheim, S. 17–25.

Szukala, Andrea (2003): Medien und öffentliche Meinung im Irakkrieg. In: Aus Politik und Zeitgeschichte. Beilage zur Wochenzeitung Das Parlament, 2003 (B 24-25), S. 25–34.

Taddicken, Monika/Schmidt, Jan-Hinrik (2017): Entwicklung und Verbreitung sozialer Medien. In: Schmidt, Jan-Hinrik/Taddicken, Monika (Hg.): Handbuch soziale Medien. Wiesbaden, S. 3–22.

Tarde, Gabriel de (2009): Die Gesetze der Nachahmung. [Zuerst 1890]. Frankfurt am Main.

Thiel, Thomas (2009): Ist unser Gehirn in Gefahr, Mrs. Wolf? Online verfügbar unter http://www.faz.net/aktuell/feuilleton/buchmesse-2009/themen/f-a-z-gespraech-ist-unser-gehirn-in-gefahr-mrs-wolf-1867317-p2.html, zuletzt geprüft am 30.09.2018.

Thussu, Daya Kishan (2007): News as Entertainment. The Rise of global Infotainment. London.

Tichenor, Philip J. et al. (1970): Mass Media Flow and differential Growth in Knowledge. In: The Public Opinion Quarterly 34, S. 159–170.

Tocqueville, Alexis de (1976): Über die Demokratie in Amerika;. Beide Teile in einem Band. [Aus d. Franz., zuerst 1835/1840]. München.

Tracey, Michael J. (1994): Für das Überleben einer Idee gesellschaftlicher Kommunikation. Eine parteiliche Rede zur weltweiten Krise des öffentlich-rechtlichen Rundfunks. In: Media Perspektiven (3), S. 145–148.

Tucholsky, Kurt (1931/1998): Gesamtausgabe. Reinbek bei Hamburg (Band 14: Texte 1931).

Überall, Frank (2018): Reale Wahrheitsinseln im unterstellten Lügenmeer? Medien in Zeiten des digitalen Umbruchs und der gesellschaftlichen Generalkritik. In: Haarkötter; Hektor/Nieland, Jörg-Uwe (Hg.): Nachrichten und Aufklärung. Medien- und Journalismuskritik heute: 20 Jahre Initiative Nachrichtenaufklärung. Wiesbaden, S. 239–247.

UNESCO (United Nations Educational, Scientific and Cultural Organization) (2005): Towards Knowledge Societies. UNESCO World Report. Paris.

van den Bulck, Jan (2004): Introduction to the Special Issue: Current Developments in Cultivation Research. In: Communications: the European Journal of Communication Research 29 (3), S. 273–275.

van der Voort, Tom H. A. et al. (1992): Watching the Gulf War: News Diffusion and educational Effects. In: Medienpsychologie 4 (2), S. 90–103.

Viswanath, Kasisomayajula/Finnegan, John R. (1996): The Knowledge Gap Hypothesis: Twenty-Five Years Later. In: Burleson, Brant R. (eds.): Communication Yearbook 19, S. 187–227.

Vlasic, Andreas (2004): Die Integrationsfunktion der Massenmedien. Begriffsgeschichte, Modelle, Operationailsierung. Wiesbaden.

Vogelgesang, Jens (2012): Kommunikationswissenschaft studieren. Wiesbaden.

Warren, Carl (1934): Modern News Reporting. New York.

Watts, Duncan J. (2011): Everything is obvious. Once you know the Answer: How Common Sense fails. London.

Watts, Duncan J./Dodds, Peter Sheridan (2007): Influentials, Networks, and Public Opinion Formation. In: Journal of Consumer Research 34 (4), S. 441–458.

Watzlawick, Paul et al. (1969): Menschliche Kommunikation. Formen, Störungen, Paradoxien. [Aus d. Amerik.]. Stuttgart, Wien.

Weaver, David (1977): Political Issues and Voter Need for Orientation. In: Shaw, Donald F./ McCombs, Maxwell E. (eds.): The Emergence of American Political Issues: The Agenda-Setting Function of the Press. St. Paul, S. 107–119.

Weaver, Warren (1949): Recent Contributions to the Mathematical Theory of Communication. In: Shannon, Claude E./Weaver, Warren (eds.): The Mathematical Theory of Communication. Urbana, S. 3–28.

Weber, Max (1911): Zu einer Soziologie des Zeitungswesens. In: Deutsche Gesellschaft für Soziologie (Hg.): Schriften der Deutschen Gesellschaft für Soziologie. Serie 1, Band I. Tübingen (Verhandlungen des Ersten Deutschen Soziologentages in Frankfurt 1910), S. 39–62.

Weber, Max (1924): Methodologische Einleitung für die Erhebungen des Vereins für Socialpolitik über Auslese und Anpassung (Berufswahl und Berufsschicksal) der Arbeiterschaft der geschlossenen Großindustrie. In: Weber, Max (Hg.): Gesammelte Aufsätze zur Soziologie und Sozialpolitik. Tübingen, S. 1–60.

Weber, Max (1999): Soziologie des Zeitungswesens. [Zuerst 1911] In: Gottschlich, Maximilian/Langenbucher, Wolfgang R. (Hg.): Publizistik- und Kommunikationswissenschaft. Wien, S. 148–154.

Weber, Max (2001): Vorbericht über eine vorgeschlagene Erhebung über die Soziologie des Zeitungswesens. [Zuerst 1910]. In: Pöttker, Horst (Hg.): Öffentlichkeit als gesellschaftlicher Auftrag. Klassiker der Sozialwissenschaft über Journalismus und Medien. Konstanz, S. 316–325.

Webster, James G. et al. (2006): Ratings Analysis: The Theory and Practice of Audience Research. 3rd Edition. Mahwah.

Webster, James G./Phalen, Patricia F. (1997): The Mass Audience. Rediscovering the dominant Model. Mahwah, New Jersey.

Weibull, Lennart (1985): Structural Factors in Gratifications Research. In: Rosengren, Karl Erik et al. (eds.): Media Gratifications Research. Current Perspectives. Beverly Hills, S. 123–147.

Weimann, Gabriel (1982): On the Importance of Marginality. One more Step into the Two-Step Flow of Communication. In: American Sociological Review 47, S. 764–773.

Weimann, Gabriel (1994): The Influentials. People who influence People. Albany.

Weimann, Gabriel (2000): Communicating Unreality. Modern Media and the Reconstruction of Reality. Thousand Oaks.

Weischenberg, Siegfried (1999): Journalismus unter neuen Geschäftsbedingungen. In: Rolke, Lothar/Wolff, Volker (Hg.): Wie die Medien die Wirklichkeit steuern und selber gesteuert werden. Opladen, Wiesbaden, S. 35–48.

Weischenberg, Siegfried et al. (2006): Die Souffleure der Mediengesellschaft. Report über die Journalisten in Deutschland. Konstanz.

Welzer, Harald (2008): Das kommunikative Gedächtnis. Eine Theorie der Erinnerung. 2., vollständig überarbeitete und ergänzte Auflage. München.

Whetmore, Edward J. (1991): Mediamerica: Form, Content, and Consequence of Mass Communication. 4th Edition. Belmont, CA.

Wicks, Robert (2005): Message Framing and Constructing Meaning: An Emerging Paradigm in Mass Communication Research. In: Kalbfleisch, Pamela J. (eds.): Communication Yearbook 29. Mahwah, New Jersey, S. 333–361.

Wilensky, Harold (1985): Massengesellschaft und Massenkultur. [Aus d. Amerik., zuerst 1964]. In: Prokop, Dieter (Hg.): Medienforschung, Band 2: Wünsche, Zielgruppen, Wirkungen. Frankfurt am Main, S. 284–324.

Wilke, Jürgen (2000): Auf langem Weg zur Öffentlichkeit: Von der Parlamentsdebatte zur Mediendebatte. In: Jarren, Otfried et al. (Hg.): Zerfall der Öffentlichkeit? Wiesbaden (Mediensymposium Luzern, Band 6), S. 23–38.

Wilke, Jürgen (2003): Zur Geschichte der journalistischen Qualität. In: Bucher, Hans-Jürgen/Altmeppen, Klaus-Dieter (Hg.): Qualität im Journalismus. Grundlagen – Dimensionen – Praxismodelle. Wiesbaden, S. 35–54.

Wilke, Jürgen (2009): Artikel Pressegeschichte. In: Fischer Lexikon Publizistik Massenkommunikation. Frankfurt am Main, S. 501–535.

Winter, Rainer/Eckert, Roland (1990): Mediengeschichte und kulturelle Differenzierung. Zur Entstehung und Funktion von Wahlnachbarschaften. Opladen.

Wirth, Louis (1948): Consensus and Mass Communication. In: American Sociological Review 13 (1), S. 1–15.

Wirth, Werner (1997): Von der Information zum Wissen. Die Rolle der Rezeption für die Entstehung von Wissensunterschieden. Ein Beitrag zur Wissenskluftforschung. Opladen (Studien zur Kommunikationswissenschaft, Band 23).

Wolf, Martin (2010): Vampir an der Wursttheke. In: Der Spiegel 64, Nr. 22, S. 114–115.

Wu, H. Denis/Coleman, Renita (2009): Advancing Agenda-Setting Theory: The Comparative Strength and new Contingent of the two Levels of Agenda-Setting Effects. In: Journalism & Mass Communication Quarterly 86 (4), S. 775–789.

Yang, Jaewon/Leskovec, Jure (2011): Patterns of temporal Variation in Online Media. (ACM International Conference on Data Mining (WSDM) 2011).

Yang, Jing/Stone, Gerald (2003): The powerful Role of interpersonal Communication in Agenda Setting. In: Mass Communication & Society 6 (1), S. 57–74.

Zillien, Nicole (2009): Digitale Ungleichheit. Neue Technologien und alte Ungleichheiten in der Informations- und Wissensgesellschaft. Wiesbaden.

Zillien, Nicole (2013): Wissenskluftforschung. In: Schweiger, Wolfgang/Fahr, Andreas (Hg.): Handbuch Medienwirkungsforschung. Wiesbaden, S. 495–512.

Zillmann, Dolf (1994): Über behagende Unterhaltung in unbehagender Medienkultur. In: Bosshart, Louis/Hoffmann-Riem, Wolfgang (Hg.): Medienlust und Mediennutz. Unterhaltung als öffentliche Kommunikation. Konstanz (Schriftenreihe der Deutschen Gesellschaft für Publizistik und Kommunikationswissenschaft, Band 20), S. 41–57.

Zintl, Reinhard (1989): Der Homo Oeconomicus: Ausnahmeerscheinung in jeder Situation oder Jedermann in Ausnahmesituationen? In: Analyse & Kritik 11, S. 52–69.

Zubayr, Camille/Gerhard, Heinz (2018): Tendenzen im Zuschauerverhalten. Fernsehgewohnheiten und Fernsehreichweiten im Jahr 2017. In: Media Perspektiven (3), S. 102–117.

Printed by Books on Demand, Germany